大学生
创新创业

折占平◎编著

图书在版编目（CIP）数据

大学生创新创业 / 折占平编著 . -- 湘潭 : 湘潭大学出版社 , 2023.3
ISBN 978-7-5687-1070-1

Ⅰ . ①大… Ⅱ . ①折… Ⅲ . ①大学生－创业－教材 Ⅳ . ① G647.38

中国国家版本馆 CIP 数据核字（2023）第 070334 号

大学生创新创业

DAXUESHENG CHUANGXIN CHUANGYE

折占平　编著

责任编辑：丁立松
封面设计：张丽莉
出版发行：湘潭大学出版社
社　　址：湖南省湘潭大学工程训练大楼
电　　话：0731–58298960　0731–58298966（传真）
邮　　编：411105
网　　址：http://press.xtu.edu.cn/
印　　刷：河北佳创奇点彩色印刷有限公司
经　　销：全国新华书店
开　　本：787mm × 1092mm　1/16
印　　张：16
字　　数：389 千字
版　　次：2023 年 7 月第 1 版
印　　次：2024 年 4 月第 1 次印刷
书　　号：ISBN 978–7–5687–1070–1
定　　价：88.00 元

序

PREFACE

创新创业是最好的学习

要敢于做先锋，而不做过客、当看客，让创新成为青春远航的动力，让创业成为青春搏击的能量，让青春年华在为国家、为人民的奉献中焕发出绚丽光彩。

——习近平，2016 年 4 月 26 日《在知识分子、劳动模范、青年代表座谈会上的讲话》

创新激发活力，创业推动发展。当前，“大众创业、万众创新”已成为时代的最强音，一批批创新创业的年轻人勇立潮头。科技日新月异，“互联网+”正引领年轻人筑梦青春，演绎一个又一个精彩传奇。作为最具创新热情和创造潜力的广大青年大学生，要努力将个人的成长成才梦融入伟大的中国梦，在创新创业的时代浪潮中实现青春价值。广大青年大学生是“大众创业、万众创新”的生力军，近年来有越来越多的大学生投入创新创业的浪潮，但大学生创新创业实践也面临着融资难、经验少、服务不到位等问题。

为提升大学生创新创业能力、增强创新活力，进一步支持大学生创新创业，国务院办公厅于 2021 年印发《关于进一步支持大学生创新创业的指导意见》（简称《意见》），这是国务院第一次出台专门的政策文件支持大学生创新创业。针对目前大学生创新创业实践面临的诸多问题，《意见》明确提出要加大对大学生创新创业的财税扶持和金融政策的支持力度、加强对大学生创新创业服务平台建设、深化高校创新创业教育改革等举措。

新时代下，从“从业就业”到“创新创业”是大学生就业趋势之一。虽然不是所有大学生都适合创业，但都需要接受创新创业教育，而提升大学生创新创业能力才是大学生创新创业能行稳致远的关键。

高校作为创新创业教育的前沿阵地，应积极发挥先行者和践行者的示范作用，不断强化新时代大学生创新创业教育，提升人力资源素质，促进大学生全面发展，实现大学生更加充分更高质量的就业。为此，结合自己在机关、经济开发区、职业院校、教育科技园、创业产业园、国有企业等二十多年的职业生涯，撰写了这本《大学生创新创业》，该书以创新型人才培养为主线，以提高创业者的创新创业能力为主要目标，以创新教育与创业教育相融合的角度，旨在将创新创业教育工作贯穿于大学生职业教育的全过程。针对大学生创新创业中遇到的各种问题，采用理论+实践工具+案例的方式，帮助青年大学生掌握干事创业方法、点燃干事创业激情、增强干事创业信心。

同时，本书围绕以大学生和广大创业者创新创业为原点展开一系列的研究与探讨，全面地阐述了大学生创新创业的内涵和对大学生创业的积极影响，深入分析了大学生创新创业教育中存在的问题与解决方法。本书科学地编排了各个章节的内容，其中包括创新思维开发、创业环境与政策、创业者与创业团队、创业机会与创业风险、创业资源整合、商业模式开发、创业计划制订、新企业创立与管理、大学生创新创业赛事等内容。每章节又适当增添了学习目标、案例导入、思政之窗、思考练习等小模块，精选新时代大学生关心的创新创业热点问题，结合大学生群体创新创业的特点，设计出合理的知识构架，所讲内容丰富翔实、条理清晰，特别是精选的各类真实的创业案例，从不同的维度展示了不同的创业方式和创业路径，希望本书可作为院校创新创业和就业指导类教学用书，也可作为大学生求职和创新创业时的借鉴与参考，也可以是送给所有怀揣梦想的创业者的珍贵礼物。我也希望通过阅读书中的案例，以“过来人”的智慧能给正在读这本书的你带来一些有益的启发，去发现与识辨身边隐藏着的各种机遇，踏上创新创业探索旅程，获得创业带来的成功喜悦。

愿我们未来的路越走越宽，越走越好！

折占平
鄂尔多斯　2023 年 2 月

目录

CONTENTS

第一章 创新创业概述

学习目标

了解创新创业的概念与传统创业的区别；

掌握大学生创新创业的意义、注意事项以及分类；

掌握大学生创新创业教育的发展现状及现阶段存在的问题。

案例导入

朵兰歌尔：让鄂尔多斯羊奶“倾城”再“倾国”

——鄂尔多斯市朵兰歌尔生物科技有限公司　白夜明

2015 年，白夜明从繁华的一线城市飞回故乡，入驻鄂尔多斯科教文创园开启了创业之路。9 月 17 日，鄂尔多斯市朵兰歌尔生物科技有限公司注册成立。一家集妆字号产品研发生产销售为一体的多元化生物科技公司在鄂尔多斯诞生。

匠心铸造，绽放光华

2017 年，鄂尔多斯市朵兰歌尔生物科技有限公司开始在东胜区罕台镇投资建厂，一期仅生态科研基地面积就超过 1000 平方米，生产设备达到了国际领先水平。经历了两年建设期，2019 年 9 月 1 日，朵兰歌尔产品投入生产。

在进行原料基地建设的同时，白夜明对朵兰歌尔的战略布局进行了关键性，也是制胜地一次大幅调整。朵兰歌尔总部也将正式迁移至鄂尔多斯羊奶原产地。在羊奶原产地建厂，不仅有效解决了羊奶由于长途运输而带来的保鲜问题，同时也最大限度减少了羊奶长途运输期间产生的污染。在生产上，公司建设了符合欧盟 GMPC 认证的 10 万级无尘净化车间，如采用离子交换与反渗透相结合的水处理方式，使生产用水达到国际标准。灌装设备采用气动装置，实现无接触式无菌操作，现代化的精密真空乳化机组，保障了产品的优良品质及稳定效果。真正做到从研发、生产、制造的一站式高标准管理。保证了羊奶系列护肤品绿色、健康、纯正的品质。而广州公司以市场销售为主体，不再进行生产研发。

公司拥有一名院士，多名研发人员，从原料到提炼、配伍，再到实验，掌握了绿科植物萃取技术、植物干细胞技术、异项液态萃取等多种技术。发展至目前，朵兰歌尔拥有4个海外研究室，超过10000个的成熟配方，上市山羊奶系列产品100多种，并与超过多个品牌提供OEM、ODM，并成为各地多个品牌客户OEM、ODM的放心选择。并且在韩国、新加坡、荷兰等多国设立专业的研究中心，朵兰歌尔从产品、技术、资本等多方面开启了国际化、全球化大门。

开拓国际市场，朵兰歌尔开启蝶变之旅

扎实丰富的专业知识和广阔的国际视野，是白夜明的强大优势，能接触到最前沿的技术与理念，在不断加强自身研发能力的同时，公司与广东工业大学、内蒙古工业大学等相关研发机构达成产学研合作协议，共同攻克关键技术，研发新型产品。

2017年12月8日—10日，“2017一带一路名品展”在上海展览中心举办，自来全球的26个国家160多家企业参展，“朵兰歌尔”作为鄂尔多斯民族产品，其产品创意、品质和特色给人留下了深刻影响。

在随后的产品推介会上，朵兰歌尔展现出鄂尔多斯企业的现代发展脉搏与转型生机，让全世界都感受到草原明珠的独特魅力。朵兰歌尔成功在上海招到多家线下代理商。

“朵兰歌尔”首次闯荡“上海滩”就大获全胜

白夜明带着朵兰歌尔远赴乌兰巴托，在“2017第二届乌兰巴托·中国内蒙古商品展览会”上，朵兰歌尔再次大放光彩，来自中国高品质的羊奶化妆品受到蒙古国人民的信赖，朵兰歌尔的市场影响力和品牌知名度再次提升。朵兰歌尔带着鄂尔多斯山羊奶被输送至蒙古国、俄罗斯、日本、韩国及中国香港等。

知行合一，用心做产品，用“理念＋行动力”深耕细作，怀揣着一颗诚心做产品。她希望通过科技的力量地域特产的力量，以工业4.0思维优化构建，以科技的力量做到极致，用心做产品、用爱做服务，追求美、诠释美、缔造美。

第一节　创新创业的内涵

一、创新创业的概念

1. 创新的概念

创新是指以基于现有的思维模式提出有别于常规或常人思路的见解为导向，利用现有的知识和物质，在特定的环境中，本着理想化需要或为满足社会需求，而改进旧的或创造新的事物、方法、元素、路径、环境，并能获得一定有益效果的行为。创新是创新创业的特质。创新所释放出来的生产力及其创造出来的市场价值推动了产业和社会的不断进步，有效地避免了经济的衰退和社会的动荡。

对于创新的看法和见解，众说纷纭，专家和学者们所持的意见及观点各不相同。有的认为，创新是创造出与现存事物不同的新技术、新产品、新概念；有的认为，创新是生产、接受并实现新的理想、新的产品、新的服务的过程；有的则认为，创新是将新的观念和方法付诸实施，创造出与现存事物不同的新东西，从而改善现状。

2. 创业的概念

创业是指创业者通过自己发现和捕捉有利于创业的机会，对自己拥有的资源或是通过努力对自己拥有的资源进行优化整合，并由此创造出新颖的产品或服务，从而获得更大的经济价值或社会价值的过程。它是一种需要创业者经营管理、运用服务、技术、器物作业的思考、推理和判断的劳动方式。

3. 创新创业的概念

创新创业是指基于技术创新、产品创新、品牌创新、服务创新、商业模式创新、管理创新等方面的某一点或几点创新而进行的创业活动。创新创业是基于创新基础上的创业活动，既不等同于单纯的创新，也不等同于单纯的创业。创新强调的是开拓性与原创性，而创业强调的是通过实际行动获取利益的行为。

知识链接

创新创业与传统创业的区别

创新创业与传统创业根本区别在于创业活动中是否有创新因素。这里的创新不仅指的是技术方面的创新，还包含管理创新、知识创新、流程创新、营销创新等方面。

总之，只要能够给资源带来新价值的活动就是创新。在某一方面或者某几个方面进行创新并进而创业的活动，就是创新创业。没有在任何方面进行创新的创业就属于传统创业。

二、创业与创业精神

1. 认知创业活动

（1）创业类型分析

创业活动涉及各行各业，创业者的创业动机千差万别，创业项目和领域多种多样，创业的类型也因此呈现多样化，可以从不同角度做出分类，如表 1-1 所示。

表 1-1 创业的类型

分类标准	创业类型
创业动机	生存型创业 机会型创业
创业起点	创建新企业 企业内部创业
创业者数量	独立创业 合伙创业

续表

分类标准	创业类型
创业项目性质	传统技能型 高新技术型 知识服务型创业
创业方向（风险）	依附型创业 尾随型创业 独创型创业 对抗型创业
创新内容	基于产品创新的创业 基于营销模式创新的创业 基于组织管理体系创新的创业

①生存型创业和机会型创业

基于创业者创业动机的不同，创业可分为生存型创业与机会型创业。

生存型创业，是指创业者为了生计而相对被动进行的创业。其主要特征为：创业者受生活所迫，物质资源贫乏，在现有市场中捕捉机会，从事低成本、低门槛、低风险、低利润的创业。譬如，我国改革开放初期的创业者以及下岗职工的创业行为大都属于这种类型。机会型创业，是指创业者为了追求商业机会，谋求更多发展而从事的创业活动。例如，李彦宏创办百度就是典型的机会型创业。他舍弃在美国的高薪岗位，毅然回国创业，其主要原因是他发现和把握了互联网搜索引擎存在的巨大商机，同时，自己期望实现人生的更大发展。

②创建新企业和企业内部创业

基于创业起点的不同，创业可分为创建新企业和企业内部创业。

创建新企业是指创业者或团体从无到有地创建全新的企业组织。这个过程充满机遇，但风险和难度也很大；企业内部创业是指在已有公司或企业内进行创新创业的过程。如企业流程再造。正是通过二次、三次乃至连续不断地创新创业，企业的生命周期才能不断地在循环中延伸。

③独立创业和合伙创业

基于创业者数量的不同，创业可分为独立创业和合伙创业。

独立创业是指创业者独立创办自己的企业。其特点在于产权归创业者个人所有，企业由创业者自由掌控，决策迅速，但创业者要独自承担风险，创业资源整合比较困难，并且受个人才能限制；合伙创业指与他人共同创办企业，其优势劣势正好与独立创业相反。

④传统技能型、高新技术型和知识服务型创业

基于创业项目性质的不同，创业可分为传统技能型、高新技术型和知识服务型创业。

传统技能型创业是指使用传统技术、工艺的创业项目。比如生产饮料、中药、工艺美术品、服装与食品加工等。这些独特的传统技能项目在市场上表现出经久不衰的竞争力；高新技术型创业是指知识密集度高，带有前沿性、研究开发性质的新技术、新产品创业项

目（图 1-1）；知识服务型创业是指为人们提供知识、信息的创业项目。当今社会，各类知识性咨询服务机构不断细化和增加，这类项目大都投资少、见效快、市场前景广阔。

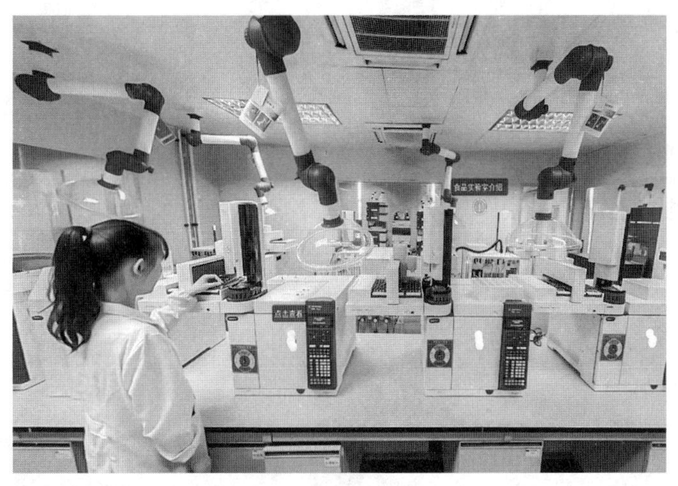

图 1-1　高新技术型公司

⑤依附型、尾随型、独创型和对抗型创业

基于创业方向或风险的不同，创业可分为依附型、尾随型、独创型和对抗型创业。

依附型创业可以是依附于大企业或其产业链而生存，在产业链中确定自己的角色，为大企业提供配套服务，也可以是特许经营权的使用。如利用某些已经成熟的经营管理模式进行创业；尾随型创业指模仿他人所开办的企业和经营项目。一般是行业内已经有许多同类企业，创业者尾随他人，学着别人做；独创型创业是指提供的产品和服务能够填补市场空白，大到商品完全独创，小到商品的某个技术独创；对抗型创业是指进入其他企业已形成垄断地位的某个市场，与之对抗较量。如针对 20 世纪 90 年代初外商在中国市场上大量销售合成饲料的局面，希望集团建立了西南最大的饲料研究所，定位于与外国饲料争市场，最终取得了成功。

⑥基于产品创新的创业、基于营销模式创新的创业和基于组织管理体系创新的创业

基于创新内容的不同，创业可分为基于产品创新的创业、基于营销模式创新的创业和基于组织管理体系创新的创业。基于产品创新的创业是指基于技术创新或工艺创新的成果，产生了新的消费者群体，从而导致创业行为的发生；基于营销模式创新的创业是指采取了一种有别于其他厂商的市场营销模式，因而可能给消费者带来更高的满足感；基于组织管理体系创新的创业是指采取一种有别于其他厂商的企业组织管理体系，因而能更有效地实现产品的商业化和产业化。

（2）创业的过程

创业是一个长期的过程，包括创业者从产生创业想法到创建新企业或开创新事业并获取回报的过程，涉及识别机会、组建团队、寻求融资等活动。创业过程可以按时间顺序划分为四个阶段：机会识别、资源整合、创办新企业、新企业生存和成长，具体可参考表 1-2。

表 1-2 创业过程的四个阶段

第一阶段 机会识别	第二阶段 资源整合	第三阶段 创办新企业	第四阶段 新企业生存与成长
产生创业动机 识别创业机会 评估机会的风险与回报 行业发展与市场竞争 ……	组建创业团队 撰写创业计划 进行创业融资 ……	按法定程序创办企业 选择合适的商业模式 确定组织形式 产品或服务 ……	企业文化建设 组织与人力资源管理 产品或服务发展计划 技术、营销、财务等计划 战略管理 危机管理 ……

①机会识别

识别创业机会是创业过程的起点，是非常核心的一个环节。创业者一般都具有强烈的创业动机，这动机无论是自发产生的还是由于看到商机、受到潜在收益的诱惑才产生的，都会推动创业者去发现和识别创业机会。创业者还应综合考虑创业机会的实际价值、可能存在的风险与回报，以及采取什么形式或途径才能使机会变成实际价值等问题，多交流，多观察，多获取，多思考，多分析，最终才能抓住创业机会。

②资源整合

整合资源是创业者开发机会的重要手段。一般情况下，创业者可以直接控制的可用资源很少，创业几乎都会经历白手起家、从无到有的过程，所以创业者要善于尝试依靠盘活别人掌握的资源来帮助和实现自己的创业起步。

③创办新企业

新企业的创建是创业者的创业行为最为直接的标志。创业者要按照法定程序创办企业，选择合适的商业模式和组织形式，提供满足市场需求的产品和服务，确定适合于产品或服务的营销模式等内容。值得注意的是，许多创业者在创业初期迫于生存的压力，以及对未来缺乏准确预期，往往容易忽视这部分工作，结果给以后的发展留下了隐患。

④新企业生存和成长

创业者识别机会、整合资源、创建新企业的目的是实现自己的创业目标，因此，创业者必须面对挑战，采取有效措施，加强企业管理，逐步把企业做活、做好、做大、做强。

2. 创业精神

(1) 创业精神的本质

创业精神是创业者在创业过程中具有的重要行为特征的高度凝练，主要包括开创性的思想、观念、个性、意志、作风和品质等，主要表现为敢于创新、不惧风险、团结协作、坚持不懈等。

三个合伙人：我们开在文创园的“小嗨拍”

——小嗨拍家庭照相馆　高山

“Little Hi Pai（小嗨拍）”2050家庭照相馆是我们三个合伙人与文创园产生交集后的“杰作”，在我们的心里，它一直通向着美好，让“小嗨拍”见证爱，让每位走进“小嗨拍”的人见证更好的自己。

我叫高山，土生土长的东胜女孩。2018年开始，我和我的两位发小李洋、张倩着手筹备“小嗨拍家庭照相馆”。身边有人劝我们：和好朋友创业，不好吧？万一合作失败朋友都没得做了！“失败了，大不了从头开始。”倔强的我们在一片不看好的“嘘”声与祝福声中开始创建“小嗨拍”。

其实，我们的故事需要从初创的失意说起。

记得那是2017年，我们三人开始分别外出学习拍摄、妆发、后期制作，学成后入住新建的某复古小镇景区，准备开创那里唯一的照相馆。但却突然被告知：我们已签合同和交付了定金的商铺没有办法供暖气和水电。要知道，北方城市冬天零下20摄氏度没有暖气没法营业。三个初出茅庐的创业“小白”第一次见识到了创业并非易事。

重新开始寻找创业之地时，我们将目标锁定到了东胜。这片土地滋养了我们，我们三个发小的家就曾在一条马路的两旁，这座城市伴随着我们度过了豆蔻年华。

我们将城市周边及各个角落跑了个遍，满足影棚层高等一系列条件的地方房租太贵，房租可以接受的地方又没办法做影棚。功夫不负有心人。记得那是2018年的一个冬天，天气很冷，心却在雀跃中暖化了。经过了好几个月的寻觅，我们终于找到了非常满意的地方——鄂尔多斯文化创意产业园。这座地标性的建筑楼群，屹立在铁西全民健身中心西对面，以现代城SOHO独特的建筑风格俘获了我们的心。而更加俘获我们内心的，是文创园对我们创业者一路的培植与扶持。

我们的初创队伍，李洋，职业摄影师，喜欢用相机记录生活，和喜欢的一切在一起。张倩，职业造型师，穿梭于1—18线时尚圈明星圈的边缘，曾合作数名知名艺人，擅长清新自然、淡雅的时尚风，喜欢一切有趣的事物，热爱绝对与纯粹。还有我，高山，摄影师，擅长人像、PS。彩妆造型师小五是一位拥有导游执照的，漂亮的蒙古族彩妆师。

我们在二楼设置了妆发造型间、服饰道具间与影棚。一楼既可以取景拍照打卡，还是咖啡与茶吧。后来一楼还开辟出举办分享会等许多功能呢。我们将“小嗨拍”定位为“一家有态度的照相馆和有温暖的咖啡店”。我们仨的事业起航地——鄂尔多斯文创园从此便住在我们心里，我们在它的怀抱中，实现着理想，定格着人世间情感的美丽。

①创新是创业精神的灵魂

创业活动中贯穿着各种形式的创新，诸如产品创新、技术创新、市场创新、组织形式创新等。创新是创业精神的核心与灵魂。创业者具有创新精神，才可能创建新颖独特的企业，并保持一个企业的特色和可持续发展。

②冒险是创业精神的天性

创业会面临着各种风险，如果没有甘冒风险和承担风险的魄力，就不能成为创业者。创业者遍布世界各地，他们的生长环境、成长背景和创业机缘各不相同，但他们有一个共通点，那就是他们都是敢为人先、勇担风险的实践者。

③合作是创业精神的精华

社会发展到今天，行业分工越来越细，没有谁能一个人完成所有创业需要完成的事情。创业者要善于合作，将团结协作精神传递给企业的每个员工，凝聚力量，共同为创业目标而奋斗。

④执着是创业精神的本色

创业的过程必然伴随着各种艰辛和曲折，因此创业者必须坚持不懈，决不轻言放弃，才能在艰难的竞争中生存下来，最终实现创业梦想。

创业精神是创业的动力，也是创业的支柱。没有创业精神就不会有创业行动，也就无从谈起创业成功。因此，创业精神对创业至关重要。

（2）创业精神的来源

创业精神的形成与发展受相应的文化、产业、生存等环境的影响。

①文化环境

文化对人的影响是潜移默化和深远持久的，创业者会受到成长环境的文化熏陶，其生活区域的文化就是学习的重要内容之一。因此，商业文化氛围浓厚的地方，更容易培养潜在创业行动者的创业精神。比如商业文化十分发达的温州就孕育了当今温州商人的创业精神。

②产业环境

不同的产业环境会对创业精神产生不同的影响。对于垄断行业而言，行业缺乏竞争，创业缺乏萌芽的土壤，创业精神的产生就会受到抑制。而在一个完全竞争的市场结构中，由于企业竞争激烈，则更有可能培育创业精神。

③生存环境

常言道：穷则思变。从生存环境来看，资源贫瘠、条件恶劣的区域往往更能逼迫人产生斗志，渴望改善生存状况，这样的念头会促使人们不断寻求发展机会，整合外界资源，进而催生创业念头，激发创业精神。

（3）创业精神的培育

①培育创业人格

个性特征对个体的创业来说是非常重要的，尤其是独立、坚持、敢为等特性。人格养成与创业精神、能力的培养相辅相成。大学生应有针对性地学习必要的心理健康知识，树立心理健康意识，优化心理素质，增强心理调适能力和社会生活的适应能力，自觉培养坚忍不拔的意志品质和艰苦奋斗的精神，提高承受和应对挫折的能力。

此外，还可以采用创业案例剖析创业者的人格特征、进行心理训练等，掌握形成良好心理素质与优良人格特征的途径。

②培养创新能力

创新是创业精神的核心，创业者必须突出创新能力的培养与提高。要尊重个性发展规律，爱护和培养好奇心、求知欲，为禀赋和潜能的充分开发创造环境和机会。要勇于突破，有意识地突破前人、突破书本、突破老师。通过学习创新创造类课程、参加主题技能竞赛等去感受、理解知识产生和发展的过程，培养科学精神和创新思维。

③强化创业实践

创业精神的培育要做到知行合一，理论与实践紧密结合。大学生要利用课余时间参加一定的创业模拟和社会实践活动，形成对创业的感性认知，孕育创业精神和提升解决问题的能力。

第二节　大学生创新创业

一、大学生创新创业的意义

1. 有助于提高大学生的实践能力

目前，大学生就业市场的竞争日益激烈，企业招聘大学生，既要看毕业学校，还要看大学生的实践经验，而实践能力水平的高低成为用人单位选贤任能的重要标准之一。学生可以通过自主创业这一平台提高自己的实践能力，积累更多的实践经验以及社会经验，提前为毕业后找到比较满意的工作打好基础。

2. 有利于大学生自我价值的实现

大学毕业生通过自主创业，可以把自己的兴趣与职业紧密结合，做自己最感兴趣、最愿意做和自己认为最值得做的事情。在五彩缤纷的社会舞台上大显身手，最大限度地发挥出自己的才能，并获得合理的报酬。

3. 有利于培养大学生的创新精神

培养大学生创新创业能力是建设创新型国家和落实“科教兴国”战略的需要。创新是一个民族进步的灵魂，是国家兴旺发达的不竭动力；当今世界的综合国力竞争，归根结底是科技实力的竞争、高素质人才的竞争。一个有着创新能力和大量高素质人才资源的国家，将会具有发展知识经济的巨大潜力。大力培养大学生创新创业能力，可以为社会输送一批批具有创新思维的新青年，能有效地维持和推动国家创新体系的建立，符合我国科教兴国和建设创新型国家的发展战略。

二、大学生创新创业的注意事项

当大学生选择了自主创业后，就成为一名创业者，就需要自我管理、自我决策、自我规划，提高自我创业能力。

由于大学生社会经验不足，常常盲目乐观，没有充足的心理准备。对于创业中的挫折和失败，感到十分痛苦和茫然。他们以往看到的都是成功的事例，心态自然觉得成功是理所当然、唾手可得的事。其实，成功的背后隐含着很多的失败。既看到成功，也能看到失败，才能使年轻的创业者们变得更加理智。

大学生对创业的理解还停留在一个美妙的想法与概念上。在大学生提交的相当一部分创业计划书中，许多人还试图用一个自认为很新奇的创意来吸引投资者。这样的事以前在国外确实有过，但在今天已经是几乎不可能的了。投资人看重的是你的创业计划真正的技术含量有多高，在多大程度上是不可复制的，以及市场赢利的潜力有多大。而对于这些，你必须有一整套细致周密的可行性论证与实施计划，绝不是仅凭三言两语的一个主意，就能吸引投资者的目光，来给你的项目投资。

大学生的市场观念较为淡薄，不少大学生很乐于向投资人大谈自己的技术如何先进与独特，却很少涉及这些技术或产品究竟会有多大的市场空间。就算谈到关于市场的话题，他们也多半只会计划花钱做做广告而已，而对于诸如目标市场定位与营销手段组合这些重要方面，头脑中却全然没有任何概念。其实，真正能引起投资人兴趣的并不一定是那些非常先进得的东西；相反，那些技术含量一般但却能切中市场需求的产品或服务，常常会得到投资人的青睐。同时，创业者应该有非常明确的市场营销计划，能强有力地证明赢利的可能性。

三、大学生创新创业的类型

1. 概念创业

概念创业指凭借创意、点子、想法创业。创业不仅要有新颖的想法，同时还要具有可操作性，只有这样，才能抢占市场先机，并最终转化为财富。有那么一群梦想家，凭着敏锐的市场嗅觉和新奇的商业创意，从普通创业者摇身变成了日进斗金的创业家，第一家网络书店、第一个搜索引擎网站 Yahoo（雅虎）、第一个拍卖网站 eBay 等，这些成功案例使概念创业浮出水面。概念创业适合本身没有很多资源的创业者。他们需要通过独特的创意来获得各种资源，包括资金、人才等。当然，概念创业者行动前最好多听听各方面的意见和建议，如成功的创业者、风险投资家、创业咨询机构等提供的宝贵经验和专业指导，往往能起到点石成金的作用。

2. 专业转化为创业

在这个信息时代，信息技术领域快速涌现出很多神话级的创业人物，如搜狐的张朝阳、雅虎的杨致远、腾讯的马化腾、网易的丁磊、美国社交网站 Facebook 的马克·扎克伯格等，他们都曾经是学校里面的佼佼者，学有所长、学有所用，最终以自己出众的专业能力创造了巨大的财富。技术功底深厚、学科成绩优秀的大学生在高科技领域，完全有可能将自己的专业所学转化为创业，并最终实现自己的人生价值。

案例

在路上，就是最美的追逐

——内蒙古在路上文旅产业发展有限公司　郝仁

“在路上”，意味着丰富，也意味着意外、刺激，会有一地鸡毛，也会琳琅满目，会充满异端体验，但更象征着坚持不懈、谦逊不止、发现不断，目标始终指向寻求真实的价值，总有一种美好的前景闪耀在前方。这便是郝仁在公司经历了一波三折的命运之后对公司名称由心而发的诠释。

创业初起：一波三折，在弯道中领悟

2006年6月，郝仁成立了鄂尔多斯市神话时尚文化发展中心，主要以模特经纪、模特赛事及礼仪服务为主营业务，公司运行较为稳定。在路上文旅公司刚成立后接的第一个项目以失败告终，这是郝仁创业记忆里很重的“一桶经”，由此带来的经验深深影响了郝仁之后做事的风格：不要盲目相信为你推荐项目的人，而一定要做到知己知彼，练就与夯实自己的胜任能力与硬实力，才是硬道理。

2014年开始的这场合伙经验不足的创业，又夹带着鄂尔多斯金融危机的浪潮席卷，让公司经历了一无所有，郝仁并未选择颓废，毅然决然选择了再创业。2015年，郝仁进驻草原额吉孵化园，以独立法人的模式开始经营在路上文旅公司，服务定位为大型活动策划与执行。

弯道超车：成就品牌，在历练中精彩

2016年4月，内蒙古在路上文旅产业发展有限公司进入文创园。在这里，创业的诉求有人用心倾听，创业的想法有人指点迷津，创业的梦想有人守望相助。这也是郝仁二次创业与事业转型的至关重要的一次抉择，时间和地点都是郝仁深思熟虑之后的选择。

郝仁感受着科教文创园给予小微企业、新企业、大学生创业“家”一般的温暖助航。公司重新审视自己，将公司发展定位为以开展文旅、体育活动与赛事为主，集文化项目开发、教育咨询服务、人力资源咨询、高端艺术培训、影视娱乐推广、广告影视制作、网络营销推广、展览展示服务、演出策划代理、明星网红经纪、体育项目培训于一体的策划执行公司。

2020年，公司也因突出的活动承办业绩被评为全国AAA级诚信企业及鄂尔多斯市知名文化品牌企业。公司也与同行业，与全国相关行业组织，与社会各界建立了良好的合作关系，不断打开全国各地市场，成为鄂尔多斯市为数不多的面向全国拓展业务的全能型活动策划承办公司。

升华之路：睿智经营，热心公益伴远行

2018年开始，公司定位后重新选择以合伙人模式发展事业，郝仁又与其他三位有共同梦想的合伙人相继开发了在路上劳务服务公司、车辆检测公司、酒业有限公司、酒店等项目。郝仁与三名合伙人的关系非常默契，在把握大方向的前提下，把每项业务都交由合伙人放手运营。而在对团队的管理中，郝仁推崇的是让合适的、有梦想的年轻人到合适的岗位去放飞梦想，让他们年轻的创意在这个平台上演绎成真。

以善引众，行善致远。随着企业的良性发展，郝仁对公益事业的热爱与无私奉献也开启了一个新的阶段。公司开始频繁地参与社会扶贫机构与许多公益事业，郝仁还担任着内蒙古社会扶贫基金会鄂尔多斯办事处副主任、鄂尔多斯青年公益发展中心副理事长（法人）。公司与内蒙古社会扶贫基金会鄂尔多斯办事处及鄂尔多斯青年公益发展中心共同致力于公益事业，策划每月二至三次的公益活动，举办特殊儿童演唱会，到困难儿童家庭慰问，加入其他公益团体……

2020 年新冠疫情到来，致使各项文旅活动纷纷延迟、改期甚至取消。郝仁敏锐地觉察到了这一市场变化，及时调整了公司的经营范围，暂时将经营重心放在了新媒体代运营板块上，同时以策划制作短视频的方式为企业做宣传。公司拍摄制作了许多抖音作品，风格或诙谐风趣，或先抑后扬，或启发思辨……公司希望以专业的视频全案，赋能多彩城市生活。

3. 移接商业模式进行创业

创新创业是我国未来数十年经济社会发展的主旋律之一，商业模式创新是其高端形态，也是改变产业竞争格局的重要力量。我们不难发现决定企业成败最重要的因素不是技术，而是它的商业模式。2003 年前后，创新并设计出好的商业模式，成为商业界关注的新焦点，商业模式创新开始引起人们普遍重视。商业模式创新被认为能带来战略性的竞争优势，同时也被认为是新时期企业应该具备的关键能力。众人周知，米老鼠、唐老鸭、白雪公主等卡通形象已成为迪士尼公司取之不尽的财源。广州东利行公司正是移植了迪士尼公司的创业思路和盈利模式。

4. 嫁接技术促成创业

如果你不是“点子王”，但你联想力丰富，善于举一反三，那么不妨试着把一个行业的原创概念复制到另一个行业。异业复制的好处是有范本可循，不必瞎摸索，但不同行业的经营模式能否“嫁接”得浑然天成，则是对创业者智慧的考验。

5. 开店创业

微 58，开拓网络里的大世界

——微 58 信息网络服务公司　吕波

“微 58 并不微，一个开始合作，就不会结束的舞台。”

微 58 信息网络源于58 同城网站，集互联网新媒体、电子商务、群控、云控研发销售、互联网商城与传统渠道结合的网络平台，目前已经覆盖全国500 多个大中小城市，信息投放覆盖人口达到3 亿。微 58 利用新媒体信息资源，裂变、拓展和延伸出微 58 房地产中介和微 58 品鉴酒两个新项目。微 58 在与时代与时俱进中风生水起，不断显示出强大的魅力与威力。

吕波，鄂尔多斯市微 58 信息网络公司的创始人。他的今天和 8

年前那个夜晚有着很大的关联。吕波始终记得8年前那个秋意渐浓、黑夜如漆、北风若刃的晚上，孑然一身的他一脸茫然走在街头。2011年3月从内蒙古工业大学土木工程系毕业后，吕波曾在房地产公司担任技术总工、项目经理职位。之后一场“金融危机”严重影响了房地产行业的发展，房地产公司出现工期拖延，拖欠工资的现象，迫于无奈吕波提出辞职。

2013年年底，吕波偶然了解到一个发布各种商业广告的信息平台，刚好老家种植的杏树苗想要出售，从那时起，心里萌发了一个想法——创建一个自己的信息平台。而创建平台首先要有自己的公司、场地，还要招聘人员，都是不小的开支。吕波到东胜区大学生创业园咨询，得知创业园可以给大学生创业者免费提供办公场所，他的创业梦想终于有了落脚点。

公司成立之初选择了当时大众接受度高的微信平台和公众号作为信息发布平台。加微信好友、发朋友圈，收集各式各样的广告信息，删选、美化后发布，从阅读量上挑选出受众需要的信息排名，从而确定平台发布方向。平台成了“你需要，我刚好在”的信息集成者，微58成为信息的“搬运工”。

事业递进的机会伴随着微商一次次来临。2014年正是苹果手机盛行的时候，公司的第一个客户是销售苹果仿版的微商，第二个合作伙伴也是销售手机的微商，接了这两单合作后，吕波将他们的信息在公司经营的30个平台推广了一个星期，竟然收获了之前半个月的收入，激动了好久后，吕波对搭建更成熟的信息平台增强了信心。

随着平台宣传推广效果的显现，开始有商家主动联系合作。随着业务量的增加，业务逐渐扩展到更多的大媒介平台，公司增加了上腾讯客户端、百度、搜狐、优酷以及投放爱奇艺播前15秒等多种推广方式。后来又开始利用今日头条、快手、抖音新模式进行推广。客户的一个信息通过我们打包可以实现全方位投放。而那些信息如同长了翅膀，总能以很快的速度反馈给客户一个满意的答案。

2017年4月份，微58信息网络服务公司由原来的大学生创业园搬迁至鄂尔多斯文化创意产业园。本着政府指导，产业园管理，市场运作的原则，微58开始了又一轮精进发展。

2018年全国房价飞速上涨，微58抢抓机遇，顺势加入了房地产中介行业，从事房地产信息咨询服务、房地产经纪业务，房地产价格评估，二手房买卖、租赁、房屋托管，房地产居间代理，代理房地产营销策划、房地产转让及有关手续办理；楼盘销售代理，室内外装修工程设计与施工等服务。微58房产在鄂尔多斯发展了15家门店，同时，在探索“服务性”的路上，微58利用新媒体传播方式的双向互动性，微58房产网应势而生，并积极开发小程序，让信息的利用与传播效果飞升。

利用微58信息网络强大的平台力量，2019年5月，公司推出了微58品鉴酒，先期在华北和东北地区上市，吕波一如既往希望这款酒带着微58的基因，带着微58的恒久品质、长久留香。

总结几年来的创业经历，吕波有几点体会：关于创新，要以创新的精神主导自己创业的全过程，不仅技术上要创新，管理和经营上也要创新，而创新的精神与睿智的借鉴很重要；关于目标，目标首先要明确，第二要远大。要制订适合的企业发展战略，处理好眼前利润和长远发展的关系，随着企业能力的提升更好地追求社会效益与奉献社会；关于联合，特别是小企业更要最大限度地整合周围的社会资源，为企业盈利和发展服务。

微 58 的发展，得益于目标定位，感知时代潮流的创新与互动联合共赢的思路，相信这样一条路会越走越宽。

开店创业可以说是一种最为普遍的创业形式了。目前，开店分为实体店和网络商店。在传统的实体店中买家卖家直接交谈，买家可以马上获得购买的商品；而网店依靠图片、文字等简单的手段介绍商品。目前众多实体店由于存在税收管理费、店铺地点和面积、店员、资金投入等多重压力，因而受到时间自由、地点不限、投资成本低的网店的强烈冲击（图 1-2）。众多资金比较缺乏的大学生，纷纷把创业目光投向了网店。大学生开店，有一些天然的优势。第一，可充分利用高校的学生顾客资源，市场潜力不小。第二，由于熟悉同龄人的消费习惯，因此入门较为容易。第三，普遍思维活跃，利用互联网处理信息的能力较强，因此比较容易打开知名度。

图 1-2　大学生开店

6. 加盟创业

特许经营或者说连锁加盟也是常见的大学生创业方式。它有明显的优势。从统计资料来看，前 5 年特许经营店的失败率较低。购买特许经营权后，特许企业会给予强大的长期支持，如提供全国和地区性广告项目。成熟的运作体系，减少了大学生创业之初的莽撞。特许经营也有相对的优势。统计数据显示，在相同的经营领域，个人创业的成功率低于 20%，而加盟创业的成功率则高达 80%。对创业资源十分有限的大学生来说，可以选择已建立成熟系统的特许经营。它们经营时间长，特许企业多，市场份额大，市场地位稳固。这样，投资就更稳妥。运营时间在 5 年以上、拥有 10 家以上加盟店的成熟品牌是比较好的选择。

7. 养殖创业

养殖创业被认为是最为古老的创业方式，同时也曾经被认为是属于农民的事业。但随着科技的发展和信息的更新，良好的创意和先进的专业技术才是养殖创业的重要支柱。大学生应该放弃对农林牧渔创业的成见。

第三节　大学生创新创业教育

学校作为创新创业教育的前沿阵地，应该积极发挥先行者和践行者的示范作用，不断强化新时代大学生创新创业教育，提升人力资源素质，促进大学生全面发展，实现大学生更加充分、更高质量的就业。

案例

构建创业生态环境　扶持孵化新创企业

2020 年 4 月 16 日，科技部发布了《科技部关于印发 2020 年度国家备案众创空间的通知》，鄂尔多斯市东胜区草原额吉企业孵化园凭借精细化空间运营管理能力、丰富的资源整合能力、独具优势的产业服务以及“妈妈式”综合服务成功上榜。

从“市级众创空间”到“自治区级众创空间”再到跻身“国家备案众创空间”，草原额吉企业孵化园仅用四年时间实现了“三级跳”，喜提“国字号”，完美晋升“国家队”！

实体与虚拟组合

坐落于鄂尔多斯文创园的草原额吉企业孵化园，依托东胜城区区位优势、政策扶持及互联网＋产业聚合优势，专业孵化文创、科技类企业。园区面积 6400 平方米，拥有近 400 个众创工位，以满足不同入驻企业和创业者多样化的办公需求，全方位为企业提供指导与服务（图 1-3）。

图 1-3　草原额吉企业孵化园团队

园区由实体孵化展示和虚拟孵化组合而成。实体孵化展示最具行业代表性的优秀在孵创业项目，虚拟孵化则是面向区域创新创业提供深度支持的全方位服务。园区引入全国知名的上海“杨妈妈”创业服务品牌，凝心聚力开创出具有开放融合新理念、专业协同新团队、个性精准新服务、前沿专业新系统、多元丰沛新资源的“五新”智慧园区，旨在激发创业精神、引领创业文化、整合创新要素、服务创新需求、提升服务能级。

园区通过整合社会、政府、行业、企业等各类创业资源，实现资源共享，构建创业生态，形成了以园区为平台、服务为纽带的“大众创业、万众服务”的全新格局，成为区域经济创新驱动的策源地和转型发展的增长极。这样一种机制下，创业者们不再是势单力薄的单打独斗，大家聚合力量抱团取暖实现了合作共赢，由此园区扶持孵化中小微企业和创新创业团队也不断步入新的境界。

就像入驻企业油实惠网络科技公司主营智慧油站生态系统和吃货热榜项目。目前在鄂尔多斯合作 14 个加油站，吃货热榜目前拥有 53965 用户，东胜地区合作 90 家高品质餐饮。申请 17 项专利，并在 2020 年认定为高新技术企业。企业负责人高兴地说“单打独斗的年代已经过去了，通过孵化园抱团群，我们以稳步的发展趋势让企业更好成长的同时，还能提升地方经济价值，不拖后腿、不掉链子”。

创业与成长互助

别具一格的民俗设计展厅、充满优雅氛围的创业咖啡厅、创业家书屋、路演厅、会谈区、生活区、休闲区……在这里，不只是工作，还有你想要的生活（图 1-4）。

图 1-4　园区掠影

自 2016 年 3 月开业以来，草原额吉企业孵化园以“妈妈式”服务理念和模式为广大创业者提供个性化精准服务，已累计服务企业 1523 家，开展各类创业活动 112 场，接待创业咨询 2443 余人次，在孵企业 47 家。帮助增收营业额 4000 余万元，提供工位近 400 个。

园区建立创业导师制度，开设“草原额吉大讲堂”，通过与北京黑马学院远程视频连接，使创业者得到优质的培训资源；加强对高新技术企业的跟踪回访和后续服务工作，敦促其在高新企业数据库中备案并及时更新企业数据；为创业企业搭建公共服务平台，提供工商注册、税务办理、法律咨询、技术合作、创业培训、创业资金对接等服务；不定期邀请创业导师、企业家代表、创新创业方面的专家进行各类创业培训，进行政策解读、行业指导，解决创业企业面临的各种困难；带领企业外出参观考察学习，通过参加双创周、文博会、展览会等活动，开拓企业的视野并增加企业的知名度；帮助企业申报各类奖励补贴项目和创投基金，帮助企业解决资金方面的压力。孵化了一批成长迅速，税收贡献明显的企业。

扶持力度大吸引入驻

众创小空间、双创大舞台。一直以来，草原额吉企业孵化园深耕“双创”领域，积极营造一流环境，着力为入园的企业打造创新创业新舞台，塑造鄂尔多斯城市创业名片。通过努力，一系列的举措让这里成为创业者的乐土，梦想家的天堂。几年来，草原额吉企业孵化园在东胜区委、区政府出台的一系列政策帮助下，从资金扶持、成果转化、办公用房、专项补助等方面予以支持，持续加大对众创空间、加速器的引导和扶持，探索出了一些可复制可推广的双创政策、制度、运营体系。

入驻企业深圳市奔宝路电子科技公司是深圳北斗研究院会员企业，自入园以来，依靠鄂尔多斯北斗民用基地，在助力鄂尔多斯智慧农业发展和智慧城市项目中起到了很大的作用，在鄂尔多斯运营 4 年的时间里，客户遍及全球 74 个国家和地区，查询平台支持 13 国语言，现有研发人员 232 人，各项专利 48 项。平台数据及使用区域支持 178 个国家和地区。在三年孵化期间与内蒙古锡林浩特畜牧局、新疆公安“平安边疆”项目、青岛海尔集团“智慧物流”项目、京东集团“速度京东”项目、中通快递“时效通”项目、神华集团“畅行通”项目等达成合作共安装定位设备 103 万台。

入驻企业鄂尔多斯市亿寻科技有限责任公司开发建设了“鄂尔多斯文化信息资源大数据平台”“鄂尔多斯文化执法大数据平台”“鄂尔多斯文艺家数据库”“鄂尔多斯首届线上文博会”等多个文化旅游行业大数据平台系统，拥有文化旅游大数据领域的软件著作权 10 多项，并于 2019 年被认定为高新技术企业。

企业如何在疫情下谋求发展？草原额吉企业孵化园给了企业全力的支持，创业者们不遗余力，内蒙古蒙云科技有限责任公司为了维护“保稳定、保增长”的大局，通过新的流媒体和社交平台广告投放形式替代了之前传统的上门拜访方式；通过为客户提供电商线上营销功能多样性的增值服务代替了之前到店协助客户制定活动方案的方式；通过建立企业微信客户群、腾讯会议等形式替代了之前的办公室面对面沟通的形式；为客户提供了单次、碎片化的电商设计服务，解决了商城营销活动的页面设计。通过这样多措并举，多管齐下的经营革新，公司破除瓶颈、巧解难题，实现了稳定增长的预期目标。面对新冠疫情下复杂的经济形势，深圳市奔宝路电子科技有限公司联合同行企业做产品宣传，企业之间技术及产品优势互补，以线上办公、展会为主积极拓展新客户。鼓励员工居家办公，线上视频会议。加大投入技术开发力度拓展新的行业及用户群体，有效解决了疫情防控期间客户“急难愁盼”的问题（图 1-5）。

图 1-5　直播带货

未来，草原额吉企业孵化园将坚守创新创业的专业性和温度感，依托文创园产业联盟的平台优势，为入孵企业的发展提供更高平台，为东胜区双创工作贡献更多力量。草原额吉企业孵化园将持续把握“国家备案众创空间”的契机，继续优化政策，继续以“妈妈式”的服务和优质的资源配套，吸引更多的创业团队落户东胜、落户园区，去更好地实践大家口中的那句“草原创业找额吉”的口号，为创业团队和公司提供最佳的发展空间，让草原额吉成为创新的蓝海、创业的热土、创客的乐园。

一、大学生创业概述

1. 大学生创业含义

大学生创业是一种以在校大学生和毕业大学生的特殊群体作为创业主体的创业过程。随着近期我国不断走向转型化进程以及社会就业压力的不断加剧，创业逐渐成为在校大学生和毕业大学生的一种职业选择方式。

2. 大学生创业特点

大学生作为我国的年轻高级知识人群，有着较为丰富的知识储备，是当前我国创业主要人群。但由于大学生这个群体具有的社会实践经验与能力有所欠缺，与创业的成功要素相矛盾，导致多数大学生在创业初期时，就自行夭折了，使大学生创业成为国家和社会共同关注的话题。随着当前我国经济不断走向转型化以及社会就业压力的不断加剧，大学生的创业带来了众多的机遇与挑战，大学生创业也必将会在这些机遇和挑战中，不断走向新的高度（图 1-6）。

图 1-6　大学生创新创业教育海报

二、大学生创新创业教育

1. 大学生创新创业教育相关要求

开展新时代大学生创新创业教育，要适应新时代创新创业实践发展的新需求。大学生是最具创新、创业潜力的群体之一，是大众创业、万众创新的生力军。中国特色社会主义进入新时代，对我国创新创业教育既注入了新的时代内涵，又提出了新的工作要求。因此，开展新时代大学生创新创业教育，既要着眼于培养服务国家创新驱动发展战略的人才需要，又要着眼于促进大学生创新创业素质的全面提高，更要着眼于努力实现大学生更加充分、更高质量的就业。

开展新时代大学生创新创业教育，就是指学校要面向全体学生，紧紧围绕立德树人根本任务，以社会主义核心价值观为统领，全面贯彻党的教育方针，按照“大众创业、万众创新”的要求，以素质教育为主题，以转变教育思想、更新教育观念为先导，以提升学生的社会责任感、创新精神、创业意识和创业能力为核心，以改革人才培养模式和课程体系为重点，强化对大学生创新创业理念、价值、精神、能力等知识的灌输和传授，提升大学生创新创业本领和综合素质，最终实现充分就业，并为社会主义现代化建设服务的一种教育实践活动。

2. 大学生创新创业教育作用

近年来，学校作为培养人才的摇篮，把开展新时代大学生创新创业教育摆在重要位置，不断推进创新创业教育工作向前发展，这既是新时代赋予高等教育的崭新课题，也是国家实施创新驱动发展战略、促进经济提质增效升级的迫切需要，还是培养大学生创新精神、创业意识与创新创业能力和实践本领的重要途径，更是推进高等教育综合改革、促进毕业生更高质量创业就业的重要举措。高等院校不断强化创新创业教育，取得了一些显著成效。

(1) 坚持分管校领导任组长，大学生创新创业部门牵头，各有关部门相互配合、齐抓共管的创新创业教育工作机制。

(2) 坚持立德树人基本导向，修订人才培养方案，明确创新创业教育目标要求，建立创新创业教育课程体系。

(3) 坚持强化创新创业实践，加强学校与地方政府资源共建和共享，广泛搭建“众创空间”等实习实训平台，积极办好中国“互联网+”大学生创新创业大赛等各级各类创新创业竞赛等。

以上措施对深化学校创新创业教育改革、提高高等教育质量、促进学生全面发展、推动大学生创新创业起到了积极的推动作用。

三、大学生创新创业教育存在的问题

创新创业教育对于提升大学生综合素质，增强大学生就业、择业、创业核心竞争力具有显著作用，很多院校已经意识到了这一点，并从教育理念、课程设置等方面加强了创新创业教育力度。但受到实际条件的制约，具体政策在执行、实施过程中，没有取得预期效果，很多院校的指导大学生就业工作仍处于停滞不前的状态，影响了毕业生的就业质量。

以下四个方面是影响大学生就业的主要因素。

1. 创新创业教育课程体系缺失

创新创业教育是未来高等教育改革的“利器”，也是推进大学生就业指导工作实现跨越式发展的重要保证。就目前来看，多数院校的创新创业教育仍处于探索阶段，尚未形成独立完整的课程和教育体系。目前，我国大多数学校根据教育部的有关要求，相继开展了创新创业教育。虽然有些学校面向各个专业的学生，开设了创新创业课程且将其设为必修课程，但多数学校将其作为一门选修课程，还有的学校开设了大量的创新创业方面的选修课程，供学生选择。但这些课程没有统一的教学大纲、教学计划和课程体系，而且编写与选用的教材普遍是将各类创新创业活动实践资料稍加整理而形成的，有些课程只是请专家或成功创业者做报告与讲座。开设的创业课程之间不具有严谨的逻辑结构，没有形成一个完整的创新创业教育课程体系，这种现状显然对高校的创新创业教育发展极为不利。

2. 创新创业教育缺少专职、专业师资

作为一项开创性工作，与目前高等教育办学格局和模式相对稳定，甚至趋于固化的背景形成鲜明的对比，不仅没有发挥好对创新创业教育的引领、示范作用，还在一定程度上制约了大学生就业指导工作的正常开展。

创新创业教育具有较强的实践性，因此，创新创业教育要求教师既要具备一定的理论知识，又要具备一定的创业经验，但两者兼具的教师很少。目前，我国创新创业教育教师人数严重不足，从事学校创新创业教育的教师多数是从事学生管理工作的辅导员或就业指导教师，他们既缺乏创新创业经验，也没有接受过正规的创新创业教育训练，他们的教学只能是以理论传授为主要方式，很难将理论知识与创业实践有效融合，纸上谈兵，很难受到学生的欢迎，教育效果自然欠佳。

3. 创新创业理论教育与实践教学不平衡

作为一门实践性极强的课程，创新创业教育在开展过程中主要依托实践教学，强化学生自身创新技能的提升，让学生在实际操作中领会理论、提升能力。但我国众多院校在实际教学过程中，存在重理论、轻实践的现象，有相当一部分流于形式、疲于应付；即便认真开展，在具体的操作、落实环节，也往往受到资金、政策、师资、基地等多方面条件的

限制，实践操作课程课时较少，带动作用微乎其微。

4. 教育理念滞后

部分院校没有认识到创新创业的本质，教育观念还停留在教授学生如何获得财富和利润的层面上，期望把他们培养成创业家、企业家，只注重对学生的创业知识和技能的传授，而忽视了对学生创新创业意识和能力的培养，不利于学生综合素质的提高。据相关调查数据显示，学校开设的相关课程严重不足，即使是已经开设的课程，也存在授课和考查不够严格的现象，学生常在汇报学习成果之前临时抱佛脚，随意应付教师，这在很大程度上是因学校、教师和学生缺乏成熟的创新创业教育理念而导致的。

四、大学生创新创业教育的有效路径

学校创新创业教育的价值在于以创新创业促进大学生的全面发展，实现大学毕业生高质量就业。新时代大学生应接受创新创业教育，坚持立德树人，不断提升创新创业能力，促进自身全面发展。大学生创业创新教育是一项烦琐的系统工程，应该在院校、公司、社会等各个领域知名人士及政府的大力配合和支持下，不断鼓励大学生发展自身特长，融合自身专业进行创业，鼓励科技成果转变，进而呈现良好的创业项目。

1. 大学生应积极参与创新创业实践活动

当今网络技术的逐步发展为院校提供一条有效沟通渠道，可构建一个专属宣传业内人士创业经历及经验的程序，当大学生熟知此类创业有关情况后，利用微信及微博等进行互动探讨，使大学生说出内心真实疑问及看法，一同讨论。鉴于参加探讨平台的人均是有一定思想的青年人，相互交流可以调节大学生创新水准，还可以倾听此阶段每个人的想法。

2. 大学生可按期参与创业技能竞赛活动

利用院校提供的创新创业实践平台，充实大学生课余生活，利用多方资源整合，为其提供技术与资金支持，让其创新实践活动更具物质保证，同时可以使自身在放松情况下锻炼自身才能，提高自身见识。

用设计传播城市之美

——艾乐设计公司　张敏

她是土生土长在鄂尔多斯的90后创业者，艾乐设计的创始人张敏。

2014年的一个偶然的机会，她从朋友那里听到创业园的一些优惠政策，萌生创业的想法，创办了艾乐设计公司。此时，她还是湖北工业大学工业造型设计专业的一名学生。

通过严格审核，她的公司正式入驻园区。

“在创业初期，我最想要做的是与自身专业相关的文创产品和旅游产品业务，可我接到的业务多数为宣传类的画面设计，渐渐的这一业务竟达到

70%。”这一度也成了张敏的烦恼，而这些烦恼，终将会随着她的成长壮大随风而去。

在张敏看来，设计是一个非常有发展前途的行业，工作过程不仅有趣，而且还能培养人们艺术水平，从而体现她的社会价值。张敏对现有业务做了升级和调整，首先平面设计作为主要发展方向，一定要加强设计业务水平；其次，公司要树立和强化品牌意识，在设计过程中深刻地理解与把握业务单位的品牌核心，从而让消费者对企业形象产生深刻记忆；这两项提升目标也是最终赢得业务拓展的关键，而其间公司面临的现状是：专业设计人员流动性较大、招聘困难。困难之中也潜藏着机遇。既然设计人才短缺，为何我们不培养呢？这一问，开启了艾乐的市场蓝海，“点燃”自己事业的同时也更好地助力于他人。公司决定增设设计培训业务，进入职业教育培训，帮助自己也帮助一些有志从事设计行业的年轻人，以及同行业的公司培养高水平的设计师，同时帮助社会解决就业问题。

2017 年 1 月 1 日，艾乐设计培训班正式成立，首期学员就达到 20 名，为艾乐设计培训班下一步的发展不仅开了一个好头，而且也奠定了坚实的基础。

公司业务升级后，为了开发出更好的产品，成为一个优秀的品牌设计企业，2017 年张敏赴北京学习品牌设计，事业由此进入一个新的转折点。

通过一年的学习，张敏不仅提升了设计水平，同时也积累了部分一线专业品牌设计师资源，结识了很多具有行业内顶级设计水平的朋友。

2018 年学习回来之后，张敏对公司做出了全新规划，并规划鄂尔多斯设计周项目，每年开展一次，邀请国内一线知名设计师以论坛的方式与同行业交流、学习。传播设计之美，提升设计价值；让设计人员丰富一座城，提升城市整体形象，并使该项目成为这座城市的一项特色活动，成为这座城市的一张新名片。

2019 年，在园区领导的鼎力相助下，首届鄂尔多斯创意设计周成功举办，不仅提升了本地设计人员的设计能力，而且也有力地提升了鄂尔多斯地区创意设计文化软实力，在取得良好业内反响的同时也取得了良好的社会反响，并与中国设计师大会取得了密切的合作关系。

2021 年，艾乐设计的各项业务稳步发展，至今培育学员累计达 1200 名，获得的客户满意度极高，社会评价良好。

2021 年艾乐设计还促成了中国设计师大会与第二届鄂尔多斯创意设计周的合作，通过中国设计师大会的影响力，让更多设计领域人士了解与认识鄂尔多斯，共同为鄂尔多斯的旅游产业、城市品牌化发展出谋划策，对助力鄂尔多斯产业新旧动能转换与文化旅游产业创新发展有着重要的意义。

思政之窗

陕西省深入推进高校创新创业教育改革

陕西省认真学习贯彻习近平总书记关于教育的重要论述，深入落实党中央、国务院关于深化高校创新创业教育改革的有关部署，坚持创新引领创业、创业带动就业，在政策保障、平台建设、成果转化、创业帮扶等方面加大支持力度，引导高校深入推进创新创业教育改革，不断提升学生创新创业能力、增强创新活力，努力培养造就大众创业、万众创新的生力军。

加大政策支持力度，激发创新创业活力。省政府出台《关于全面深化高等教育综合改革的意见》《关于大力推进大众创业万众创新工作的实施意见》，从制度层面系统推进全省“双创”工作。将高校创新创业教育改革作为“十四五”全省高等教育综合改革的突破口，制定《关于实施高等学校创新创业教育推进计划的意见》，探索构建“高校创新＋孵化器＋人才培养”的创新创业教育模式。印发《关于促进普通高校毕业生就业工作的实施意见》《关于促进高校毕业生创业工作的若干意见》等文件，明确高校毕业生创业支持政策，降低创新创业门槛，鼓励科技人员和大学生积极创业。出台《创业园管理办法》《创业实训管理办法》《创业专项资金实施办法》等配套文件，在准入领域、经营范围、经营场所、企业注册登记条件、企业注册资本限额及资金、税费减免等方面给予高校毕业生更多支持。省教育厅、省科技厅等4部门联合下发《陕西省重大科研基础设施和仪器设备开放共享实施方案》，提升高校科技资源利用效率，推动资源与信息开放共享。省财政厅印发《关于加大授权力度促进科技成果转化的通知》，加大省内高校科技成果转化相关国有资产管理授权力度，进一步增强高校创新活力。

注重基地平台建设，拓展创新创业渠道。指导各市（区）政府加强与高校合作，将大学科技园建设纳入发展规划，支持利用高校资源建设环大学创新经济圈，建立奖补机制，优先资源保障，促进高校科研成果转移转化，支持师生在本地创业。强化“双创”示范高校、校外实践基地建设和评估，不断提升高校创新创业教育水平。截至目前，建设国务院双创示范基地3个、教育部深化创新创业教育改革示范高校8所、陕西省深化创新创业教育改革示范高校16所、创新创业教育改革试点学院（系）108个、大学生校外创新创业教育实践基地103个、大学生创业孵化园114个、校内众创空间193个。建设国家级协同创新中心2个、省级协同创新中心44个，先后组建陕西工业技术研究院、陕西能源化工研究院等6个研究院，成立40余个产业技术创新联盟，积极为持续产出重大科研成果打造基础创新平台。

加快科技成果转化，助力创新创业升级。优化高校科技创新与科技成果转化政策，印发《陕西省促进科技成果转化若干规定（试行）》《关于落实以增加知识价值为导向分配政策促进省属高校科技成果转移转化的实施意见》，为高校加快科技成果转化提供政策支持和指导。修订《陕西高等学校科学技术奖励办法》《陕西高等学校人文社会科学研究优秀成果奖励办法》，将高校从事技术转移转化专职人员职称纳入工程序列，单列职称评审条件。加强高校技术转移机构建设人员培训，推动高校建设专业化、市场化技术转移机构。成立陕西省高校技术转移联盟、高校技术经理人协会，启用“高校成果空间”信息平台，指导高校设立技术转移机构73所；举办陕西省高校技术经理人巡回宣讲、高校技术转移机构管理者高级研修班和高校知识产权培训会，累计培训1000余人次。近年来，高校技术开发、技术转让、技术咨询、技术服务等合同签订数量持续增长，累计登记合同金额164.12亿元。

持续优化服务保障，增强创新创业动能。推广创业导师制，支持高校聘任科技型企业负责人等为创业导师。组织创新创业教育骨干教师专题培训会、承办全国高校创业指导教师专题培训、举办“大学生创业教育项目”讲师和高校创业指导师培训班等，进一步增强创业教育指导教师工作的针对性和实效性。强化创新创业教育课程建设，把创新创业教育和实践课程纳入高校课程体系，推行创新创业学分积累与转换制度。全省高校共开设创新创业教育课程637门，其中必修课226门、选修课411门。积极组织大学生参加“互联网十”大学生创新创业大赛等赛事活动，支持大学生直接参与校企合作项目或进驻创业园区，推动实现以赛促教、以赛促学、以赛促创，累计参赛项目18.3万余项，参赛学生80.4万人次，共获金奖57项、银奖91项、铜奖209项。健全大学生就业创业服务体系，落实机构、人员、经费、场地“四个到位”，每年发放高校毕业生求职创业补贴3000多万元。近年来，已有1778个双创项目团队成功创业，直接提供就业岗位3万余个，带动就业14万人，有效激发了全社会创新创业创造动能。

思考练习

1. 简述大学生创新创业的内涵。适合大学生创新创业选择的企业组织形式有哪些？
2. 大学生创新创业教育存在的问题与解决这些问题的有效路径分别指什么？

第二章

创新思维开发

学习目标

了解创新思维的定义及表现形式；

掌握创新思维训练的方法；

掌握创新思维训练过程中的注意要点。

案例导入

安浩良的另类干法：不疯魔不成活

——良品志尚工作室　安浩良

推开古风浓厚的喜庆大红门，古色古香的定制款窗帘将外面的强光过滤后，换以温暖柔和之态照进了静谧的工作室，工作区和休闲区两种风格截然不同但却和谐过渡，瞬间让人觉得原来工作和生活可以如此完美地融合。室内半面墙布置满了充满设计感的作品，或栩栩如生，或韵味深长，彰显着主人公的艺术设计风格。另半面墙是手绘黑板和各种文艺装饰，格调浪漫优雅。地上的插座是经他妙手一挥变成的蒙古包，就连垃圾桶都别具一格。设计桌正对面五米外是一个墙面投影仪，平时播放新闻，闲暇时方便听音乐……

而经常坐在这后面的，便是加班后需要灵魂充电的另类设计师安浩良。

人们对安浩良脱口而出的评价：思维极其跳跃、谈吐诙谐幽默、行动立竿见影。

加班是他的工作常态，尤其夜深人静，他的灵感便会爆棚。他经常会为了一幅作品精雕细琢，耗费几个夜晚，当作品问世后惊艳四座时，他却在家呼呼大睡。出于职业原因，他的作息不太规律，但懂得及时调整，现在也开始注重健身、养生。工作中，他是天才，生活里，他是“疯子”。隔一段时间，他就要干一件“大事”，所谓的“不疯魔不成活”。

2021 年 5 月 20 日，许久没有动静的安浩良临时决定从东胜徒步康巴什。在文创园，他的奇思妙想总会得到支持，另外两个创业者听说后，想都没想就跟着出发了。从文创园到康巴什他们设计了 100 多公里的弯曲路线，三人什么都没准备，迈开步子说走就走，再次应验了他们“再不疯狂就老了”的执念。那天正逢 5 月 20 日的甜蜜好日子，一路上大家谈笑风生，累了就躺在草地上看云卷云舒，回归到小时候无忧无虑徜徉大自然的酣畅情景……安浩良就是这样，有什么想法就要随即去付诸行动，多一秒，都觉得拖延。

2021 年 4 月份，东胜区文明实践中心的吉祥物“伊萌”正式上市，这个极其可爱的卡通动漫人物正是出自安浩良之手。他总是能将地方文化通过巧妙设计注入更多新的理念和意义，这也使得他的作品散发着“大作”的光芒。

在设计这条路上摸爬滚打十几年，安浩良从来没有因为金钱而违背自己的初心。基于对设计的热爱，他从不拘泥于客户的通俗理解，总能从客户的要求里寻求到创作灵感和共性表达；如果见解不同，他也不会苟同客户的要求和审美做一幅平庸的设计作品。在创作中他始终会坚持为作品赋予灵魂与意趣，让人耳目一新，而不会一味地妥协，最终呈现出连自己都看不上的作品。

在安浩良的心中，文创园就是一个温暖的大家庭。“国家和各级政府对创业者的扶持政策，园区都会及时传达给我们，政府给予创业者很多优惠政策，减免了好多费用，园区还为创客们组织培训和丰富的活动。这里有亲如家人的领导为我们排忧解难，同时还有一群有着共同创业梦想的年轻人。”安浩良逢人便说，来到文创园后顺风顺水，人生好像开了挂。

因精益求精的工作态度、诚信的品质，以及崇尚精品设计创造价值的品牌追求，他不断赢得客户的赞赏认可，由此也赢得了合作单位的合同续签。通过倾心倾智创作的作品，良品至上的品牌观被诠释和践行到各个项目中。安浩良先后设计了青年创客汇活动整体形象、百名博士东胜行活动整体形象、东胜区组工文化标志系统、人才东胜标志系统、草原额吉企业孵化园形象及标识，设计策划月享时光全品牌视觉营销系统、华府世家汇运营视觉系统搭建、海南帮家政服务公司标志系统，等等。

吃水不忘挖井人，在他业务大幅增加时，会将一些客户推荐给园区内其他设计公司，帮助园区创业者提升业务。他说，正是园区这么好的创业环境，才让他的创业梦得以实现，如今，他要帮助更多的创业者实现梦想。

第一节　创新思维概述

一、创新思维的定义

1. 定义

通俗来讲，思维就是思考、思索，是为了完成某项任务大脑皮层进行的一种活动。如果再分解一下，思就是想的意思，维指的是维度和秩序，这里的不同维度和秩序就是我们常说的思维方式。

因此，思维就是大脑为了解决某个问题而进行的不同维度的、有秩序的思考；思维是一种能力，是先天与后天结合、学习与实践结合的综合能力。

2. 构成的要素

①智力

智力取决于基因和幼年期后天环境的影响与教育，即天赋与后天教育的统一。但相对来说，后天教育对智力的高低起着更加关键的作用。比如大家熟悉的狼孩的例子，就充分证明了这一点。智力主要表现为观察力、注意力和记忆力。

②知识

知识是通过学习和社会实践而得到的对事物的认识，主要指科学文化和社会经验等。比如，通过学习我们都知道了太阳系、银河系等天文知识；通过实践掌握了基本的为人处事的经验，从而能正确地对人作出判断。

③才能

才能是人们有效地达到某种目的的心理能量。才能分为两部分：一部分是特殊才能，比如音乐、舞蹈、体育、绘画等，这与人的天赋有关；另一部分属于一般才能，与后天的教育实践有关。

3. 创新思维

创新思维是人们在创新实践的基础上，提出的用于辅助人们产生创新性思维的策略和手段，是有效、成熟创造思维的规律性总结与结构化表达。创新思维是一种超越性智慧，它表现为思维的跳跃，在人的思考中实现超越。

二、创新思维的表现形式

创新思维包括战略思维、逆向思维、发散思维、聚合思维和跨界思维五种主要表现形式。

1. 战略思维

战略思维指的是“求远”，在时间上谋划长远，在空间上谋划全面，在地域上谋划完整。战略思维要具有方向性、全面性、统筹性，要围绕未来发展的方向去设计和思考。战略性思维是我们经常用到的一种创新思维模式。例如，企业家一般都具有战略思维的定式，他们会针对市场环境和政策环境的现状以及发生的变化，敏锐地捕捉市场商业机会，从组织架构、岗位设置、人才招聘、产品研发等很多方面进行统筹的战略思考，制定公司的发展战略和市场策略。又如，政府领导一般也具备战略思维的定式，会针对当年的重点工作任务，从目标制定、任务实施、流程监控、措施保障等方面进行统筹的思考和规划。我们在策划创业项目时，也应该训练这种战略思维，从长远的角度去规划和发展项目。

2. 逆向思维

逆向思维指的是“求异”，也叫求异思维，是指从反方向去考虑问题，要反其道而行之。逆向思维是对司空见惯的似乎已成定论的事物或观点反过来思考的一种思维方式。当大家都朝着一个固定的思维方向思考问题时，而你却独自朝相反的方向思索，这样的思维方式就是逆向思维。“舍得”就是先舍后得，没有前面的“舍”哪有后面的“得”。例如，历史上被传为佳话的司马光砸缸救落水儿童的故事，就是很好地运用了逆向思维来解决问题，由于司马光不能通过爬进缸中救人的手段解决问题，因此，他就转换思维方式，先砸破水缸，再救人，进而顺利地解决了问题，这就是逆向思维的成功实践。

3. 发散思维

发散思维指的是“求多”，就是在现有基础上尽可能进行发散思维，如何在产品功能、所用技术、产品用途等方面，利用加法的形式去思考，例如，能否增加一些新的功能，能否采用一些新的技术，能否扩大产品的用途等。发散思维可以是一个维度的发散，也可以是多个维度的共同发散。发散的维度越多，发散的内容就越丰富，产品的创新性也就越多样化。

4. 聚合思维

聚合思维指的是“求专”，就是在现有基础上进一步聚合、聚焦。在产品尺寸、产品重量、产品结构、产品功能等方面，用减法去考虑能否减掉一些什么，去繁从简，精益求精，把多余的东西适度去掉一些。开展产品创新，会带来一些新的市场机会。

5. 跨界思维

跨界思维指的是“求融”，就是在现有基础上，寻求融合的边界效应，跨界实现创新。跨界可以跨领域、跨地区、跨人群、跨性别。例如，教育和科技本身就是一家，科技离不开教育，教育中蕴含科技。如何在教育与科技的边界效应下实现跨界融合与创新突破，就需要我们有跨界的思维，围绕教育中涉及的知识原理、科学技能、教育方法等方面进行创新；科技金融与金融科技目前已经融为一体，金融领域中有很多科技的东西，像互联网、物联区块网（链）、大数据、云计算等技术，科技领域里也已经融入了很多金融的东西，如互联网金融、互联网保险、ATM 机等。

第二节　创新方法概述

一、创新方法的内涵和意义

1. 创新方法的内涵

创新方法是人类特有的认识能力和实践能力，是人类主观能动性的高级表现，是推动民族进步和社会发展的不竭动力。一个民族要想走在时代前列，就一刻也不能没有创新思维，一刻也不能停止各种创新。创新在经济、技术、社会学以及建筑学等领域的研究中起着举足轻重的作用。

2. 创新方法的意义

（1）创新方法是决定一个国家、民族创新能力最直接的精神力量

在今天，创新能力实际就是国家、民族发展能力的代名词，是一个国家和民族解决自身生存、发展问题能力大小的，最客观和最重要的标志。

（2）创新方法促成社会多种因素的变化，推动社会的全面进步

创新意识源于社会生产方式，它的形成和发展必然进一步推动社会生产方式的进步，从而带动经济的飞速发展，促进上层建筑的进步。

创新方法进一步推动人的思想解放，有利于人们形成开拓意识、领先意识等先进观念；创新意识会促进社会政治向更加民主、宽容的方向发展，这是创新发展需要的基本社会条件。这些条件反过来又促进创新意识的扩展，更有利于创新活动的进行。

（3）创新方法能促成人才素质结构的变化，提升人的本质力量

创新实质上确定了一种新的人才标准，它代表着人才素质变化的性质和方向，它输出着一种重要的信息：社会需要充满生机和活力的人、有开拓精神的人、有新思想道德素质和现代科学文化素质的人。

二、创新方法的类型

1. 头脑风暴法

1952年华盛顿发生了1000千米电话线因下暴风雪形成树挂，使通信设备中断的严重事故。为了迅速恢复通信，美国电信公司召开会议，以期通过集体智慧找出解决方案。参加会议的都是不同专业的技术人员，在宣布会议的原则和目的后，大家便七嘴八舌地议论开来。有人提议沿通信线路加装线路加温装置以消融积雪，这是常规的想法，但因耗电而花钱很多。有人则提议安装振荡器，抖掉线路上的积雪。有人幽默地提出：“最简便的莫过于用大扫帚沿线清扫一回。”有人则马上接过话题：“那得把上帝雇来喽。”这些怪念头和俏皮话，却激励了一位参加者的思想火花：“我们开一架直升机不就行了吗？飞机的速度和风力足以迅速地吹掉电话线的积雪。”顿时又引起其他与会者的联想，有关用飞机除雪的主意一下子又多了七八条。不到1小时，与会的10名技术人员共提出90多条新设想。会后公司组织专家对设想进行分类论证。最后电信公司采纳了“用直升机扇雪”，借用空军直升机，依靠飞机高速旋转螺旋桨的垂直气流将电线上的积雪迅速扇落。一个难以解决的问题，在思想碰撞中得到了巧妙地解决。

头脑风暴法（brain storming，BS），又称为智力激励法或自由思考法。头脑风暴法是由美国“创新技法和创新过程之父”亚历克斯·奥斯本于1939年首次提出、1953年正式发表的一种激发性思维方法。头脑风暴法是一种最为实用的集体创造性解决问题的方法。它是指一群人运用脑力，针对某个问题的解决做创造性思考，在短暂的时间内提出大量构想的方法。

头脑风暴法可以分为直接头脑风暴法（通常简称“头脑风暴法”）和质疑头脑风暴法（简称为“反头脑风暴法”）。前者是由专家群体决策，尽可能激发创造性，产生尽可能多的设想的方法；后者则是对前者提出的设想、方案逐一质疑，分析其现实可行性的方法。

头脑风暴法的与会者按照一定的步骤和要求，在轻松融洽的气氛中各抒己见、自由联想、共同激励和相互启发，使创造性思想火花产生共鸣和撞击，引起连锁反应，从而致使大量新创意的诞生。奥斯本认为，头脑风暴小组以5～10人规模为宜。如果参与者过多，会使某些人没有畅所欲言的机会；如果参与者过少，会影响参与者的热情。头脑风暴小组

成员最好具有不同的学科背景，成员的学科背景不同，提出的观点才可能千差万别，从而达到头脑风暴法的目的。另外，头脑风暴法的所有参与者，都应具备较高的联想思维能力，如图 2-1 所示，图中用英文表示出以人的思想为中心，运用漫画的形式展示出创新、头脑风暴、解决方法等从人的大脑中衍生出来的思维要素。

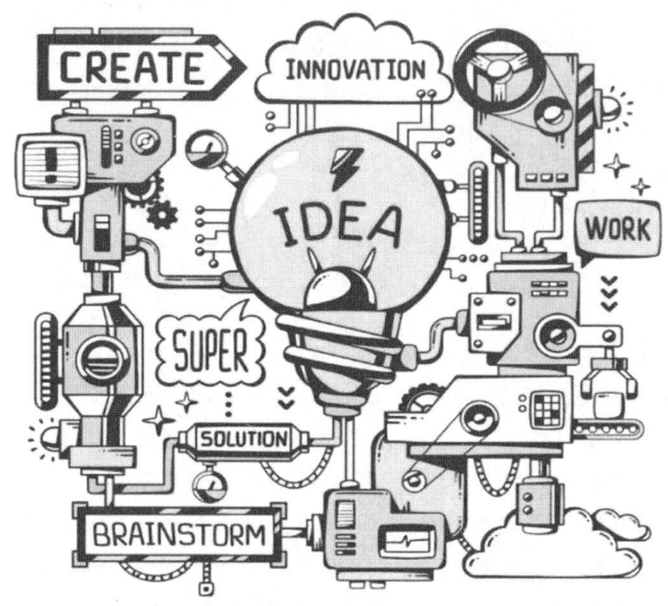

图 2-1　创新思维漫画

知识链接

智力激励法的实施原则

1. 自由畅想原则

该原则的核心是求新、求奇、求异。规定此原则的目的，一是让与会者敞开思想，不受任何传统思维和常规逻辑的束缚，克服心理惯性和思维惰性的影响，尽量跳出已知事物和熟悉思路的圈子，无拘无束、畅所欲言，不考虑自己的思路是否“离经叛道”，也不顾忌自己的设想是否“荒唐可笑”，使思想始终保持自由驰骋的状态；二是让与会者充分发挥想象力，使思路做大幅度的回转跳跃，通过多向、侧向、逆向思维和联想、幻想、想象等形式，从广阔的学科领域寻找新颖的创新方案。

2. 延迟评判原则

该原则的要点是限制在畅想和讨论问题阶段过早地进行批评和评判。规定此原则的目的，是为了克服“判断”对创新思维的抑制作用，保证其他原则的贯彻执行以形成良好的激励气氛。创新设想的提出有一个不断诱发、不断深化和不断完善的过程，常常是有些设想在开始提出时，杂乱无章、自相矛盾，似乎没有什么用处，但它们却蕴藏着极好的创意和极高的价值，如过早地评价，则可能会使其在萌芽阶段就被扼杀掉。

3. 以量求质原则

该原则的关键是“质量递进效应”。此原则即鼓励与会者尽可能多地提出设想，各种设想不分好坏一律记录下来，在大量的设想中选择出质量较高的设想。据统计，一个在相同时间内比别人多提出两倍设想的人，最后产生有实用价值的设想的可能性比别人高10倍。因此智力激励法强调与会者要在规定时间内，加快思维的流畅性、灵活性和求异性，尽可能地提出有一定水平的新设想，作为获得质量好、价值高的创新设想的保证。

4. 综合改善原则

规定此原则的目的是要求与会者勤于、乐于并善于在别人的基础上，对各种设想进行综合及改善，从而形成更有价值的设想。

---

2. **奥斯本检核表法**

（1）定义

奥斯本检核表法（checklist method）是以发明者奥斯本的名字命名的，它针对需要解决的问题或需要创新设计的对象，从多方面列出一系列的有关问题，然后逐个地加以分析、讨论，从而确定出最好的设计方案。奥斯本检核表法的核心是改进，通过改进来进行创新。奥斯本检核表法是大量开发创新设想的一种简单易行的创新技法，适用于任何类型和任何场合的创新活动。它从九个角度出发，根据需要解决的，带有共性的问题，列出提纲式的表格，然后逐条进行检查、设问、讨论和核对，从中挑选一两条，集中精力深思，获得发明创造。奥斯本检核表法的特点是简单易行，减少疏漏，排除人们不善提问的心理障碍，引导人们用多向思维进行发散思考，突破旧的思维框架，开拓新的思路，产生大量原始思路和原始创意。

（2）操作步骤

奥斯本检核表法的基本步骤：①选定一个要改进的产品、方案或问题；②根据产品、方案或问题，从不同的角度提出一系列的问题，并由此产生大量的思路；③根据提出的思路，进行筛选和进一步思考、完善。

（3）注意事项

奥斯本检核表法是改进型的创意产生方法，不是原创型的，必须先选定一个有待改进的对象，在此基础上设法加以改进。若把一个产品的原理引入另一个领域，可产生原创型的创意。运用奥斯本检核表法时要注意以下四点：

①要和具体的知识、经验相结合；②此法只提示了思考的一般角度和思路，因此发展思路还要依靠人们的具体思考；③要结合改进对象（产品、方案或问题）来进行思考；④可自行设计大量问题来提问，提出的问题越新颖，得到的想法就越有创意。

（4）奥斯本检核表法的具体内容

该方法引导人们在创造过程中对照9个方面的问题进行思考，这9个检核项目主要包括有无其他用途、能否借用、能否改变、能否扩大、能否缩小、能否代用、能否重新调整、能否颠倒、能否组合，具体内容见表2-1。

表 2-1　奥斯本检核表

序　　号	检核项目	含　　义
1	有无其他用途	现有的事物有无其他的用途、保持不变能否扩大用途；稍加改变有无其他用途
2	能否借用	能否引入其他的创造性设想；能否模仿别的东西；能否从其他领域、产品、方案中引入新的元素、材料、造型、原理、工艺、思路
3	能否改变	现有事物能否做些改变？例如，颜色、声音、味道、式样、花色、音响、品种、意义、制造方法；改变后效果如何
4	能否扩大	现有事物可否扩大适用范围；能否增加使用功能；能否添加零部件；延长它的使用寿命，增加长度、厚度、强度、频率、速度、数量、价值
5	能否缩小	现有事物能否体积变小、长度变短、重量变轻、厚度变薄以及拆分或省略某些部分（简单化）；能否浓缩化、省力化、方便化、短路化
6	能否代用	现有事物能否用其他材料、元件、结构、力、设备、方法、符号、声音等代替
7	能否调整	现有事物能否变换排列顺序、位置、时间、速度、计划、型号；内部元件可否交换
8	能否颠倒	现有的事物能否从里外、上下、左右、前后、横竖、主次、正负、因果等相反的角度颠倒过来用
9	能否组合	能否进行原理组合、材料组合、部件组合、形状组合、功能组合、目的组合

奥斯本检核表每一项都有极为丰富的内容。就如何调整而论，调整和改变的对象包罗万象，原理、功能、材料、方法、形状等，都不妨改变一下。就“如何放大”而论，仅指放大体积吗？难道功能和别的就不能放大吗？因此，运用时要把既有事物或产品、设想等待定对象与奥斯本检核表中的项目一一核对。要充分运用想象力和联想力，考虑问题要从多种角度出发，不要受习惯思维的影响；要从问题的多个方面去思考，视野要宽，思路要活，不要把视线固定在个别问题或个别方面。这样思考问题对创新来说才有启发意义（图 2-2）。

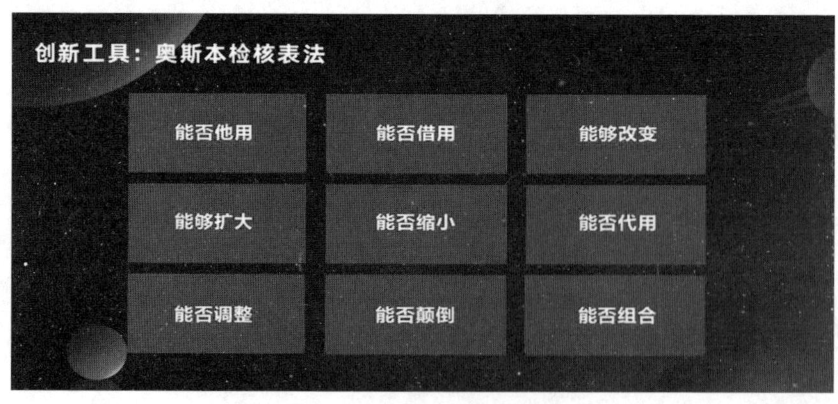

图 2-2　奥斯本检核表法

3. 六顶帽子思考法

六顶帽子思考法是英国学者爱德华·德·博诺开发的一种思维训练模式，或者说是一个全面思考问题的模型。总共包括 6 种，因此，常被称为“六顶思考帽”。它提供了平行思维的工具，避免将时间浪费在互相争执上。强调的是“能够成为什么”，而非“本身是什么”，寻求一条向前发展的路，而不是争论谁对谁错。运用博诺的六顶帽子思考法，将会使混乱的思考变得清晰，使团体中无意义的争论变成集思广益的创造，使每个人都变得富有创造性。任何人都有以下 6 种基本思维（图 2-3）。

图 2-3　六顶帽子法

4. 综摄法

日本南极探险队第一次准备在南极过冬，当时南极越冬队队员设法用运输船把汽油运到越冬基地。由于准备工作不充分，在实地操作中发现输油管的长度根本不够，又找不到另外备用和可以替代使用的管子，再从日本去运，那时间需要近两个月。怎么办？这下子把所有队员给难住了。大家你看看我，我看看你，毫无办法。这时候，队长突然提出了一个很奇特的设想，他说：“我们用冰来做管子吧。”冰在南极是最丰富的东西，但问题的关键是怎样使冰变成管状，而且在中途不会断裂呢？很多人还是“丈二和尚摸不着头脑”。队长又说：“咱们不是有医疗用的绷带吗？就把它缠在已有的钢管上，上面淋上水，让它结冰，然后拔出钢管，这不就成了冰管子了吗，再把它们一截一截接起来，要多长就有多长。”在队长的整体构思中，首先是找出冰管代替输油管，其次是将绷带的功能由包扎伤口转为包缠钢管。

（1）综摄法概述

综摄法又称类比思考法、提喻法，是指以已知的事物做媒介，将毫无关联的、不相同的知识要素综合起来，摄取各种事物的长处，把它们综合起来，产生解决未知问题的新设想、新产品的创新技法。其特点是有目的、有选择地摄取已知各种新产品的长处，从而创造出新的产品。

综摄法是由美国麻省理工学院教授威廉·戈登于1944年首创的一种从已知推向未知的一种创新技法。戈登发现，当人们看到一件外部事物时，往往会得到启发思考的暗示，即类比思考，而这种思考的方法和知识没有多大联系，反而是与日常生活中的各种事物有密切关系。人类的许多发明创新以及文学作品都是日常生活的事物启发的灵感。这种事物从自然界的高山流水、飞禽走兽，到各种社会现象，甚至各种神话、传说、幻想、电视等比比皆是，范围极为广泛。戈登由此想到，可以利用现有事物来启发思考、激发灵感解决问题，这一方法便被称为综摄法。

综摄法作为一种创新性思维方法在解决新产品开发、已有产品的改进设计、广告创意以及解决某些社会问题等方面已得到了广泛使用。此方法还适用于各类员工的激励、思维创新的培训，综摄法既可用于管理者个人，更适用于管理创新群体。用于个人时，往往偏重于产品的技术改进，提高市场营销效率等方面，而事关企业的战略决策，大幅度的制度创新等主要是以群体的方式进行为主。

（2）综摄法的思考原则

①变陌生为熟悉

所谓“变陌生为熟悉”，是指对不熟悉的事物要有意识地视作熟悉，用熟悉的、已有的事物和知识进行对比研究。这是综摄法的第一步，即准备阶段。在发明创造不熟悉的新东西的时候，可以借用现有的知识来进行分析研究，启发出新的思想来，这就是异质同化。例如，在脱粒机发明以前，谁也没有见过这种机械，要发明这样一种机械，就可以从现有的知识或熟悉的事物进行分析入手。比如，用雨伞尖顶撞稻穗，把稻谷从稻禾上脱落下来。根据这一设想，人们终于发明出一种带尖刺的滚筒状脱粒机。

②变熟悉为陌生

所谓“变熟悉为陌生”，是指对熟悉的事物要有意识地视作不熟悉，用不熟悉的态度来观察分析，并运用新的知识理论或从新的角度进行研究，使看得习惯了的东西变成看来新鲜的东西，把熟悉的事物变成陌生的事物，从而启发新的创造设想，这是综摄法的第二步。例如，将人们所熟悉热水瓶用不熟悉的态度来重新分析、思考、研究，改变它的热动力，可以设计出气压热水瓶、电热水瓶；将瓶口缩小、体积改成茶杯大小，就成了保暖杯。又如，拉杆天线本来是用在收音机上的，人们比较熟悉它，但用不熟悉的态度重新分析它，将它换个新位置去应用，便出现了可伸缩的教鞭、照相机的伸缩三脚架、可伸缩的旅行手杖等新产品。

戈登认为，为了摆脱旧框框的束缚，开阔思路，在探索新的设想时，要有一段时间暂时抛开原来想要解决的问题，从陌生的角度去思考，通过联想、类比探索得到启发后再回到原问题上来，得到解决原问题的方法。在操作技巧上，综摄法在具体实施上述两项原则时，可以采用四种类比的方法，来实现“变陌生为熟悉”和“变熟悉为陌生”。这四种类比的方法是：亲身类比、直接类比、象征类比和幻想类比。

第三节 认知创新技巧

一、颠覆常识

案例

袁隆平刚开始研究杂交水稻时，有一位资深的老教授对此不屑一顾，说："水稻没有杂交优势，这是常识，你难道不懂吗？别再浪费时间和精力去做这种没有意义的事了。"袁隆平对此没有过多地理会，全力投入实验，最终培育出产量翻了几番的籼型水稻。假使袁隆平当初听信教授，也迷信常识，那么，还会有籼型水稻的诞生，还会有"杂交水稻之父"的美称吗？答案是否定的。

常识一般多指日常知识、众所周知的知识、约定俗成的无须证明的知识，或者本能的学习和判断能力等。常识阻碍创新。常识在日常生活中具有非常重要的作用，可以帮助人们对事情或问题进行初步判断。但它也会束缚思维，让思维陷入僵化，不利于创新。因此，为了更好地创新，人们应勇于颠覆常识。颠覆常识的技巧如表 2-2 所示。

1. 常识对创新的阻碍

（1）权威误导

常识一般是指已经约定俗成被大家认可的知识，因而具有一定的权威性。人们在接受和认可这些常识时，一般不会进行过多的思考或质疑，从而限制了创新。

（2）经验误导

常识也是日常经验的积累，而且这些经验曾经给人们帮助。因此，人们会信任常识，轻易不会质疑常识。

（3）习惯误导

常识形成后，人们会习惯性地运用常识来解答某一问题，因此容易陷入惯性思维。

2. 颠覆常识的误区

（1）全盘否定常识

人们也许会认为颠覆常识就是全面否定常识，但颠覆常识其实是跳出常识的束缚，选择新的角度和方式来审视问题。

（2）反方向寻找

人们也可能会认为，颠覆常识就是沿着与常识相悖的方向寻找灵感和顿悟。

表 2-2　颠覆常识的技巧

序　号	技　巧	说　明
1	不急于认同	不盲从常识，先经过思考再选择是否认同
2	辩证思考	从正反两面思考某一事物，不片面定性
3	左右脑并用	左右脑结合使用，不仅使用一种思维
4	回到原点	回到事物本身进行思考，不用经验思考
5	不盲从他人	有自己的独立思考意识，不盲从他人

二、消除偏见

案例

关羽一直对刘备的养子刘封有偏见。

在败走麦城之前，如果刘封能及时发兵救援，关羽可能就不会兵败被杀。但由于刘封一直对对他有偏见的关羽不满，所以才拒绝发兵，最终导致关羽父子丧命。这应该可以被称作“偏见导致失败”。

可以毫不夸张地说：在关羽失败的原因中，“对刘封的偏见”占了不小的比例。

偏见指人们由于一贯的错误认识或受事物表面现象蒙蔽、只看到事物的一面所引起的对事物的片面认识。人们想要创新，就应学会消除对事物所持的偏见。只有这样才能正确认识事物，全面评价事物，也才能更好地掌握事物特性，获得灵感。

1. 偏见的形成

（1）受个体经验左右

人们常常倾向于用以往的经验和态度去看待某事物，形成刻板印象和认识，且难以改变。

（2）受个体人格和心理影响

一般来说，傲慢自大、固执己见、具有权威主义倾向的人容易对事物产生偏见。

（3）受“首因效应”影响

人们容易对事物产生先入为主的判断，通过“第一印象”最先输入的信息对以后的认知会产生深刻影响。

（4）受个人利益左右

人们以个人利益为出发点，对有利于自己的人或事持友好态度；反之，则持不友好态度。

2. 消除偏见

（1）多角思考

看待事物不能只看事物的一面，要全面思考。

（2）换位思考

站在不同的立场思考事物，抛弃自我中心主义。

（3）反向思考

从事物的反面思考，立体化地把握事物。

（4）归零思考

清除对事物的原本认识，重新定位事物。

三、挑战权威

在伽利略之前，古希腊的亚里士多德认为，物体下落的快慢是不一样的，它的下落速度和它的重量成正比，物体越重，下落的速度越快。比如说，10千克重的物体，下落的速度要比1千克重的物体快10倍。1900多年以来，人们一直把这个学说当成不可怀疑的真理。年轻的伽利略根据自己的经验推理，大胆地对亚里士多德的学说提出了疑问。经过深思熟虑，他决定亲自动手做一次实验，他选择比萨斜塔作实验场。

那是1590年的一天，他带了两个大小一样但重量不等的铁球，一个重一些，是实心的，另一个轻一些，是空心的。伽利略站在比萨斜塔上面，望着塔下。塔下面站满了来观看的人，大家议论纷纷。有人讽刺说："这个小伙子的神经一定是有病了！亚里士多德的理论是不会有错的！"但伽利略毫不理会。

实验开始了，伽利略两手各拿一个铁球，大声喊道："下面的人们，你们看清楚，铁球就要落下去了。"说完，他把两手同时张开，人们看到，两个铁球平行下落，几乎同时落到了地面上，所有的人都目瞪口呆了。

伽利略的试验，揭开了落体运动的秘密，推翻了亚里士多德的学说。这个实验在物理学的发展史上具有划时代的重要意义。伽利略不迷信权威的独立人格和执着追求真理的精神值得我们学习。

权威一般指人们自愿服从和支持的权力，也指使人信服的力量和威望。它在某些情况下是正确的，但它不等于真理，人们可以尊重权威，但不可以迷信权威。"长江后浪推前浪"，人们想要创新，就必须有敢于挑战权威的勇气和信心，只有这样才能不断除旧革新。

1. 不敢挑战权威的原因

（1）权威力量强大

权威具有很普遍、很强大的基础，一般难以动摇。

（2）盲目信奉权威

认为权威是真理，是不可挑战和动摇的。

（3）害怕挑战失败

害怕挑战失败后引来麻烦和嘲笑。

2. 挑战权威

(1) 敢于质疑

古人云："小疑则小进，大疑则大进。"质疑是发现问题、挑战权威的第一步。

(2) 相信创新的力量

相信创新终究能够战胜已经落后的权威，能够改变人们对权威的迷信。

(3) 相信小人物也能创新

不要被拥有权威的代表人物吓倒，要相信小人物也有能力改变一切。

(4) 实践出真知

人们想要创新，就必须基于事实的基础上，付出努力和汗水，在实践中检验创新的力量。

四、打破规则

乌鸦喝水

一只乌鸦口渴了，它在低空盘旋着找水喝。找了很久，它才发现不远处有一个水瓶，便高兴地飞了过去，稳稳地停在水瓶口，准备痛快地喝水了。可是，水瓶里水太少了，瓶口又小，瓶颈又长，乌鸦的嘴无论如何也够不着水。这可怎么办呢？

乌鸦想，把水瓶撞倒，就可以喝到水了。于是，它从高空往下冲，猛烈撞击水瓶。可是水瓶太重了，乌鸦用尽全身的力气，水瓶仍然纹丝不动。

乌鸦一气之下，从不远处叼来一块石子，朝着水瓶砸下去。它本想把水瓶砸坏之后饮水，没想到石子不偏不倚，"扑通"一声正好落进了水瓶里。

乌鸦飞下去，看到水瓶一点儿都没破。细心的乌鸦发现，石子沉入瓶底，里面的水好像比原来高了一些。"有办法了，这下我能喝到水了。"乌鸦非常高兴，它"哇哇"大叫着开始行动起来。它叼来许多石子，把它们一块一块地投到水瓶里。随着石子的增多，水瓶里的水也一点儿一点儿地慢慢向上升……

终于，水瓶里的水快升到瓶口了，乌鸦总算可以喝到水了。它站在水瓶口，喝着甘甜可口的水，心里是那么痛快、舒畅（图 2-4）。

图 2-4　乌鸦喝水

规则给人们提供了一定的依据，能够指导人们的思想和行为，但它在一定程度上也束缚了人们的思想和行动。

“规则是用来打破的。”当一种规则不适应新事物的发展时，我们要勇于打破规则，创立新规则。打破规则的方法如表 2-3 所示。

表 2-3　打破规则的方法

序　　号	方　　法	具体解释
1	转换视角	从不同的立场出发，往往能得出不同的结论和规则；想要打破规则，便要学会转换视角，从不同的角度来评判规则。
2	突破传统	敢于质疑传统规则的适用性和效用性。
3	挑战权威	要敢于向权威挑战，不能盲信权威，要培养独立思考的意识。
4	关注变化	密切关注行业的新动态，学会抓取具有变革意义的信息，并和旧信息、旧规则相比较。
5	接受新思想	积极接受新思想，有新思想作为理论武器，才能看清旧规则的局限性。
6	寻找新点子	打破权威需要新点子，有了“立”才能“破”，有了新想法才能批判旧规则。
7	突破行业限制	想要打破规则还需突破行业限制，站在新高度看待旧规则。
8	不排斥外行	很多规则都是被外行人打破的； 要学会从外行人身上汲取新想法、新观点。

1. 组合思考法

组合思考法是一种通过不同原理、不同技术、不同方法、不同产品和不同现象的组合，产生发明创新成果的创新技法。

（1）组合思考法的特征

①创新性

组合并非仅仅是现象的简单罗列，也并非是事物的一味机械叠加。组合的结果是复杂的，组合的可能性是无穷的。人为的组合可以形成新思想、新方法、新点子或新产品，从这个意义上说，组合就是创新。晶体管发明者之一的美国发明家肖克莱说：“所谓创新，就是把以前独立的发明组合起来。”磁半导体发明者、日本科学家菊池诚也讲：“我认为发明有两条路：第一条是全新的发明，第二条是把已知其原理的事实进行组合。”

利用组合的方法是人们进行发明创新的重要工具和方法，它不仅是利用已有技术实现技术突破的有效方法，而且是为新技术、新工艺、新材料、新结构的推广应用寻找途径的重要方法。

②普遍性

组合不要求具备专业的理论基础，便于广大群众学习与应用，易于普及，“只要你愿意组合，就一定会有创新。”从简单的日常生活用品到复杂的科学技术成果；从普通的学习工作方法到高深的专业技术理论，都可以根据具体情况做不同层次、不同程度的组合创造。

组合思考法是人们按一定的功能需要，选择成熟的技术或现存的产品加以组合，并没有在原理上有多大突破，不需要高深的专业理论知识和娴熟的工作技巧，可以为普通人所掌握、所应用。组合既可以是产品或事物的近亲结合，也可以是技术或方法的渊源杂交，还可以是现象或理论跨越时空的联姻。比如，法国著名作家大仲马把美丽而神秘的基督山悬崖和一个错综复杂的复仇案件艺术性地组合在一起，写出脍炙人口的名著《基督山伯爵》。

③时代性

自行车＋电机＋蓄电池＝电动自行车

从 1995 年清华大学研制的第一台轻型电动车问世开始，到现在的五花八门的林林总总，已过 20 多年。然而这 20 多年中，却记载了一个产业成长的神话，也记录了一个从无到有，再发展成为目前全世界最大的轻型电动车产业的历程（图 2-5）。

从第一辆个人的专利制造到第一辆被公安部门正式认证并允许生产的电动车开始，这一个只属于中国的新产业迈开了前进的脚步，在短短的十数载内，已经成就了让全世界仰慕的产业规模。电动自行车的初级阶段也被称作是电动自行车的早期实验性生产阶段，从时间上讲，也就是 1995 年到 1999 年。这个阶段主要是对电动自行车的四大件——电机、电池、充电器和控制器的关键技术摸索研究。在研发生产方面主要是以生产企业自发的汇集信息、跟踪技术、组织市场观察、小批量的市场试用投放，也使得电动自行车开始进入了消费者的视野，并被他们逐步的认可到接受。从技术层面上来讲，早期的电动自行车，新电池充电一次只能行驶大约 30 公里，电池寿命短，爬坡能力差，容易磨损，而且电机也都是有刷无齿电机。但是，正是由于这个时期的积累，才为如今的这个产业化的规模在人才、技术和产品研发等方面做好了奠基。

图 2-5　电动自行车

发明创新分为两类：一类是原理突破型创新，是指由于发现了新的自然规律，人们找到了以科学原理物化为技术原理的方法而做出的发明创新。例如，内燃机代替蒸汽机，晶体管代替真空管等均属此类。另一类是技术组合型创新，是指利用已有的成熟技术，通过合理的组合而产生的新技术、新方法和新成果。例如，诺贝尔生理学或医学奖获得者豪斯菲尔德发明的 CT 扫描仪，是通过把 X 射线照相装置和电子计算机进行组合，而这两项技术本身都是成熟的技术，并没有什么原理上的突破。但这两项技术组合在一起后，便可诊断出脑内疾病和体内癌变，这一特殊功能却是原来两项技术单独所没有的，因而CT扫描仪被誉为20世纪医学界最重大的发明成果之一。

（2）组合思考法的形式

①同类组合

同类组合指两个或两个以上同一类型、相同事物的组合，形成一个新的事物。参与组合的对象在组合前后基本原理和结构一般没有根本、实质性的变化。其产物往往具有组合的对称性或一致性的趋向。同一事物不做改动的直接组合，产生新的意义或功能。例如，将两只钢笔、两块手表装在一只精巧礼品盒中，便成了象征友谊与爱情的“情侣笔”“情侣表”。类似的还有鸳鸯火锅、子母电话、双色圆珠笔、双向拉链、鸡尾酒、双排订书机、多缸发动机、双头液化气灶、双层文具盒、三面电风扇、双头绣花针、3000个易拉罐组合在一起的汽车、1000只空玻璃瓶组合在一起的埃菲尔铁塔等（图2-6）。

图2-6 鸳鸯火锅

创新目的在于在保持事物原有功能或意义的前提下，通过数量的增加，来弥补功能的不足，或获取更新的功能或意义。而这种新功能或者新意义是原有事物单独存在时所缺乏的。

②异类组合

指两种或两种以上不同领域的设想的组合，或不同功能物品的组合，形成一个新的事物。参与异类组合的对象从意义、原理、构造、成分、功能等任一方面或多方面互相渗透，整体变化显著。

③重组组合

指将原有技术系统中各结构要素进行分解，再按新的目的重新安排，改变事物各组成部分之间的相互关系，以获得新的性能或功能的组合方法。它是异类组合的一种特殊形式。以重组作为手段，可以更有效地挖掘发挥现有技术的潜力，形成“1＋1＞2”的效果。例如，变形金刚玩具则由若干可动零件组成，通过人们的“剪辑”重组，便可时而金刚、时而汽车、时而飞机或恐龙。螺旋桨飞机的一般结构是机头装螺旋桨，机尾装稳定翼。但美国著名的飞机设计专家卡利格卡图则根据空气浮力和空气推动原理，将飞机螺旋桨放于机尾，而把稳定翼放在机头。经过这样重组后的新型飞机具有尖端悬浮系统和更合理的流线型机体等特点。

④共享与补代组合

共享组合指把不同的或相同的事物共享同一原理、同一装置的组合。例如，螺钉旋具在日常生活和生产中运用得非常广泛，为了适应不同的物品和机械上不同的螺钉型号，螺钉旋具头也有所不同，有“一”字形、“十”字形的，有大号、中号、小号的。虽然型号和样式不相同，但是螺钉旋具的柄是一样的，从节约原则出发，我们把螺钉旋具的头部和柄分开制造，再把柄部制成空心的，一个螺钉旋具柄可以配许多不同型号、不同规格的螺钉旋具头部。这样相同的部分共用一套，既降低成本，功能又没有减少。

补代组合指通过对某一事物的要素进行摒弃、补充和替代而形成的组合，形成一种在性能上更为先进、新颖、实用的新事物。例如，拨号式电话改为键盘式、银行卡代替存折等。

⑤综合

指为了完成重大课题，在已有某个单独的学科、原理、知识、方法、技术不能解决时，把与之相关的学科、原理、方法、技术进行重新组织和安排的组合方法。综合不是单个因素的简单机械的积累或叠加，而是要发生质的飞跃；不是一般的组合，它所涉及的范围更大，程度更为复杂。例如，爱因斯坦综合了物理、数学知识提出相对论；影视艺术就是综合美术、音乐、舞蹈、文学、戏剧、摄影的艺术手法而形成的。

（3）常用的组合方法

①主体附加法

是指在保留主体性质不变的情况下，在某一产品上，加上其他附加物（产品、技术、成分等），以改善或扩大其功能的创新技法，也称为内插式组合法。例如，最初洗衣机只是代替人的搓洗功能，以后增加了甩干、喷淋装置，使其有了漂洗和晾晒功能；电风扇增加了摇头、定时、变换风量等装置后才成为今天的样子；老人用的手杖中插入电筒、警铃、按摩器等后，就成了多功能拐杖；在自行车上安装里程表、挡雨罩、折叠货物架、小孩座椅等，使之用途更广。主体附加法是一种常用的简便的组合创新技法，可以使原有的产品性能更好、功能更强，见表 2-4。

表 2-4　主题附加法举例

序号	主体	附加物	附加后的名称	改进效果
1	奶瓶	温度计	带温度计的奶瓶	防止烫伤婴儿、卫生
2	菜篮	弹簧秤	带秤的菜篮	方便计量、及时维护权益
3	卡车	吊装设备	带吊装设施的卡车	省时、省力
4	食品	微量元素	含微量元素的食品	补充人体所需微量元素、增强体质
5	水泵	自行车	自行车式水泵	不用动力、适合家用

续表

序号	主体	附加物	附加后的名称	改进效果
6	冰箱	电子钟	计时冰箱	增加了计时功能
7	汤勺	温度计	温度勺	防止烫伤婴儿、卫生
8	皮鞋	磁片	磁穴保健皮鞋	增加了保健功能
9	地毯	指南针	带指南针的地毯	解决了教徒跪拜方向问题
10	手绢	香料	香味手绢	消除疲劳、强身健心
11	自行车	里程表	能计算里程的自行车	适用健身需要、富有个性
12	蜂窝煤	引火剂	易点燃蜂窝煤	使用方便
13	电风扇	遥控器	遥控电风扇	使用方便
14	矿泉水	碘元素	含碘矿泉水	预防碘缺乏病
15	圆珠笔	微型收音机	微型收音笔	增加记录功能
16	橘子罐头	钥匙	好开橘子罐头	好吃又好开
17	洗衣机	甩干、喷淋装置	全自动洗衣机	省时、省力、方便
18	笔记本	记事本、地图、电话号码、列车时刻表、日历	万用手册	能满足多种需求

②二元坐标法

借助平面直角坐标系，在两条数轴上都标上不同的事物，按序轮番进行强制性两两相交，然后选出有价值、有意义的组合物的创新技法。作为二元坐标法的坐标元素所代表的事物，可以是具体的人造产品，如衣服、床、灯具、机枪、蛋糕、汽车之类；也可以是一些概念术语，如锥形、旋转、变色、空心、闪光、卧式、运动等。通过“拉郎配”式的组合联想，可以突破习惯观念，克服惰性意识，促使标新立异。二元坐标法形式简洁，简单实用，运用时不受任何限制，适宜于个人或集体的创新活动。二元坐标法实施步骤是：

• 列出联想元素。列举联想元素可以随心所欲，无任何限制条件，但联想元素最好取名词、形容词、动词等。现以扇子、日历、玻璃为例进行创新。

• 在坐标系两条数轴上标注组合元素，绘制坐标图，如图 2-7 所示。

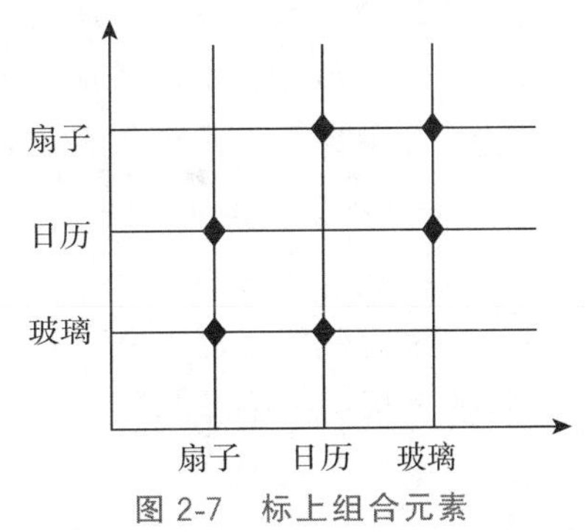

图 2-7　标上组合元素

• 强制性两两相交，列出相交点（组合点），本例中通过强制性两两相交后，形成九个相交点，依次是："扇子玻璃""扇子日历""扇子扇子""日历玻璃""日历日历""日历扇子""玻璃玻璃""玻璃日历"和"玻璃扇子"。

• 对组合点进行价值判断，找出有价值、有意义的组合物，看看哪些是已有的发明，哪些是无意义的，哪些是有疑问的，哪些是有创新意义的。本例中有一定价值、意义的组合有六个：扇子玻璃，即做扇子的专用玻璃；玻璃扇子，即玻璃做的扇子；扇子日历，即扇子形状的日历；日历扇子，即带日历的扇子；日历玻璃，即做日历的玻璃；玻璃日历，即玻璃做的日历。实际上，另外三种同物组合也有一定的价值、意义：扇子——组合扇，大扇子套小扇子，不同材质的扇子组合在一起，扇出的风不同，能够适合不同的需求；日历——组合日历，多个日历组合在一起；玻璃——双层玻璃、多层玻璃。

• 对有价值、有意义的组合进行可行性分析，可行性分析须从有无类似的事物，若有，看它们之间有何不同，可以从原理、结构、性能、制造工艺、材料、用途、能源、价格、寿命、经济效益等方面对比分析。发明革新或合理化建议在被成功采纳后，要分析它对社会的价值和进步意义。完成发明和革新需要涉及哪些方面的知识和技术，有哪些技术关键，如原理、结构和工艺等。对于产品的发明和革新，要考虑当地实现的生产条件和技术水平是否适用。确定近期和长期的研究课题。

经此可行性分析，组合进一步深化，创新的对象逐渐明确，对不可行的发明和革新要果断摈弃，对可行而自己无力承担的课题要忍痛割爱，或寻找合作伙伴。

五、否定自我

否定自我是指人们勇于承认自己的不足，不满足已有的成绩，并勇于挑战自己的优势、敢于自我突破，最终实现自我超越。否定自我是一种方法和手段，也是一股动力、一次人生的跳跃。它能帮助人们突破固有的思维习惯，从而获得新点子和新方法，继而实现创新。

1. 否定自我的特点

（1）否定自我不是自卑

否定自我是不满足已有优势，自主寻找自身的弱点和局限，并非觉得自己一无是处。

（2）否定的目的是发展

否定是为了发展，通过否定自己从而进入新的阶段或境界。

（3）否定的实质是扬弃

否定自我不是全盘否定自己，而是既变革又继承，既克服缺点又保留优势。

2. 否定自我的方法

（1）自我诊断

全面分析自己，并进行自我评价和自我鉴定，可借助一定的工具，如九型人格分析、星座分析、血型分析等。

（2）对比他人

以他人为参照物，对照自己身上的优劣势，并借鉴他人的好的思维方法。

（3）听取意见

寻求他人的意见，以便更客观地看待自己。

思政之窗

5 年，483 万名大学生，98 万个创新创业项目，对接农户 255 万余户、企业 6.1 万余家……

这是中国国际“互联网+”大学生创新创业大赛“青年红色筑梦之旅”活动 5 年来交出的沉甸甸的青春答卷。

2017 年 8 月 15 日，习近平总书记给第三届中国“互联网+”大学生创新创业大赛“青年红色筑梦之旅”的大学生回信，勉励他们扎根中国大地了解国情民情，用青春书写无愧于时代、无愧于历史的华彩篇章。经过 5 年的发展，“红旅”活动把思政教育、专业教育和创新创业教育深度融合，把大学生的创新创业实践与精准扶贫、乡村振兴紧密结合，交出了一份关于教育“培养什么人、怎样培养人、为谁培养人”的厚重答卷。

在火热的社会经济生活面前，青年们的聪明才智充分激发，从区块链技术、低碳项目到社区公益、乡村美术……注重学科交叉和跨行业创新，体现大数据、云计算、人工智能等前沿领域高精尖项目竞相涌现，一大批服务基层的行业项目脱颖而出，广大青年学子在创新创业的赛道上扬帆追赶，奋勇争先。

5 年来，“红旅”青年学生聚焦学以致用，全国理工、农林、医学、师范、法律、人文社科等各专业大学生组成一批批“科技中国小分队”“健康中国小分队”“幸福中国小分队”等，在现代农业、美丽乡村建设、弱势群体帮扶等方面作出了实实在在的贡献。

“‘青年红色筑梦之旅’汇聚磅礴青春力量，培养形成了一支新锐‘双创’大军。”教育部高等教育司司长吴岩表示，将在更大范围、更高层次、更深程度开展“青年红色筑梦之旅”活动，组织全国高校学生上好这堂极具特色和标志意义的中国金课，带动和引导广大青年学生勇当开路先锋、争当事业闯将。

思考练习

1. 简单概括创新思维的含义及表现形式。
2. 创新思维训练主要包括哪几个方面的要素？
3. 创新方法的内涵及意义是什么？不同种类的创新方法分别具有什么特点？

第三章

创业环境与政策

学习目标

了解创业环境的内涵、类型以及分析模型；

了解大学生创业的有利环境与不利环境；

掌握国家关于大学生创新创业的优惠政策以及运行政策注意事项。

案例导入

蓝胖子“小创”：走近“我”，力挺你！

——“双创”项目孵化采记

孟夏时节，万物生长、万物并茂。走进位于东胜区的鄂尔多斯科教文创园，这个充满朝气和活力的现代园区，处处涌动着创新创业的热潮。

“孔雀西北飞”

“你好！我是‘小创’，大名：科教文创园，全名：鄂尔多斯科教文化创意产业园。2018 年，‘我’进行了重新组建，全新的‘我’，不一样的烟火！这里是创新的蓝海、创业的热土、创客的乐园，走近‘我’，力挺你！”

吉祥物蓝胖子“小创”一段独特而调皮的自我介绍，让记者对园区有了初步的认识。

“为青春助力，与创客同行，着力推动科技型中小企业和文化创意类等产业集群高质量发展；与文化共融，与创意碰撞，打造文化创意亮丽名片；与科技交汇，与创新携手，助力企业把精妙创意变成现实，这是我们的初心与使命。”鄂尔多斯科教文创园管委会党组书记折占平说。

“一路走来，若没有园区的支持，就没有我的今天，更不会有朵兰歌尔这个品牌。”鄂尔多斯市朵兰歌尔生物科技有限公司创始人白夜明满怀感恩地说，“不论我走到哪里，园区都是我温暖的家。”

“朵兰歌尔”为蒙古语，汉意为“温暖的家”，从科教文创园“大家庭”到自己的朵兰歌尔“小家”，白夜明奋斗了不到五个年头。

2011 年，从加拿大留学归国后，她在广州多家化妆品公司从事研发工作，是一名典型的高级白领。如果说，一直以来我国人才等创新资源要素“孔雀东南飞”，跨入新时代，鄂尔多斯这座“未来之城”却吸引着“孔雀西北飞”。2015 年，白夜明从一线城市飞回到了故乡，入驻鄂尔多斯科教文创园。当时，她已是业界翘楚，还拥有了高级工程师、化妆品配方师、检验员、化验员等多个身份。2018 年底，朵兰歌尔从园区破茧而出，开始在东胜区罕台镇建厂。2019 年，产品投入生产，不仅填充了鄂尔多斯地区化妆品行业空白，还是目前国内唯一一家专注于山羊奶护肤品开发的综合型企业。

“9 月 1 日，朵兰歌尔品牌将正式启盘运营，那将是一个新的开始。”谈及未来，“90 后”白夜明充满憧憬。

“为青春助力　与创客同行”

“现在，鄂尔多斯已成为外地和本土人才创业的‘摇篮’和实现理想的‘热土’了。”折占平说，“我相信，未来的五年，将会有更多的‘孔雀’飞到西部、造福西部”。

伴随着创业企业队伍的日益壮大，创新创业集聚效应已经初显，园区俨然成了青年自主创业的热门“打卡地”。

近年来，在各级党委、政府出台的一系列政策支持下，园区从资金扶持、成果转化、办公用房、专项补助等方面来支持企业，并通过公共服务平台建设，整合各类服务资源，在着力提升企业公共服务和创新服务能力的基础上，实现信息技术手段支撑科技资源共享，政府、企业与科研院所科技信息交换共享。

同时，园区秉承着“为青春助力　与创客同行”的服务理念，举办青年创客汇、青春创客营、鄂尔多斯创客秀等各类活动已达 200 余场次，惠及创客 5 万余人次。

助梦科技、蒙云科技等企业培育为科技型中小企业，鄂油实惠网络科技有限公司、亿寻科技等一批科技型中小企业成长为高新技术企业。

在园区书记折占平看来，产业愈发展，人才的地位愈加突出，愈发成为最核心的要素。“人和项目是分不开的。”他表示，“人才带来技术，技术带动产业，这些‘小而美’的企业往往更加自主可控，能生根，具有很高的含金量和强大的带动力。”

“自主创新是企业转型的引擎”

“淳朴简单，从点滴做起。”这是内蒙古淳点控股集团创始人毕书杰常说的一句话，正是凭着这股韧劲儿，淳点从园区起步，走出了一条难度高却潜力无限的创新发展之路。

2016 年，毕书杰受创新创业的热潮影响，离开工作多年的单位，入驻园区开始创业。最初企业是以乳制品起家，经过不到 3 年的发展，高端乳制品的年销售额超过几千万元。

但“85 后”毕书杰仍不满足于现状，2018 年，将公司产业核心由高端乳制品转变为沙棘产业，现已成为自治区沙棘产业重点企业，市政府重点扶持企业，市农牧业产业化龙头企业和国际沙棘协会理事单位。

人才兴企，铸就品牌。淳点集团自成立以来，围绕现代企业机制，通过持续实施引智工程，逐步建立起一支稳定的高素质技术水准专业团队，开发出功能食品、保健食品、医药等 9 大系列 81 种产品，构建起了覆盖全国的营销网络，产品已出口韩国、日本等多个国家……

“自主创新是企业转型的引擎。”毕书杰说，淳点集团坚持全球视角，以自主研发为核心理念，现已拥有多项发明专利和实用型专利。

信念如种子，能在岩缝中萌生。不到五年的时间，淳点已形成以沙棘产业为核心的全产业链战略布局，业务涵盖生态治理修复、生物科技、医药大健康、绿色食品、旅游康养等几大领域，实现了集团跨越式发展的战略目标。

“人生最有意义的两件事，要么创业，要么为创业者服务!”园区书记折占平深有体会地说，园区是一个大家庭，我们就是企业的服务员、引导员和宣传员。

从“市级众创空间”到“自治区级众创空间”，再到跻身“国家众创空间”，2020 年 12 月，又摘得“国家级科技企业孵化器”金字招牌，鄂尔多斯科教文创园仅用三年时间实现了“三级跳”，喜提“国字号”，完美晋升“国家队”。

近年来，园区累计孵化企业 386 家，毕业企业 20 家，培育高新技术企业 5 家，科技型中小企业 6 家，新四板挂牌企业 10 家。目前，在孵企业 202 家，其中科技类企业 62 家。

未来已来，创意秀出未来。

云计算、人工智能、智慧物流……在这片土地上，创新创业的脚步从未停歇。

新的征途，新的奋斗。鄂尔多斯科教文创园有一张年轻的脸，创新是它永恒的灵魂。

第一节　创业环境

一、创业环境的基本内涵

创业环境是指那些与创业活动相关联的因素的集合，即对创业者创业思想的形成和创业活动的开展能够产生影响和发生作用的各种因素和条件的总和。其具体包括以下三层含义：

1. 创业环境是创业活动的领域

在很大程度上规定了创业的性质和活动范围。所有的创业活动都是具体的、现实的，都要有一个明确的方向和目标。在哪个行业里创业、创什么样的业，都要从实际出发，受环境的支配，不能随心所欲，脱离实际。

2. 创业环境是创业者面临的处境

环境在本质上是一个动态系统，具有较大的不确定性。创业环境始终处于不断地发展变化过程中，使创业者不断面临新的情况，需要解决新的问题。

3. 创业环境是创业活动的基本条件

环境是一种客观存在，存在是决定意识的。创业环境对创业活动的决定性作用在于它能为人们的创业活动提供各种精神的或物质的条件，从各个方面影响着创业活动的进程，决定着创业活动的成败。

二、创业环境的分类

创业环境包括宏观环境和微观环境。宏观环境又叫总体环境，是指那些给企业造成市场机会或环境威胁的主要社会力量，内容包括政治、经济、社会、技术、自然和法律等因素。微观环境是指企业的顾客、竞争者、营销渠道和有关公众等对企业营销活动有直接影响的各种因素。

千末：三个合伙人精诚合作的“铁三角”

——千末影视公司　霍鑫云

三个肝胆相照的朋友，形成一种密不可分的关系；三个优势互补的青年，组成稳固的创业公司；三个富有思想与见地的生活家共同配合弹奏出关于影视业最和谐的乐音，这真的是由三个合伙人创造给出的关于“铁三角”另一种温暖生动的诠释。

在鄂尔多斯文创园，有一家公司与“三”缔结了不一般的情缘。由三名大学生创立了具有稳定铁三角结构的创业团队。几年过去了，这个“铁三角”更加牢固稳定，事业也像雪球一样越滚越大。公司也从初创时的3个人发展到现在的12人，公司员工只增不减，没有一个掉队，连续几年荣获文创园优秀创业团队，这便是由霍鑫云、王英、刘源发起的千末影视公司。

“千末”取自《老子》第六十四章：“合抱之木，生于毫末；九层之台，起于累土；千里之行，始于足下。”寓意想要实现伟大目标，不能好高骛远，须从小事做起，不断积蓄能量，同时寄托了千末影视由小到大、由弱到强、不断成长的美好愿望。

千末由最初的两台摄像机，一台电脑，一张办公桌、3个人的工作室发展成为摄影摄像装备齐全、高端，业务人员技能全面、技术精湛的专业影视制作公司。业绩每年翻番，从最初的年产值30万元发展为现在的300万元。累计制作近300部影视作品，题材涵盖宣传片、微电影、广告片等，先后有30多项作品助力客户在赛事中获奖：伊金霍洛旗文明旅游公益广告片被中国教育电视台采用；国电《我与宪法》微视频获全国能源行业普法成果一等奖；包神新准铁路的微电影《青春那一站》获得自治区总工会主题微电影大赛一等奖；为鄂尔多斯电业局拍摄制作的《一盏灯　两代人》微电影在中国能源化学地质工会举办的“京能杯”微电影创作大赛中获得二等奖。2019年10月，千末影视协助国内新锐导演金华青拍摄纪录片；2020年8月，千末作为本土摄像团队协助国内知名导演陆川拍摄。

团队的领头人霍鑫云于2015年一个偶然的机会，来到了东胜区大学生创业园，眼前的一切让他心潮澎湃，各行各业的追梦人在这里生龙活虎地创业，那一刻，他内心坚定地认为，他属于这里！

当得知创业园为所有入驻的创业者免房租、水电等，他毫不犹豫地提交了一份计划书，创办一家拍摄宣传片和微电影的影视制作工作室。审批和入驻程序的简捷快速更是让他喜出望外。当他拿到园区分配给他的办公室钥匙时激动不已，这把钥匙不仅为他开启了创业之门，同时也见证了他全新的生活方式和无怨无悔的选择。

刚起步时，业务量少，资金周转有限，制作经验不足，人脉资源缺乏，霍鑫云四处碰壁、举步维艰，但他都没有想过放弃。在这个艰难的过程中，园区帮助联系贴息创业贷款，帮助他们介绍业务以摆脱困境。他们坚韧的拼搏精神和真诚的为人处事也不断赢得客户的青睐，几经介绍，越来越多的客户开始找到他们，公司的业务量逐渐增加。

创业有了新的起色后，霍鑫云又把另一位拥有“铁饭碗”的兄弟“拉下水”，他就是刘源。至此，千末影视的三角结构搭建完成，也由此奠定了成功合伙人的基石。

他们通过镜头记录盛世、记录发展、记录成就、记录历程，记录了太多的拼搏与奋斗，也将千末美丽的创业梦描绘成真。

1. 宏观环境分析

（1）政府政策支持

现在一些地方政府解决这一问题的通常方法是专项资金扶持和贴息贷款。通过这种途径在短期内扶持多数创业人。政府为大学生自主创业提供各方面的保障，主要可以采用经济、行政以及法律的手段。如简化不必要程序，建立创业教育培训中心，免费为大学生提供项目风险评估和指导，尽快落实国家相关针对大学生创业的税收减免的优惠政策，大学生创办的企业被认定为青年就业见习基地的，可享受有关补贴等。

（2）创业培训

政府部门除在资金上支持大学生创业外，还通过学校等教育机构对大学生进行创业培训。培训内容包括申请贷款程序，创业者应具备的心理素质，基本的金融知识等。通过系列培训，使创业大学生能坚持理想，贯彻计划，取得最终的成功。学校环境方面，如学校政策鼓励支持，形成创业的文化，在学校建立配套科技园，加强创业教育，通过创业实践或比赛等多种形式，培养大学生创业能力。同时向大学生适度开放校内市场，以利于大学生创业实践，搭建创业服务平台。

以“梦”为马　以“马”为梦

——豪仕旅游文化传播公司　武鹏飞

2021 年 7 月 1 日，豪仕马术俱乐部为中国共产党建立 100 周年献礼，由 9 名骑手组成的马术巡游队伍在康巴什景观核心区亮相，再次为康巴什“马上游城”项目预热。“马上游城”是康巴什区为发挥城市景观和马文化优势，策划开展的集马文化风俗体验、马形象艺术展示、马运动研学、马产品销售、马上游城休闲五大功能于一体的城市行进式文化旅游体验项目，而豪仕一马当先，这支马术梦之队开始在更广阔的舞台绽放光华。

2015 年底，武鹏飞在康巴什开了一家小店，做烙画、射箭，慢慢接触到旅游行业。2016 年初，一次偶然的机会，去呼市朋友家做客，朋友以待客之道请他骑马，由此武鹏飞萌生了做马文化的想法。

时间到了 2017 年，武鹏飞利用自筹、借款以及朋友的入股金，买回 20 匹马，策划成立了马术小团队，开始跑业务，往返于贵州、康巴什康镇景区、包头、乌兰察布市四子王旗做马术表演。

2018 年，得益于贵人引荐，武鹏飞马术演出创业项目通过申请入驻鄂尔多斯文创园，记得是 3 月 5 日学雷锋日，内蒙古豪仕旅游文化传播公司成立了，园区不仅提供了免费的办公场地，而且园区领导积极帮扶，多方为其介绍“马”项目。

公司开设了休闲骑马俱乐部，同时开展马术演出、大型马战实景剧编排演出，公司有演出战马 200 多匹，马术特技演员 100 多人。2018 年元旦，公司参加了贵州大型马术演出，参加了电视剧《穿甲弹》的拍摄、老包头古城马术演出剧，鄂尔多斯网红景点康镇大型马战实景剧《三英战吕布》至今仍由“豪仕”策划编排演出。

在这期间，在园区书记折占平的引荐下，武鹏飞又认识了文旅局负责人，在文旅局的支持帮助下，2019 年，武鹏飞的豪仕公司主业由马术演出向马文化教学与马旅游转型。豪仕旅游文化传播公司于 2019 年 9 月开始建设鄂尔多斯第一家马文化教学马场，2020 年 1 月 9 日，鄂尔多斯首个室内马术教学场地——豪仕骑马俱乐部营业了。

2021 年，豪仕拓展开启了为景点供养马匹的业务，蒙古源流与安徽合肥的欢乐森林景点已开始试点。这也是公司变相开展养马业务的新尝试，目标是发展到可以为 100 家景点提供 1000 匹马的规模，从而更好地帮助员工实现增收共赢。

（3）文化和社会规范

文化和社会规范是重要的创业环境要素。在我国的文化和社会规范中，鼓励人们通过个人努力取得成功，也鼓励创造和创新的精神，更鼓励通过诚实劳动致富，让创业者勇敢地承担和面对创业中的各种风险。这为建立新时代的创业文化奠定了坚实的基础。

2. 微观环境分析

（1）创业流程分析

①制订计划书

比如，要在市区开一个卖牛仔裤的店，开店之前要制订一份计划书，要将各个环节相互联系构成一个完整的内部环境，各个环节的分工是否科学，协作是否和谐，目标是否一致，都会影响创业方案的实施。

②确定顾客群

顾客群的不同直接影响产品的定位。比如，牛仔裤的主要客户人群非常广泛，不论男女，那么目标就是让每一个顾客都可以找到自己喜欢的牛仔裤。

③店址的选定

企业经营场所的选择和行业密切相关，各行各业都有不同的特点和消费对象，黄金地段不一定是最好的选择。如果经营的是日化、副食等快速消费品，就要选择在居民区或社区附近；如果经营的是家具、电器等耐用消费品，就要选择在交通便利的商业区。因此，企业选址关键要根据行业来确定。

④选货以及进货

选货要掌握当地市场行情：出现哪些新品种，销售趋势如何，存量多少，价格涨势如何，购买力状况如何？进货时，首先到市场上转一转、看一看、比一比、问一问、算一算、想一想，之后再着手落实进货。少量试销，然后再适量进货。因为是新店开张，所以款式一定要多，给顾客的选择余地要大。

⑤供应商

供应商是指为企业及其竞争者提供生产经营所需资源的企业或个人，包括提供原材料、设备、能源、劳务和其他用品等。因为大学生的资金比较匮乏，没有很大的进货量，所以供应商的选择应当适合自己的店面大小。

⑥产品价格定位

要根据成本和市场情况，制订合适的价格。

（2）创业条件

①家庭条件

家庭是创业者早期接受启蒙教育和健康成长的摇篮。每个创业者的家庭条件都因人而异，无论家庭条件好些还是家庭条件差一些，对创业者来说都存在可以利用的有利因素。有的家庭条件相对好一些，可帮助创业者结识对其创业有利的重要人脉。也有的家庭是继承并不断从事或扩大家庭传统的创业项目，多年的经营，为创业者提供了大量的经营项目和经营经验，加之生产或经营技术的传统垄断性，使创业者在创业活动中往往容易成功。还有一些创业者家庭条件一般，但这并没有影响创业者的自信心及其创业活动，反而磨炼了意志，通过自身的艰苦努力而逐步实现了自己的理想和抱负。

②人际条件

人具有社会属性和自然属性，其社会属性主要通过人的社会行为体现出来，具体表现在个体的人在衣食住行等方面都不可能脱离这个社会群体，总要直接或间接地与他人发生联系。这样，创业者在自己的生活范围内逐步形成一个相对稳定的关系网络，这对于创业者来说，是一笔不可多得的财富。同时，作为创业者还要学会充分利用和调动这些有利因素，使其能最大限度地为创业活动提供援助。

③自身素质条件

创业者的自身素质条件决定了创业者的创业活动性质和经营范围，也决定了创业者最终能否获得成功。创业者自身素质应包括其文化素质、身体素质和心理素质等智力因素和非智力因素。

胜蓝：胜在困勉之功

——鄂尔多斯市胜蓝会计服务有限公司　刘慧

注册营业执照时会遇到哪些疑问？开设对公账户时需要注意哪些事项？签合同时如何关注所交税款？有限责任公司与股份有限公司的区别？这些基本的税收政策直接影响着中小企业纳税人的经营环境和净收益，是每个经营者应该了解的。

2022 年 4 月 21 日，当这位 90 后女孩刘慧站在文创园铸梦创客分享会的讲台，为创业者们分享“今日税法”时，人们在思忖着她的公司名称“胜蓝”，在一步步走向成熟的历程中，她不断践现着“青出于蓝而胜于蓝”的梦想。

2015年11月23日，刘慧注册成立了鄂尔多斯市胜蓝会计服务有限公司，“胜蓝”，取自“青出于蓝而胜于蓝”。有了自己的工作场所，我的创业之路开始走向正轨，心中充满无限的喜悦与期待。叔本华说过，只有同别人在一起，才能完成许多事业。创业之初，我邀请了志同道合的小伙伴加入，与我一起经营这家公司。初生牛犊不怕虎的劲儿与不服输的精神让我们活力满满，代理的公司发展到三十余家，而历练我们的风雨也来了。

创业路上不停歇

在一段时期，代理记账行业更像是一场“低价制胜”的战役，客户资源的流失，价格竞争的打压让我们在夹缝中求生存，一路走来虽然艰辛无比，但也踏实无比。

五年的时间转瞬即逝，刘慧说她在创业一路上要感谢太多的人，感恩客户的信任，积极主动支付代理费，并介绍身边需要的人来做账；在创业园的这几年认识了很多创业伙伴，从他们身上学到了太多东西；感谢她的家人，在她创业经历坎坷时为她树起的坚强后盾；感谢她的工作伙伴和她同心同德，认真为客户考虑，工作细心严谨……

她特别要感恩文创园，感谢园区的领导的理解、关心与照顾，让她能抒发她的创业理想。

“敛从其薄”“度于礼”“使民以时”的观点在中国赋税思想史上产生了深远的影响。刘慧曾经在一次创客会上谈到她的一个心愿：希望能利用好公众号，为大家回顾中国的税务文化，分享税务知识，园区管委会折书记鼓励她说，财税类的公司也可以发展财税文化，发表税收文化的文章与见解，让小微企业经营者与时俱进了解税法与税务常识。她愿意为文创园“挺你明天的力量”鼓与呼，彼此共同成就梦想。

（3）大学生创业优势

①接受新鲜事物快，甚至是潮流的引领者。

②思维普遍活跃，不管敢不敢干，至少是敢想。

③自信心较足，对认准的事情有激情去做。

④年纪轻，精力旺盛。

（4）大学生创业劣势

①缺乏社会经验和职业经历，尤其缺乏人际关系和商业网络。

②缺乏真正有商业前景的创业项目，许多创业点子经不起市场的考验。

③缺乏商业信用，在校大学生信用档案与社会没有接轨，导致融资借贷困难重重。

④心理承受能力差，遇到挫折轻易放弃，有的学生在前期听到创业艰难，没有尝试就轻易放弃了。

（5）大学生创业机遇

现在国家政策都鼓励大学生创业，学校注重培养大学的创业技能，社会承认大学生创业，家庭也开始给予大学生一些创业的资金，大学生创业的环境在逐渐改善。

（6）大学生创业威胁

人才竞争越来越激烈，大学生毕业走向社会的社会压力越来越大。虽然自己创业，但是市场竞争激烈，资金压力也很大。

三、创业环境分析模型

创业环境分析模型有很多，运用较多的是 GEM（Global Entrepreneurship Monitor）分析模型、PEST 分析模型、SWOT 分析模型和机会威胁综合矩阵分析模型。

1. GEM 分析模型

创业环境是一个复杂的动态系统，要认识创业环境的关键要素和影响条件，一个非常好的工具是借助 GEM 分析模型，即“全球创业观察”的创业研究模型。

GEM 分析模型从社会、文化、政治三个方面进行分析，将促进国家经济增长的条件分为一般条件和创业条件两类。

GEM 的研究方法是通过三类主要数据对地区创业活动进行分析，这三类数据是电话抽样调查、专家访谈、第三者收集的标准经济数据。

2. PEST 分析模型

PEST 分析是利用环境扫描，分析总体环境中的政治（Political）、经济（Economic）、社会（Social）与技术（Technological）四种因素的一种模型。简单而言，是指对宏观环境的分析，即一切影响行业和企业的宏观因素。不同行业和企业根据自身特点和经营需要，在做市场研究时，利用这个策略工具能有效地了解市场的成长或衰退，以及企业所处的环境、潜力与营运方向，是帮助企业检阅外部环境的一种常用方法，如表 3-1 所示。

表 3-1 PEST 模型分析因素及其内容

因素	内容
政治	环保制度、税收政策、国际贸易章程与限制、合同执行法、消费者保护法、雇佣法律、政府组织态度、竞争规则、政治稳定性、安全规定等
经济	经济增长、利率与货币政策、政府开支、失业政策、征税、汇率、通货膨胀率、商业周期的所处阶段、消费者信心等
社会	收入分布、人口统计、人口增长率与年龄分布、劳动力与社会流动性、生活方式变革、职业与休闲态度、企业家精神、教育、潮流与风尚、健康意识、社会福利、生活条件等
技术	政府研究开支、产业技术关注、新型发明与技术发展、技术转让率、技术更新速度与生命周期、能源利用与成本、信息技术变革、互联网的变革、移动技术变革等

3. SWOT 分析模型

SWOT 分析方法是根据企业自身的既定内在条件进行分析，SWOT 分析实际上是将企业内外部条件各方面内容进行综合和概括，分析企业组织的优劣势、面临的机会和威胁的一种方法。其中：S 代表优势（Strength），W 代表弱势（Weakness）；O 代表机会（Opportunity），T 代表威胁（Threat），如图 3-1 所示。

内部环境

优势 Strength	劣势 Weakness
机会 Opportunity	威胁 Threat

外部环境

图 3-1 SWOT 分析传统矩阵示意图

利用 SWOT 分析方法可以从中找出对自己有利的、

值得发扬的因素，以及对自己不利的、需要避开的东西，发现存在的问题，找出解决办法，并明确以后的发展方向。根据这个分析，可以将问题按轻重缓急分类，明确哪些是急需解决的问题，哪些是可以稍微拖后一点的事情，哪些属于战略目标上的障碍，哪些属于战术上的问题，并将这些研究对象列举出来，依照矩阵形式排列，然后用系统分析的思想，把各种因素相互匹配起来加以分析，从中得出一系列相应的结论，而结论通常带有一定的决策性，有利于领导者和管理者做出较正确的决策和规划。

SWOT 分析法常常被用于制定集团发展战略和分析竞争对手情况，在战略分析中，它是最常用的方法之一。进行 SWOT 分析时，通常先分析环境因素，把握应用规则，通过构造 SWOT 矩阵，制订行动计划。制订计划的基本思路是：发挥优势因素，克服弱点因素，利用机会因素，化解威胁因素；考虑过去，立足当前，着眼未来。运用系统分析的综合分析方法，将排列与考虑的各种环境因素相互匹配起来加以组合，得出一系列公司未来发展的可选择对策。

4. 机会威胁综合矩阵分析模型

环境因素的发展变化，可能会给创业者带来市场机会，也可能成为威胁因素。研究环境对企业有利或不利的影响，可采用矩阵图来进行分析和评估。

（1）机会矩阵

如图 3-2 所示，横坐标表示机会的吸引力，即成功后能带来的利益的大小，纵坐标表示机会出现的概率，并将成功概率和吸引力大致上分为高低和大小两档。根据各环境因素的相应数据在坐标平面上定点，就可以区分其重要程度。

区域 1：成功概率较高，成功后带来的利益较大，因此对创业者的吸引力大，是创业者应该尽量利用的环境。

区域 2：成功概率较低，成功后给企业带来的利益较大，创业者应注意创造条件，力争成功。

区域 3：成功概率较高，成功后给企业带来的利益较小，是创业者应该注意开发的环境。

区域 4：成功概率较低，成功后给企业带来的利益较小，是创业者应该注意回避的环境。

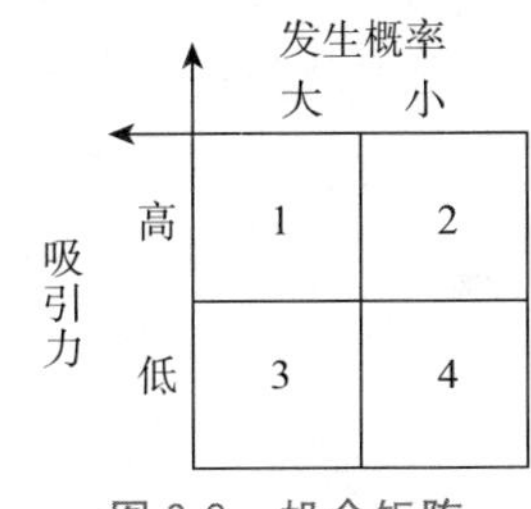

图 3-2　机会矩阵

（2）威胁矩阵

如图 3-3 所示，横坐标表示威胁对企业经营影响的严重性，即威胁出现之后带来损失的大小，纵坐标表示威胁发生的概率，并将发生概率和严重性大致分为高低和大小两档。根据各种环境因素的相应数据在坐标平面上定点，就可以区分事件的影响程度及性质。

区域 1：威胁发生的概率较高，并且发生后将产生较为严重的负面影响，因此创业者要予以特别关注。

区域 2：威胁发生的概率较低，但一旦发生后将产生较为严重的负面影响，因此创业者不能掉以轻心。

区域 3：威胁发生的概率较高，但发生后带来的负面影响较小，因此创业者应该予以必要的关注。

区域 4：威胁发生的概率较低，并且发生后给企业带来的负

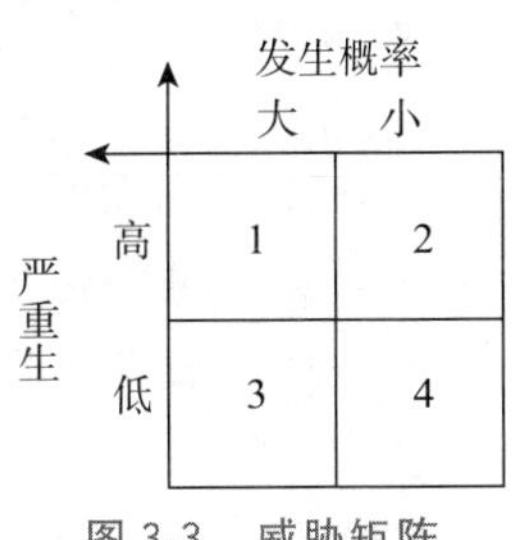

图 3-3　威胁矩阵

面影响也比较有限，是可以基本忽略的环境。

（3）机会威胁综合矩阵

通过市场机会和环境威胁矩阵图的分析，可以判断创业者所面临的位置，以便找出方向。同时，对市场机会和环境威胁进行比较，还可以预测对创业者来说机会和威胁哪一个占主要地位。把两个分析结果重叠，就可以形成新的矩阵图，如图 3-4 所示，横坐标表示机会水平的高低，纵坐标表示威胁程度的强弱。这样，业务项目就可以分为四种类型。

区域 1：威胁程度高，机会水平低，这是最差的环境状态，处于这一区域的是困难型业务。

区域 2：威胁程度高，机会水平高，两相比较，难分上下，处于这一区域的是风险型业务。

区域 3：威胁程度低，机会水平低，这说明盈利能力不高，但也没有多大风险，处于这一区域的是成熟型业务。

区域 4：威胁程度低，机会水平高，这是最佳的环境状态，处于这一区域的是理想型业务。

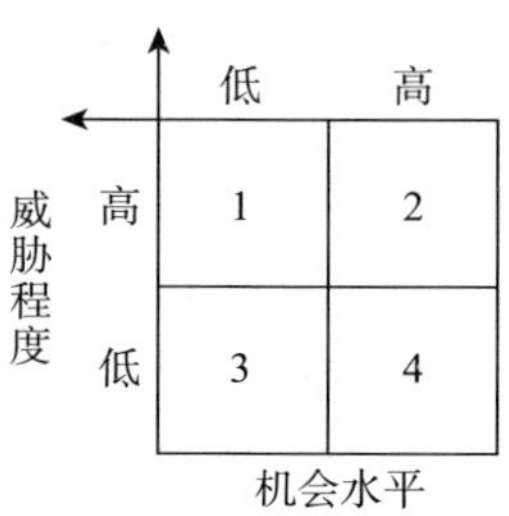

图 3-4 机会威胁综合矩阵

知识链接

中国创业环境分析

近年来，政府高度重视创新创业，为创新创业营造了良好的环境，包括市场机会、文化和社会规范、政府税收优惠等方面。创业服务从政府为主到市场发力，涌现出一批市场化的新型孵化机构。创业环境日新月异，创业观念与时俱进，带动创新创业规模不断增大、效率显著提高，出现了大众创业、草根创业的“众创”现象，越来越多的草根群体投身创业；创业活动从内部组织到开放集聚，创新创业不再是单枪匹马，而是互帮互助；创业理念从技术供给到需求导向，满足个性化需求成为创新创业的出发点。由于在国际化程度、金融支持、研究开发转移和创新创业教育等方面仍存在许多不足，成为制约中国创新创业活动的重要因素。

1. 新创企业国际化相对不足

国际化程度指新创企业所拥有的国外客户的比重。海外客户比例在 1%～25%或者 25%以上的中国新创企业在成员国中排名均非常低。主要的原因，除了跟国内经济环境的开放程度、文化开放性、国际化基础、行业分布等因素有关以外，或许还表明中国经济总体平稳，国内市场总量大，创业者不需要或者无意拓展国际市场。但从长远来看，创业企业的国际化对于自身可持续发展，提高创业家整体的素质乃至提高国家整体比较优势都是十分必要的。

2. 金融支持力度有待加强

在金融支持的途径方面，注入创业投资、IPO 及权益资金、债务资金和政府补贴方面中国处于较低的水平，因此需要进一步拓展创业金融支持的途径。从全球范围看，创业的金融支持最主要的来源是私人权益，只有以色列例外。中国的民间资本还很少进入创业市场；政府给创业者提供小额贷款的扶持政策，其数量和范围都还有限。中国创业的金融支持最主要的来源以自有资金、亲戚朋友投资或其他私人股权投资为主，金融环境对创业的支持和扶持还有很大的改善空间。

3. 科研成果转化水平不高

在研究开发方面，亚洲国家相对于其他发达国家都有明显的差距，研发成果的市场化转移过程是否顺利，表明研发成果转化为生产力水平的高低，也反映出创业者是否能抓住商业机会。很多研究成果是从学校、研究所出来，再走进市场。由于没有很好的转化渠道和成熟可用的系统，研究成果的转化效率都还不是很理想，在知识产权保护方面，法规的制定和实施效果尚不显著，对知识产权的保护意识没有深入人心。

4. 创新创业教育发展不足

创新创业教育是激发创业活动的重要因素和力量。中国在教育与培训方面相对处于落后水平。中国以应试为主的教育没有很好地鼓励创造性，在提供关于市场经济知识和创业知识的整体培训方面，我国处于中等水平；在商业、管理教育、创业类课程的开发和项目管理能力培训方面，与先进国家和地区相比还存在较大差距。

四、大学生创业环境

“鄂尔多斯红葱”浓墨重彩上舞台

——揭秘“鄂尔多斯红葱”产业领跑者背后的故事

——内蒙古新大陆策划有限责任公司　牛犇

2020 年 9 月 22—23 日，在北京召开的 2020 年第一次全国农产品地理标志登记专家评审会上，“鄂尔多斯红葱”地理标志商标全票通过评审，正式入主国家农产品地理标志商标序列。当即，以“鄂尔多斯红葱”这种特色的沙生植物精深加工的红葱凉拌油、红葱火锅底料等一系列产品闪亮进入人们的视野，为全国调味品凉拌油增添新品味。

“鄂尔多斯红葱”系列产品吃着香、叫着响，此前在周边区域已拥有很高的美誉度和市场占有率。此次“鄂尔多斯红葱”能够获评中国地理标志商标，标志着“鄂尔多斯红葱”正式步入大品牌时代。这一方面得益于鄂尔多斯黄河中下游地区的自然资源优势和历史人文因素；另一方面，对“鄂尔多斯红葱”的产业化探索，把“鄂尔多斯红葱”产业化项目做大做强，成功打造成一个特色鲜明的鄂尔多斯地域 IP，却与一个人、一个文化服务团队久久为功的坚守，风雨中驰而不息、奋斗中砥砺前行密不可分，背后有着不为人知的创业、创新嬗变故事。

敢闯敢干，做新时代的追梦人

每个品牌的背后都蕴涵着独特的故事，其中融合了创立者、经营者的价值观，企业文化和经营策略。这个领跑“鄂尔多斯红葱”产业走向全国的文化服务公司，就是内蒙古新大陆策划有限责任公司。

内蒙古新大陆策划有限责任公司成立于2006年，是一家提供专业整合营销策划、市场推广策划、品牌形象VI设计、新媒体运营等服务的文化创意机构，公司充分整合区内外商业领域资源优势，引进国内最新项目操作模式，形成最具差异化的体系竞争力，专门为客户量身定制精准的整合传播方案。

公司以文化创意商业策划为生存发展基础，成立了策划人才团队与网络科技人才团队，服务了自治区内多家优质企业，并成功孵化羊肉半成品轻烹饪品牌“疯享家”项目，荣获东胜区“青年创客汇”之“青年创客邀请赛”青年创业之星奖。2016年4月，公司创办运营农牧业电商创业园，填补了内蒙古没有主题创业园的空白，为打通内蒙古农畜产品的互联网通道做出了历史性贡献。同年，在呼和浩特市创办创新创业众创空间——创客大道孵化器，一站式解决了各类人群的创业问题，有效利用社会资源并创造了巨大的社会价值。

这是一个纯粹的文化服务公司，创始人牛犇认为：公司最大价值和竞争优势就是有一个充满激情、团结拼搏的人才团队。牛犇带领新大陆，运用智慧，借助于高科技对文化资源进行创造与提升，并通过知识产权的开发和运用，行走在产生出高附加值产品以及创造具有就业潜力产业的连续创业之路。

十五载弹指一挥间，牛犇带领新大陆策划团队凝心聚力扎根于文化服务领域，在这里坚守、深耕，他们将守正笃实、行稳致远、开拓创新的品格用发展的实绩写进了公司的发展簿。新大陆还以生态环保为发展责任，2006年至今，在自营农庄鄂尔多斯库布齐沙漠东段植树造林近万亩，成为沙漠绿色经济产业链的支持者和践行者。2012年在准格尔旗十二连城乡打造农作物种植基地，解决了一大批农村闲散人员的再就业问题，为百姓民生做出了实实在在的贡献。

勇于创新，走出领跑产业新路子

习近平总书记强调，“面对日益激烈的国际竞争，我们必须把创新摆在国家发展全局的核心位置，不断推进各方面创新。”新大陆人责无旁贷。十五年春华秋实，牛犇带领他的团队打造了一个又一个品牌传奇。

“鄂尔多斯红葱”，是一种黄河中下游地区的特色沙生植物，集食品价值、经济价值及药用价值于一身，是鄂尔多斯地区民众千百年来不可或缺的调味品。牛犇敏锐地意识到，随着生活水平的不断提高，人们对食材、烹饪方式和口味的诉求会越来越精细化、个性化，“鄂尔多斯红葱”这在食品端一定会成为一个调节食品品质和提升营养价值的新宠，具有不可估量的挖掘潜力。

而对于生活在沙漠地带的农牧民来讲，红葱是农业特色经济作物，若将下游产品改造好，就能构建起稳定的产业链，带动因沙漠常年干旱而导致农业减产、绝收的贫困户找到一条新的致富之路。而与之相携的一个利好消息是，近年来，鄂尔多斯市按照农牧业“绿色高质量发展”的战略布局，全面发展绿色与生态农业，大力扶持绿色与特色品牌建设。

创新是引领绿色发展的第一动力。公司以原产地特色项目创意推广为发展目标，启动了“鄂尔多斯红葱”产业化项目。

这个项目是在特色农畜产品的精深加工中，紧紧围绕“鄂尔多斯红葱”这种特色的沙生植物赋能，研发生产出一系列健康、安全、便利、时尚的轻烹饪及速食产品。

“创业十五年，得益于鄂尔多斯市委市政府和科教文化创意产业园区的大力支持，以及团队伙伴们的坚持和努力。”回顾公司的成长历程，牛犇的脸上写满感恩。

“创业是不断的坚持才能体会的奇妙旅程，不断创新才能创造新的机会。让生活饱含热情，用激情迎接工作中的挑战，将文化渗透在产品或服务中，才能开发出新的价值”这是新大陆人对于创业的理解。而深刻理解下的持续精进的状态，也让新大陆人在面对未来时洋溢着满满的自信。

每个人的心中都有一个“美丽中国梦”，每个人、每个企业都躬逢其中，这是浩荡的历史潮流。逐浪绿色产业，更逢东风浩荡。对新大陆来说，乘风破浪正当时，“鄂尔多斯红葱”被浓墨重彩搬上发展的舞台，便是闪光的证明。

大学生创业环境，是指大学生创业活动的外部条件，它是各种客观因素的综合体。大学生的特定的创业环境可分为大环境和小环境。大环境是指社会、地区的支持条件；小环境是指学校和家长的相关因素，以及创业场所、创业的各种设备和工具条件等。大环境的营造必须要靠社会的大力支持，才能得以实现；小环境的营造主要靠学校和师生的共同努力。还可以从硬件环境和软件环境两个方面来分析，硬件环境包括政府资金支持、有形的基础设施建设等，如实践基地建设、实验室建设、网络通信建设等；软环境则包括金融、服务、商务环境等。

创业环境是一系列概念的集合体，是各种因素综合的结果，正确认识和了解创业环境的前提是对创业环境进行分析，创业者要从外部环境分析并认识商业机会，采取适合自身企业的商业模式整合外部资源来适应外部环境。对于不同类型的初创企业根据外部环境采用灵活的市场定位整合产业资源，同时初创企业还要根据企业所处的不同阶段而选择不同的发展战略。

1. 大学生创业的有利环境

（1）政策支持

国家和地方各级政府为大学生创业提供了强有力的金融政策支持。现在很多地方政府设立了专项资金扶持和贴息贷款，通过这种途径在短期内扶持多数的创业人。政府为大学生自主创业提供各方面的保障，主要采用经济、行政以及法律的手段。如简化不必要的程序；建立创业教育培训中心，免费为大学生提供项目风险评估和指导；尽快落实国家相关针对大学生创业的税收减免的优惠政策；大学生创办的企业被认定为青年就业见习基地的，就可享受政府有关补贴等。

（2）加强了创业培训

政府部门除在资金上支持大学生创业外，还通过学校等教育机构对大学生进行创业培训。培训内容包括申请贷款程序、创业者应具备的心理素质、基本的金融知识等。通过系列培训，使创业大学生能坚持理想，贯彻计划，取得最终的成功。学校环境方面，如学校政策鼓励支持，形成创业的文化；在学校建立配套科技园，加强创业教育，通过创业实践或比赛等多种形式，培养大学生创业能力。同时向大学生适度开放校内市场，以利于大学生创业实践，搭建创业服务平台。比如，有些学校的市场营销专业的实训基地，就给学生提供了一个自主创业的平台，给学生一个门面，让学生自己去经营管理。

（3）营造了宽容失败的环境

对于大学生创业失败的，审查机构审查其非人为故意造成的，可以免除其所贷资金的利息，并可相应放长其还贷期限。对于希望重新创业并提交可行计划的，仍可在其未还清所欠贷款的情况下，再次提供无担保贷款。以此营造宽容失败、鼓励创业的社会环境。大学生毕竟很年轻，即使失败了，在心理上他们也能有一定的承受能力，家人也会理解和包容他们。

2. 大学生创业的不利环境

（1）创业扶持政策多，但落实力度不够

许多创业政策扶持不协调，从中央和地方出台的各项扶持政策来看，主要集中在创业企业注册、税收和资金支持等方面，而针对大学生创业教育、培训和指导等方面的政策明显不足，而且各个职能部门都是基于各自的视角制定相应的政策，不太注重各项政策之间的协调和整合。而且一些优惠政策缺乏相应的配套措施和实施细则，在落实中效果不佳。

（2）创新创业教育和培训体系不健全

系统的创新创业教育是大学生成功创业的重要保障。发达国家基本上都有比较完善的创业教育体系，如美国的创业教育贯穿从小学、初中直至研究生的整个正规教育过程。我国的大学生创业教育起步晚，虽然取得了一定的成绩，但与国外相比仍然存在较大差距。

作为当前大学生创新创业教育的重要基地，各个学校虽然也重视大学生创新创业教育，但由于各种因素的综合影响，并没有将创业教育上升到应有的高度。在教育对象上，很多学校只是将大学生创新创业教育视为就业指导工作的一部分，主要面向即将毕业的学生，而没有将其融入大学生培养的全过程；在教育师资方面，学校教师大多是学术专家出身，普遍缺乏创业经历和实践能力，难以满足大学生创业教育的需要；在课程体系设置方面，创新创业教育课程所占的比重偏低；在教育方式上，偏重于理论教育，忽视对大学生创新创业技能的培养。

除学校外，很多地方政府也都针对大学毕业生开展了创业培训活动，收到了一定的效果，但培训的层次总体上还比较低，培训内容的针对性也不强，而且缺乏系统性和连续性，难以收到预期的培训效果。

（3）创业融资面临较大困难

资金是任何创业者都必须具备的一项重要资本，对大学生创业者来说更是如此，如果缺乏足够的资金支持，大学生创业就很难取得成功。大学生创业资金中绝大部分来自个人和家庭，其他渠道的融资则非常有限。不少大学生尽管具有很高的创业热情，但因为缺乏足够的启动资金而没有实施创业，或因为中途资金缺乏而导致创业失败。虽然政府部门和一些学校设立了一些大学生创业扶持基金，但基金规模普遍不大，而且由于牵涉面广，对大学生创业个体的扶持力度较小。尽管社会上也有一些风险投资基金，但由于我国的资本市场还不完善，而且风险投资机构对投资项目的发展前景和创办团队的管理能力等要求较高，现实中很多大学生根本达不到这么高的要求。此外，由于大学生创业申请的贷款额度一般较小，且缺乏有效的信用担保，银行出于控制贷款风险、降低信贷审批成本等方面的考虑，也往往不太愿意给大学生创业项目提供信贷支持，因此使国家出台的相关信贷优惠政策难以得到有效执行。

（4）社会创业文化有待积极培育

创业文化是创业软环境的重要内容，创业文化是否盛行和被广泛接受，决定了社会作为一个整体是否能够更好地接受和支持创业者进行创业。在创业文化环境上，我国还受到一些主客观因素的制约，这些因素难免会削弱或动摇创业者的热情和勇气。

尽管改革开放40余年，相对保守的传统文化对当前的创新创业仍然产生了较大的负面影响。社会整体的创业氛围还不够浓厚，依然有不少人认为学生毕业后就应该去政府机关、事业单位工作或者起码到大企业就职，而对选择自主创业的大学生则会产生诸多消极联想和猜疑。一般而言，家长也都希望子女在毕业后能找一份稳定的工作，而不太支持甚至坚决反对子女去冒险创业，压抑了不少大学生的创业欲望。社会流行的观念是“以成败论英雄”，颂扬成功的创业英雄容易，宽容创业失败者却很难，从而使大学生在放弃“工作”选择去创业时面临很大的心理压力，担心创业失败而不敢大胆开拓。此外，整体社会的诚信意识还比较淡薄，各种违法、违规经营和商业欺诈屡见不鲜，扰乱了市场经济秩序，给涉世未深、缺乏商场历练的大学生创业者带来了很大阻碍，影响了大学生创业活动的积极开展和正常发展。

（5）创业风险管理机制不完善

创业的失败率很高，大学生初次创业的失败率可能更高。社会缺乏对创业者进行心理疏导的机制与氛围，创业者失败后，很容易在情绪上受到伤害，进而引起不良后果。这也是很多有创业意向的大学生最后不能下定决心，走上创业之路的重要原因之一。创业者在创业失败后，还会面临资产清算的问题，我国关于破产保护和清算的法律法规尚不健全，社会对这方面的认识与观念也有很多误区，企业的债务有可能被转嫁到投资者和创业者本人身上，失败的创业者可能面临高额的债务和其他问题，却无法得到法律的保护，从而引起更多的不安和危机。一旦创业者遇到困难，除了家人，似乎没有地方可以寻求有效帮助。

对于中国当前创业环境存在的不足，创业者们需要正确对待。创业者首先要关注的是自身适应环境的能力。创业者与环境的互动有两个方面：一方面是创业者自身可以提升能力，更多地通过自己的创造和创新去适应环境，或者说把环境的不利化为有利；另一方面是政府和社会在创业环境上提供一些便利条件，只有两个方面共同努力，才能使创业者在创业时获得“有利”的环境。

第二节 创业政策

一、大学生自主创业优惠政策

1. 税收优惠政策

财政部、税务总局、人力资源社会保障部、扶贫办发布《关于进一步支持和促进重点群体创业就业有关税收政策的通知》（简称《通知》）文件。《通知》指出：建档立卡贫困人口、持《就业创业证》（注明“自主创业税收政策”或“毕业年度内自主创业税收政策”）或《就业失业登记证》（注明“自主创业税收政策”）的人员，从事个体经营的，自办理个体工商户登记当月起，在3年（36个月，下同）内按每户每年12000元为限额依次扣减其当年实际应缴纳的增值税、城市维护建设税、教育费附加、地方教育附加和个人所得税。限额标准最高可上浮20%，各省、自治区、直辖市人民政府可根据本地区实际情况在此幅度内确定具体限额标准。

企业招用建档立卡贫困人口，以及在人力资源社会保障部门公共就业服务机构登记失业半年以上且持《就业创业证》或《就业失业登记证》（注明“企业吸纳税收政策”）的人员，与其签订1年以上期限劳动合同并依法缴纳社会保险费的，自签订劳动合同并缴纳社会保险当月起，在3年内按实际招用人数予以定额依次扣减增值税、城市维护建设税、教育费附加、地方教育附加和企业所得税优惠。定额标准为每人每年6000元，最高可上浮30%，各省、自治区、直辖市人民政府可根据本地区实际情况在此幅度内确定具体定额标准。城市维护建设税、教育费附加、地方教育附加的计税依据是享受本项税收优惠政策前的增值税应纳税额。

2. 担保贷款和贴息政策

创业担保贷款和贴息支持：可在创业地申请创业担保贷款，最高贷款额度为20万，对符合条件的个人合伙创业的，可根据合伙创业人数适当提高贷款额度，最高不超过总额的10%。对10万元及以下贷款、获得设区的市级以上荣誉的高校毕业生创业者免除反担保要求；对高校毕业生设立的符合条件的小微企业，最高贷款额度提高至300万元，财政按规定给予贴息。

创业担保贷款申请程序：申请创业担保贷款贴息支持的个人和小微企业应向当地人力资源社会保障部门申请资格审核，通过资格审核的个人和小微企业，向当地创业担保贷款担保基金运营管理机构和经办银行提交担保和贷款申请，符合相关担保和贷款条件的，与经办银行签订创业担保贷款合同。

3. 资金扶持政策

免收有关行政事业性收费：毕业2年以内的普通高校毕业生从事个体经营的，3年内，免收管理类、登记类和证照类等有关行政事业性收费。

求职创业补贴：对在毕业学年有就业创业意愿并积极求职创业的低保家庭、贫困残疾人家庭、原建档立卡贫困家庭和特困人员中的高校毕业生，残疾及获得国家助学贷款的高校毕业生，给予一次性求职创业补贴。

一次性创业补贴：对首次创办小微企业或从事个体经营，且所创办企业或个体工商户自工商登记注册之日起正常运营1年以上的离校2年内高校毕业生，试点给予一次性创业补贴。

享受培训补贴：对大学生在毕业年度内参加创业培训的，按规定给予培训补贴。

4. 工商登记政策

简化注册登记手续：创办企业，只需填写“一张表格”或网上办理，如由内蒙古自治区人民政府打造的全区一体化在线政务服务平台移动端——“蒙速办”App，为广大群众和企业办事提供“一站式”掌上查询、掌上预约、掌上办理、掌上评价的全流程在线政务服务。同时，“蒙速办”App 还提供便民缴费、各类查询等多项便民服务，让群众足不出户尽享生活便利。目前，“蒙速办”App 已支持健康卡、社保卡、驾驶证、行驶证、结婚证、离婚证、出生医学证明、营业执照等 8 类电子证照的申领和出示；支持公积金、医保、社保、驾驶证等 55 项应用频率高的特色服务；支持自治区、盟市、旗县三级共计 3056 个部门的 47534 项政务服务事项的办事指南、办事进度查询和预约、咨询、评价等服务。自治区居民只需在各大手机应用商店下载“蒙速办”App 或者是通过扫描各级政务服务大厅展示的二维码下载“蒙速办”，并进行注册和实名认证后即可使用“蒙速办”App 中的各项政务服务功能（图 3-5）。

图 3-5 “蒙速办”App 注册界面

5. 户籍政策

取消落户限制：高校毕业生可在创业地办理落户手续（直辖市按有关规定执行）。

6. 创业服务政策

免费创业服务：可免费获得公共就业和人才服务机构提供的创业指导服务。

技术创新服务：各地区、各高校和科研院所的实验室以及科研仪器、设施等科技创新资源可以面向大学生开放共享，提供低价、优质的专业服务。

创业场地服务：鼓励各类孵化器面向大学生创新创业团队开放一定比例的免费孵化空间。政府投资开发的孵化器等创业载体应安排 30%左右的场地，免费提供给高校毕业生。有条件的地方可对高校毕业生到孵化器创业给予租金补贴。

创业保障政策：加大对创业失败大学生的扶持力度，按规定提供就业服务、就业援助和社会救助。毕业后创业的大学生可按规定缴纳“五险一金”。

7. 学籍管理政策

折算学分：各高校要设置合理的创新创业学分，建立创新创业学分积累与转换制度，探索将学生开展自主创业等情况折算成学分。

弹性学制：学校可以根据情况建立并实行灵活的学习制度，可放宽学生修业年限，保留学籍休学创新创业。

二、政策运行注意事项

戏与人生尽须逐

——内蒙古盛世兄弟影视文化传媒公司　王天岳

初识王天岳的人，都说他眼里有光。

王天岳笑笑说："眼里有光，是因为心里有一团火。"

在王天岳心里，这团炽烈燃烧、不熄的火是对演员这份职业的热爱。

在大多数人看来，王天岳属于大器晚成的演员。出生于内蒙古乌兰察布，退役后定居鄂尔多斯的他，在去横店成为一名专业演员之前，与演员这个职业的交叉点仅仅是多年前在北京的六年群演经历，目前他自己注册了影视公司，做专职导演，从事了幕后工作，是东胜区影视协会主席，东胜区政协常委委员，内蒙古影视协会会员。

有人说是横店成就了他，也有人说是北京那段青涩的群演经历为他打开了通往演员的大门。

在与央视频道的合作时，他从中看到了影视业发展的契机，他开始思索，下一步，该如何走。在上海贤艺文化传媒有限公司影视表演担任培训老师期间，实战演技、丰富教学经验兼备的他，看到一线城市影视业发展的现状，愈发激起了他投身影视业发展的强烈愿望。

于是，他将目光定在了鄂尔多斯。其时，鄂尔多斯发展旅游事业进行得如火如荼，影视跟进承接吸引外来剧组拍摄工程建设指日可待，这是集编导、影视演员于一身的王天岳展示才华回报家乡做贡献的最好时机了。

经过多番考察，他最终决定在鄂尔多斯文创园创立他的影视公司——内蒙古盛世兄弟影视文化传媒有限公司。初创期间，公司面临的困难很多。为了能让自己的第一间公司顺利落地，王天岳找到了鄂尔多斯文创园领导，汇报了创立公司的初衷以及当前面临的问题。作为新兴文创园区，园区绞尽脑汁地为每个入驻的企业提供良好的营商环境，协助园区企业解决难题、寻找出路、开拓业务，不定期带领入驻企业到发达地区进行考察学习。文创园的领导听完汇报后，竭尽全力为王天岳提供了一切力所能及的服务与帮助：为盛世兄弟无偿提供了八九十平方米的办公场所，节约了办公场所租赁费用，缓解了盛世兄弟在创立之初资金紧张的问题。

赢得初步发展的盛世兄弟，致力于传达鄂尔多斯的声音，把鄂尔多斯展示给世界，展示给全国，让更多人了解我们鄂尔多斯的文化，把鄂尔多斯的民族文化保留下来，用优秀的影视作品、镜头文字语言、优秀故事，把鄂尔多斯民族特色文化传遍到大江南北，甚至传播到全世界去，不断的创作出更多的优秀作品，为鄂尔多斯文化做出一份贡献。

近年来，盛世兄弟拍摄了多部公益微电影，如《存满就有希望》，建党一百年之际又拍摄了纪录片《向英雄致敬》、追寻烈士后代纪录片《守口》《爱的延续》《不能没有你》等，与多家大型企业和政府相关部门合作拍摄制作广告宣传片60余部。今年又在筹备准备拍摄一部90分钟院线电影，剧本已经完成，关于鄂尔多斯百年史题材，得到了东胜宣传部和区文联领导们的认可和大力支持，展现了鄂尔多斯的城市精神，王天岳曾多次被浙江金华日报、内蒙古电台，以及鄂尔多斯电视台和鄂尔多斯晚报进行大量报道，鄂尔多斯军人退伍事务局又对王天岳进行了专访报道。纪录片《向英雄致敬》荣获东胜区宣传部三等奖、荣获环球网优秀奖。在去年新冠疫情期间，王天岳主动请缨，加入到志愿者的行列，为进出小区的居民登记、测量体温等，并拍摄了纪录片《疫站》，记录疫情期间坚守在一线的志愿者们，此举赢得了社会和民众的广泛赞誉。

1. 积极利用现有资源

不少在校大学生都选择了与自己专业密切相关的领域创业，学习中积累的经验和资源是最大的创业财富，要善于利用这些资源。对你所管理企业的生存有利的项目，要优先进行考虑。大学生要积极利用身边的资源，为社会创造更大的价值。切不可误用资源，创业者不能将个人生意与企业生意混淆，更不能唯利是图。在你的区域内，属于你的时间、金钱和才能任由你使用和发挥。但是，如果超出范围或不遵守法律法规，将会对你的企业生存造成严重威胁，甚至还会追究其管理者的法律责任。

2. 慎重选择合作伙伴

有些创业者有一定的投资资金或业务渠道，但苦于分身无术，因此会选择合作经营的创业方式。如果你需要合伙人的钱来开办或维持企业，或者这个合伙人能帮助你设计企业的构思，或是他有你需要的技巧，那么就请他加入你的公司。这虽然能让兼职老板轻松上阵，但要慎重选择合作伙伴，在请帮手和自己亲自处理上，要有一个平衡点。首先要志同道合，其次要互相信任。不要聘用那些适合工作，却与你的志向不同或相反的人，也不要聘用那些面对新创企业压力，没有做好准备去承担和应对的人。

此外，和合作伙伴之间的责、权、利，一定要分清楚，最好形成书面文字，有合作双方和见证人的签字，以免引起纠纷时，空口无凭。

3. 细致准备必不可少

创业是一项庞大的工程，涉及融资、选项、选址、营销等诸多方面，因此创业者在创业之前，一定要进行细致的准备。

通过各种渠道增强这方面的基础知识；根据自己的实际情况选择合适的创业项目，为创业开一个好头；撰写一份详细的商业策划书，包括市场机会评估、赢利模式分析、开业危机应对等，并摸清市场情况，知己知彼，才能百战百胜。

4. 尽量用足相关政策

政府部门有很多鼓励创业的政策，是对大学生创业的鼓励和支持，创业时一定要注意“用足”这些政策，如免税优惠、在某地注册企业可享受比其他地区更优惠的税率等。这些政策可大大减少创业初期的成本，使创业风险大为降低。

5. 经商之道，以计为首

所有商业经营活动，如果从表面上来看，好像是一种仅仅同物质打交道的经营活动，但是，透过现象看本质，在今天的“食脑时代”，商业经营活动实质上已经变成了一种人与人之间的智力角逐，是一场“斗智斗勇”的“智力游戏”，是人与人之间的谋略大比试。因此，正如古代军事家所说的“用兵之道，以计为首”一样，经商之道也应该以计为首。面对如此激烈的市场竞争，你要想找准自己的立足点和切入点，站稳脚跟、生存下来，谋取利益、发展壮大，那么，就必须首先考虑如何运用自己的商业智慧制定全面系统的、可执行的、可操作的和切实有效的经营策略和实施方案，以便确保每战必捷、战无不胜。

6. 决策问题

决策失误时，不要对失误过于敏感，你的失误会带来直接后果，如发错货可能致使一个客户立刻与你断绝关系。作为企业家，冒风险时，要谨而慎之。如果出现失误，也不要过于自责。应接受事实，从中吸取教训。

7. 不要被胜利冲昏头脑

你第一步的成功可能全靠你的创意好、时机合适、运气不错和良好的业务关系。不过，这一切随时都可能离你而去。因此，不要过于自信，投入过量的资金，使自己陷入泥沼之中。

除了上述情况之外，大学生创业是自己的事，又不仅仅是自己的事。父母对创业持什么样的态度与观点，直接影响到大学生的选择。大部分学生生长在普通家庭，为上大学，家里已经拿出为数不少的一笔学费，如果要创业，需要再投入一笔启动资金，这对刚毕业的大学生而言，存在着一定的风险。大部分父母希望孩子毕业后能找到一份稳定的工作，他们要么强烈反对孩子的选择，要么用担忧的眼神“拷问”孩子的选择。在这种情况下，即使不需要家人投资的大学生也会犹豫反思，那些希望有家人资金支持的学生更是一筹莫展。

思政之窗

在大学生就业市场竞争日益激烈的今天，中国许多的大学生纷纷选择自主创业，此条道路充满了艰辛和坎坷，如何在创业过程中趋利避害，扬长补短，是整个学校和社会一直在关心的问题。近年来，政府各部门颁布了一系列针对大学生创业的优惠政策，成为大学生选择是否进行创业的一个重要“风向标”，在一定程度上，对大学生是否选择创业以及如何选择对自己有利的创业方向起到了积极的影响，大学生创业是在主观能动性和外部环境两种因素共同作用下，向前推进的。

大学生是我国的宝贵财富，与其他社会群体相比，有其专业知识优势和富有创新精神的优势。大学生朝气蓬勃，对未来充满信心和希望，有抱负、有理想，具有创业者所必须具备的素质。

优化大学生创业环境，促进国家和地方鼓励和支持大学毕业生创业政策的建立，一方面，能为我国社会经济的发展培养更多的建设性、创新型人才；另一方面，当代大学生的创业成功，必将极大地促进中国未来经济的发展，因此，优化大学生创业环境，实施鼓励和支持大学生创业政策，对于促进大学生就业具有十分重要的意义。

思考练习

1. 简述创新创业环境的定义与分类。
2. 国家对扶持大学生创新创业的政策有哪些？

第四章

创业者与创业团队

了解创业者的概念及特征；
了解创业团队应该具备的素质以及分类；
掌握创业团队管理及其管理技巧与策略。

蒙古马精神召唤下的追梦人

——鄂尔多斯市易信通信息化服务外包有限公司　刘建平

在蒙古族英雄史诗《江格尔》中，蒙古马是奋斗不止、自强不息的象征。

从 2011 年参加工作算起，刘建平便确立了从事信息化事业的实践目标，历经坎坷不曾半途而废。而到 2021 年，刘建平和他一手创办的易信通信息化服务外包公司已有 7 年历程，而这 7 年，正应了他所崇尚的“蒙古马”精神，“吃苦耐劳、勇往直前，不达目的绝不罢休”，而“蒙古马”精神也成为他创业过程中一次次战胜艰难险阻的精神支柱和力量源泉。

2014 年，他辞掉工作，开始了创业之路。

2015 年 2 月，刘建平创建了他人生的第一家公司——鄂尔多斯市易信通信息化服务外包有限公司。那几年鄂尔多斯因受金融危机的影响，很多企事业的信息系统疏于运营维护，公司初创时便从为企事业单位维护信息系统与建设弱电系统工程做起，包括 IT 办公设备销售及维护、安装 LED 显示屏工程等。

俗话说：“万事开头难”，创业更是如此。虽说在行业中摸爬滚打过几年，但创业后也有过强烈的不适应，要谦虚地学习与客户打交道的经验，事无巨细都要自己亲手来做，反复研究，反复预览测试，一不小心就会返工。但为了给客户百分百的满意，一遍一遍不辞辛苦地尝试换来的是客户满意的笑容。

刘建平一边维护现有客户，一边出去跑业务，脚步踏遍每个单位、每栋写字楼，有时在人家办公室门口等几小时，就为了不厌其烦地介绍自己可以提供的运维服务与产品，有时候人家几句话就把他打发走了，经常吃“闭门羹”的刘建平心里默默地给自己打气：“别气馁，继续加油，下一家一定会有收获”。

这段经历被刘建平戏谑为“扫楼”，“扫楼”动用的腿和嘴，其实最关键的是“不达目的绝不罢休”的蒙古马勇气。到2016年初，公司业务逐渐多了起来。随着业务量的增加，工作量也大大增加，招聘员工势在必行，可招聘员工是个大难题，多种原因导致人员流失频繁，很多急、难、险重的工作只能自己单枪匹马去干。

为了解决用工问题，刘建平将公司的薪资办法调整为底薪加业绩分红，用工问题得到改善，公司招聘到了第一名员工。而为了增加业务，维持公司的正常运营，及时给员工发放工资，公司在业务短缺时也去承揽同行的施工。这样的积累与打拼过后，终于在2016年等来了100万元以上的大项目，公司两个人再雇用劳务人员完成了项目。再后来的大项目，公司开始尝试项目合伙制，在资源上合伙，业务上合伙，彼此共同成就着初创公司的业绩。

2017年易信通公司通过创业园区的考核筛选，成功入住鄂尔多斯市东胜区文化创业园区，在这个创业联盟中，他和他的易信通公司不负众望，不断实现着新的创业目标与人生理想。

创业的这几年，开展运维服务没有什么利润，更多的时候，刘建平总是设身处地的为客户推荐性价比高、质量好的产品，为其合理降低成本，他用行动凝练出公司的服务信条：“严谨务实，为客户着想，诚信为本”，公司因此成功地维护了老客户，并不断吸引着新客户。

经过5年多的努力，易信通公司走上了良性发展的轨道，营业额实现百万，在大众创业，万众创新的波浪潮中站住了脚。

在做好IT运维的基础业务上，易信通拓步又迈开了做自己的系统，研发自己的智能化产品。就在2021年刚过去的4月6日，内蒙古自治区下发了《内蒙古自治区推进煤矿智能化建设三年行动实施方案》，重点依托5G网络大宽带的优势，满足煤矿智能化建设联动中高清视频、自动驾驶如开展无人驾驶、智能采矿、机器人智能巡检、智能安防等信息化应用。方案计划经过三年实施，全区所有正常生产的煤矿全部实现智能化。这对于所有的信息化企业来说，无疑开启了又一次逐梦之旅。而刘建平和他的易信通公司新一轮的追梦之旅也开始了。

刘建平将易信通的创业经验总结成：敢闯敢试、创新求变和“吃苦耐劳、一往无前，不达目的绝不罢休”的蒙古马精神。创业一开始可能新点子会比较多，但可能不成熟。新的模式可能在试行当中会遇到困难，也可能会遇到挫折，在一个阶段达不到预期目标。但如果经过理性分析，认为路子是对的，就需要坚持。易信通坚持了下来，未来的明媚之光已照进眼前。

第一节 创业者概述

一、创业者的概念

创业者这个词最早是由法国经济学家坎迪伦于1755年提出来的。1880年，法国经济学家萨伊首次给出了创业者的定义，他将创业者界定为预见特定产品的需求以及生产手段，发现顾客，克服困难，将一切生产要素结合的经济行为者。1934年，著名经济学家熊彼特专门研究了创业者创新和求进步的积极性所导致的动荡和变化，认为创业者应为创新者。

1. 狭义的创业者

关于狭义的创业者概念，目前有两个被广泛接受的观点。一是创业者并不等于企业家，因为大多数创业者并不具备企业家的眼界、格局和个人品质。从创业者转变为企业家，需要一个逐渐成长和完善的过程。二是狭义的创业者是指参与创业活动的核心人员，而不仅限于企业的法人代表或领导者、组织者。因为在当今的创业活动中，高新技术企业、合伙制企业所占的比例越来越大，离开了核心技术专家和主要合伙人，很多创业活动根本无法进行，所以核心技术专家与主要合伙人也应被视为创业者。

那么，什么样的人能成为狭义的创业者呢？在对古今中外创业者进行研究的基础上，我们从创业者所承担的责任、义务的角度，将成为狭义的创业者的基本条件概括为：愿意承担创业过程中的所有不确定性和风险，并有激情和勇气克服创业中的各种困难，持之以恒地为实现自己的创业目标努力奋斗的人。当然，在科学技术飞速发展、产品和技术老化周期日益缩短、社会分工日益细化的今天，创业者还应熟悉自己所从事的创业领域，并具有较强的创新意识、创新精神和创新能力。

2. 广义的创业者

关于广义的创业者概念，主要有两种界定方式。

一种界定方式是从人们在工作中所扮演的角色的角度，将创业者界定为参与创业活动的全部人员。在这种界定方式下，创业活动的发起者、领导者与创业活动的跟随者，都被视为创业者。

另一种界定方式是从人们所从事的工作的性质的角度，将创业者定义为主动寻求变化，对变化做出反应，并将变化视为机会的人。这种界定方式打破了传统的创业概念，将其外延扩大为所有主动寻求变化并对变化做出反应的活动，在这种界定方式下，企业创办者、企业内创业者、个体劳动者、自由职业者、项目合作者等以各种身份从事具有创新性活动的人，都可以称为创业者。

二、创业者特征

在我们身边有着数不胜数的成功创业的经典案例，包括阿里集团的马云、万达集团的王健林、腾讯集团的马化腾等，我们常常会剖析他们的创业环境和背景，分析他们身上的性格特质，深入挖掘他们成功的因素，试图找到成功的秘诀。但这也使得很多人陷入了一个思想误区，认为创业者是天生的，或许是某些基因主导，使得特定的人群能够创业，能够成功，而自己并不在这些人中，因而还未尝试就已经打了退堂鼓。著名管理学家、创业教育创始人之一彼得·德鲁克说过："创业不是魔法，也不神秘，它与基因没有任何关系。创业是一种训练，人们可以通过学习掌握它。"成功的人有相似点，但并不是说将这些相似点简单地堆加成一个公式，只要符合这些条条框框的人就一定会成功，而稍有偏差便与创业无缘。著名创业教育家、美国西北大学教授劳埃德·谢夫斯基说过：婴儿的每一天都是新的一天，他们总会爬到不该爬的地方，他们总能带给你惊喜，你会知道他们是多么的无所畏惧，这就说明，我们每个人都是天生的创业者。既然如此，我们又为什么要探究创业者具备的种种特性呢？那是因为很多人面对未知的创业，充满了好奇与恐惧，我们将创业者通常具备的心理、行为、知识、能力四个维度的特征做出归纳总结后，方便人们参照，通俗点说，是让人心里有个"谱"，能够更好地认识自己。那么，要想取得创业成功，创业者除了要勇于创业、有所担当之外，还必须具备相应的心理特征以及一定的知识和能力特征，同时还要具有与创业活动相适应的行为特征。

荣朝，让草原文化在广袤的世界行走

——内蒙古荣朝文化产业有限公司　刘建荣

一把瓷与金属雕刻制作的马头琴食碟，在琴杆上摆上筷子，就如同拉响的马头琴，餐桌上摆放这样一套餐具，让食客总会想到热情奔放的草原和婉转悠扬的马头琴声。盛放饮品的黄金白釉或蓝釉的多穆壶清新秀丽，犹如身着白纱或蓝袍，头戴美饰的姑娘跳着顶碗舞。再如，蓝釉或白釉的草原长河皮囊酒具套装，像一幅动感的草原迎客图。从雕工精美繁杂、名称为"登高"的玉印，意义深刻的万福金鞍，栩栩如生的工艺品摆件草原巴特尔，再到充满蒙古元素的各式艺术品U盘，各个展台参观欣赏下来，如同赴一场草原文化的视觉盛宴。

位于鄂尔多斯文创园10楼的荣朝文化产品展区看到的精美文创产品，几乎占据了一整层的展厅琳琅满目地摆满了文化艺术臻品。比起看到这些文创产品的震撼，更让人震撼的是，展厅满满的一面墙上展出的作品登记证书以及荣誉奖牌。公司设计的产品已有80项获得了国家专利。荣朝品牌在发展过程中矢志不渝地打造全系列拥有自主知识产权的文创产品，迄今为止推向市场的上千件产品均已获得相关专利证书。荣朝携这些作品参加了2009年第十一届亚洲艺术节、2010年首届鄂尔多斯国际那达慕、第七届少数民族传统体育运动会、2011年亚洲曲棍球冠军杯赛、鄂尔多斯撤盟设市十周年、2012年首届鄂尔多斯冰雪节、第二届鄂尔多斯国际那达慕、首届中国马术大赛、鄂尔多斯第二届国际马文化节、第八届中俄蒙工商论坛等70余项大型文化活动并广受赞誉。

荣朝品牌八大系列的原创产品被誉为“文化行走的名片”，带着草原的清香，带着天空的澄蓝，透着草原民族的坚韧与豪放，将草原文化的厚重传播到更广阔的天地，这似乎形象地诠释了为什么荣朝有那么迷人的魅力与持久的生命力。

荣朝的品牌吸引力法则

2020 年 5 月，荣朝品牌—瓷器系列产品——宫廷系列之黄金家族大全套隆重上市。同年 7 月，荣朝品牌产品参加了在内蒙古展览馆举办的内蒙古自治区民族手工艺和文创旅游精品展示活动。时任内蒙古自治区党委副书记、主席布小林在参观过程中拿起黄金家族系列的一口碗细致地端详着，不断称赞着产品的品质与创意。2020 年 9 月，为期 4 天的第二届呼和浩特茶产业博览会暨 2020 年咸宁·赤壁青砖茶文化节在内蒙古国际会展中心隆重开幕，荣朝八大系列产品惊艳亮相，“黄金家族”瓷器系列，万福金鞍、祥运福鞍等文创产品凭借着独特的文化内涵和设计理念，成为展区内最亮眼的星光。

2020 年 11 月，荣朝参加了第二届全区传统手工艺精品展暨首届呼和浩特民间手工艺精品展，造型简洁大方，线条明快，色调淡雅端庄的荣朝新品瓷器“黄金家族”系列，制作精美、极具艺术性和收藏价值的新品万福金鞍，吸引了游客与记者们的眼球，他们为内蒙古的艺术道行之深直呼过瘾。

荣朝展厅参观的单位可以列出几长串，荣朝参加国际、国内的大型展会、博览会和交易会 400 多次，荣朝的产品接受着来自国内、国际多个团体，多名人士的关注与品评。荣朝有自己始终认同与坚持的观点：交流与碰撞，永远是智慧发生的源泉之一。

而原创的精品，便是荣朝品牌的依托。荣朝始终坚持产品原创、产品精品、产品品牌核心理念，已形成民族收藏艺术品、民族工艺品、民族旅游纪念品、民族陶瓷用品等八大系列上千种民族经典产品。先后获得国家各项核心专利 141 项，获得国家级金奖荣誉 2 项、国家级铜奖荣誉 5 项、自治区级荣誉 13 项、市级荣誉 24 项。同时于 2014 年申请通过了“荣朝品牌”国家专利商标注册，逐步在自治区乃至全国形成了良好的企业美誉度及品牌影响力。

习近平总书记曾指出，文化产业既有意识形态属性，又有市场属性，但意识形态属性是本质属性，一定要坚持守正创新。荣朝深刻领悟其精髓，企业不断摸索市场规律，不断创新经营方式，逐渐形成了以全国景区战略、全国经销商战略、全国酒店战略、国际合作战略、全国产品代理人营销战略、全国大客户战略、互联网营销战略等七大创新发展的核心模式。公司在全区内外开拓经销商共计 300 多家，产品遍布内蒙古十二盟市，新疆、西藏、北京、上海、杭州等地区，已初具市场战略框架规模。

事业在家乡内蒙古蓄势而发

2014 年，在鄂尔多斯市委、市政府，东胜区委、区政府的大力支持下，“荣朝民族文化创意产业基地”诞生，同年投资注册了“荣锦创意”公司，制订了“创意设计硅谷”项目的发展战略规划。“荣朝民族文化创意产业基地”目前已成为自治区文化、旅游、创新创业的展示窗口，先后成为国际那达慕、全国少数民族运动会和各界团体指定考察参观基地，接待国家级各部委领导参观团 36 余次，自治区级领导参观团 300 余次，市区级领导参观团 560 余次，旅行团体 6.8 万人次，外地客商考察团 700 余次，市级大众参观团 2000

余次。

荣朝心怀社会责任，先后参加了贫困学生教育赞助活动、贫困家庭赞助活动、少年足球发展等赞助捐助活动共计 20 多次，并成立了荣朝少年足球俱乐部。提供大学生就业实习机会 300 余次，与各大院校、科研机构形成了产学研联盟，培养各类文化产业复合型杰出人才 80 多人、中型人才 170 多人。

2020 年的最后几天，刘建荣参加了由自治区召开的关于“十四五”发展的意见和建议座谈会，他为“十四五”发展规划做了建议发言，其中也谈到了荣朝的战略布局及未来发展规划。此时他心里下着一盘更大的棋局：在新的发展起点上，荣朝将大力弘扬“集智、放胆、拓荒、创新”的企业精神，深入践行创新、开放、共享、共赢、大平台建设与集群发展的理念，持续稳步推进关于创新发展的七大市场核心战略模式，坚定不移实施大开放战略，以更高站位迈向世界经济大舞台，以更高定位深度融入全球创新链、产业链、发展链。

1. 创业者的心理特征

（1）创业激情

对于一个创业者来说，首先要具备的是对创业这件事情怀揣的热情。类似于现在很多家长对于孩子的教育。一些家长总是困惑为什么上同样的特长班，自己的小孩总是不如其他的孩子优秀，是自己的小孩笨吗？好像也不是。那是什么原因呢？其实问题很好解决，关键取决于是你要求他去学，还是他自己感兴趣。人们都有望子成龙、望女成凤的心情，却经常忽略，兴趣才是最好的老师。只有保持兴趣，你才会主动地去探索，去求知，去渴望体验一次次的实践。创业也是如此，你对创业饱含兴趣，才会萌生观念与想法，才有继续探索下去的热情，才会展开无限的可能。创业的激情不是一时的，它伴随你整个创业过程，在漫长且艰辛的创业之路上，不是所有人都会一帆风顺，当你困惑迷茫时，回想当初是什么动力促使你创业，你会拨开云雾，重见光明。

（2）敏感好奇

创业者在选择创业项目时，要有新奇点和侧重点，而这两点便取决于创业者的好奇心与洞察力，以及能否适时地寻找机会、抓住机会，对商业机会做出快速反应。机会是留给有准备的人的，但对创业者来说，机会是留给敏感好奇的创业者的。很多时候，商机就摆在眼前，而我们却往往视而不见。将别人眼中的平淡无奇变为自己的无限商机，是一个合格的创业者应具备的特质。

（3）情绪稳定

创业过程相当于一次冒险过程，没人能预料未来会发生什么，也没人能预料未来你的公司会走多远，即使是创立于 1850 年、身为美国第四大投资银行的雷曼兄弟公司，在 2000 年还被《商业周刊》评为全球最佳投资公司，而在 2008 年金融危机中却不得不宣告破产。面对创业路上充满的种种未知，保证良好的心态和稳定的情绪显得尤为重要。古人云：“不以物喜，不以己悲。”说的便是这个道理。创业需要极大的心理承受能力，如果你天生心理承受能力不足，是不适合创业的。罗永浩认为，创业过程中需要承受的压力和恐惧是超出想象的，它会让大部分抗压能力正常的人崩溃，所以说创业者在心理承受能力方面是要优于常人的。

（4）敢于承担

每个现实生活中的人都扮演着不同的角色，而每个角色又承担着相应的责任。抚养孩童是父母的责任，赡养老人是子女的责任，遵纪守法是每个公民的责任。同样，对于一个创业者而言，合理合法地创办企业，保障企业和员工的生存，做出合理正确的决策等，这些都是创业者的责任。作为一个勇于冒险、敢于担当的创业者，责任和义务是要时刻铭记于心的，而不能一味地只想索取、获利，权利与义务永远是对等的。同时敢于承担也不仅仅是承担应尽的责任和义务，还包括对于决策后果的承担，无论公司发展如何千变万化，要敢于面对现实，敢于接受现实，不自暴自弃，有勇有谋有担当，才是一位合格的创业者。

2. 创业者的行为特征

（1）诚实守信

自古以来，诚信作为重要的美德之一，一直被后人传承，可以说小到个人、家庭，大至整个社会、国家，诚信都起着至关重要的作用。

《论语・为政》中写道：人而无信，不知其可也。说的是一个人若失去了信用，那么便无立足之地。作为经商的创业者，丢失诚信可谓寸步难行。不仅导致顾客利益受损，同时也会丧失客流，在诚信的同行面前，更是毫无竞争力，结局注定是死路一条。因而诚实守信是每一个创业者的第一要义。

（2）勤奋好学

关于勤奋的名言警句很多，通过踏实勤奋走向成功的典例更是不胜枚举。前辈们告诫我们，一分耕耘，一分收获。这是因为不是每个人生来就注定会成为天才，生来就一定会成功，就连伟大的发明家爱迪生也是在千百次的失败实验后，才发明出了钨丝灯泡。成功的人总是不断学习、不断进步，他们知道，只有用勤奋的钥匙，才能打开进阶的大门，只有不断地与时俱进，才能把握机会、实现自我价值。

（3）吃苦耐劳

如果一个创业者只是将创业挂在嘴边，而不采取行动，那么他就是一个失败的创业者。如果他付诸行动，那么他会感受到创业路上的艰辛。万千世界，我们相信唯有适者才能生存。创业也是如此，敢打、敢拼，敢吃苦，不轻言放弃的人才是竞争中的适应者。坚韧不拔的毅力是帮助他们穿梭于河流中的小舟；反之，丢掉这些，创业者会很容易迷失方向，最终导致半途而废。

（4）随机应变

创业是任重道远的，同样创业路上也布满了荆棘。没有人敢说自己的创业不会出现一点意外，一切都是在预计的轨道上运行的。一个好的创业者，一定要具备灵活应变的能力来应对企业面临的各种变数，要脚踏实地，从实际出发，保持清醒的头脑，来面对不同的挑战。

3. 创业者的知识特征

创业者的知识特征对创业起着举足轻重的作用。在商业竞争日益激烈的今天，单凭热情、勇气、经验或只有单一专业知识，要想取得创业成功是很困难的。

（1）夯实的基础知识

这类知识主要涉及商业常识、社会常识和管理常识。具体地说，商业常识有助于创业者了解经济发展的基本规律，遵守商业活动的基本规则，维护企业自身的正常运行。社会常识有助于创业者理解自身的社会角色，了解和满足消费者的个性化需求，理解和用好国家的政策，以及维护自己的合法权益。管理常识有助于创业者理解人类的特性和行为方式，了解科学的经营管理知识和方法，提高管理水平。

（2）丰富的社会阅历及实战经历

这类知识主要涉及商业经验、社会经验和管理经验。这里说的经验是指通过亲身实践所获得的经验，因为创业活动所需要的上述经验，只有通过自己亲身实践、亲身体验，才能真正领会。有些同学说，我看过很多创业成功者的故事，有很“丰富”的经验了。但是过来人都知道，不经过亲身实践，这些成功者的经验是没有办法变成你个人经验的，书读得再多也没有用！因为创业的成功是不可以直接复制的。

（3）精湛的专业知识

这类知识主要涉及与创业活动密切相关的具有较强专业性的知识。创业是开创一番事业。这个事业不管规模如何，都需要从事它的人，比其他人做得更好、更专业，而要做到这一点，创业者必须具备从事这个事业所需要的专业性知识。在创业界有个不成文的规定——“不熟不做”。为什么“不熟不做”？因为各行各业都有一些特殊的地方，如果对它不熟悉，不具备从事这个行当所必须具备的专业知识，就很难把它做好。

4. 创业者的能力特征

对于从事创业活动而言，能力比知识和素质更重要。因为知识和素质都是潜在的，它们只有转化为能力，才能变成从事创业活动和实现创业目标所必须具备的本领，才能在创业实践中真正发挥作用。创业者所需要的能力虽然是多种多样的，但从总体上说，它主要包括以下五个方面能力，即机会捕捉能力、决策能力、执行力、经营管理能力、交往协调能力。

（1）机会捕捉能力

创业机会是创业的切入点和出发点，能否发现一个好的创业机会，是创业能否成功最为关键的因素。纵观古今中外的创业成功案例，可以发现绝大多数创业成功者具有非常强的机会捕捉能力。他们能够看到日常生活中被人忽略的细节，并在看似平常的反常现象中抓住问题的关键；他们有爱问问题和重新界定问题的习惯，能够从不同角度看问题，并善于挖掘隐藏在偶然事件中的必然规律。

（2）决策能力

决策能力是创业者根据主客观条件，正确地确定创业的发展方向、目标、战略以及具体选择实施方案的能力。创业者的决策能力，具体包括分析能力和判断能力两项基础能力。即能够在错综复杂的现象中，通过分析理清事物之间的联系，通过判断把握事物的发展方向。从某种意义上说，创业者的决策能力就是良好的分析能力加上果断的判断能力。

（3）执行力

好的决策必须有好的执行才能变成现实。创业者与梦想者的最大区别就在于创业者不但有发现商业机会的眼光，而且能够果断地决策和坚定不移地执行。好的执行力首先是一种行动能力，有了想法就马上去做，心动不如行动。好的执行力还是一种能够克服重重困难、执行到位的能力，遇到困难就放弃不是好的执行，执行不到位等于没有执行。

（4）经营管理能力

成功的创业者不仅要眼光锐利、决策果断、执行到位，而且还必须善于经营管理。经营管理能力是一种较高层次的综合能力，是运筹性能力。它涉及人员的选择、使用、组合和优化，也涉及资金聚集、核算、分配和使用等。经营管理也是生产力，它不仅会影响创业活动的效率，甚至会决定创业的成败。

（5）交往协调能力

在社会分工日益细化的今天，创业者很难靠个人的单打独斗取得成功，必须具备交往协调能力。交往协调能力既包括能够妥善处理与政府部门、新闻媒体和客户之间的关系的能力，也包括能够平等地与下属交往和善于协调下属部门各成员之间关系的能力。企业与外界的接触越多，企业的规模越大，对创业者交往协调能力的要求就越高。

三、创业者的素质

创业者必须具有优良的道德品质、坚韧不屈的精神、坚定不移的信念、丰富的经验、渊博的知识、充沛的体力和精力等优秀素质。对于大学生创业者来讲，具备良好的创业素质是事业成功的基本条件。

“智慧星”诠释文旅之魂：让美丽的鄂尔多斯走进更多人心海

——智慧星旅行社　柴有华

柴有华有一本朴实的生意经：如何能实惠地帮助游客玩好。

他会如实真诚地报价，比如，响沙湾有五个岛，大套票、小套票分别是多少，车辆协议费用、就餐费、导游费分别是多少，介绍得一清二楚，承诺的服务与标准绝不打折，而不是以很低的价格“中标”，然后到了景点就开始“下蛋”，不停地与顾客纠缠，让顾客不等游玩就心情大坏，给鄂尔多斯打上一个大大的问号，这样的生意不做也罢。

记得强哥他们一行要美滋滋地离开鄂尔多斯时，不由分说每个人硬塞给他了一百元小费，他们说，你让我们花了最少的钱游玩得如此尽兴，我们非常满意，如果你不收，我们会有亏欠感的。

盛情难却中柴有华收下了小费，他迅速跑到民族食品店，为他们买了当地特产牛肉干、奶茶，让他们带到路上享用。

在他看来，让游客把钱花在“刀刃”上，让他们真正欣赏到鄂尔多斯最美的风景，感受鄂尔多斯民族风情与美食，感受到鄂尔多斯的好客，这样我们的鄂尔多斯才会更多地赢来五湖四海的游客。

带游客的过程中，他会为游客主动着想很多，比如响沙游中游客确定的午餐单中本来是不包括西瓜的，但考虑到沙漠的干燥，他在出发前自备了西瓜，在下了车后背着两个西瓜在沙漠中艰难徒步，让游客在炽热的沙漠里随时有舒爽的西瓜消暑。再比如，游客在就餐间看到邻客的鄂尔多斯烤羊排好有感觉，就想加菜，他会按照与酒店的协议价为游客加菜，不留遗憾，帮助他们圆一个个的小梦想。

智慧星旅行社让游客畅游鄂尔多斯的意义还在于："我们不能坏了后辈的旅游文化路，让外人误读鄂尔多斯！"

在智慧星创办和经营的过程中，他得出了一个结论："你愿意吃亏，别人不一定让你吃亏。"

智慧星旅行社，智慧之处在于，它最好地诠释了文旅之魂：让我们的家乡，让具有深厚底蕴和地域特色的鄂尔多斯文化誉满全国，名扬世界，让美丽的鄂尔多斯走进更多人心海里。

1. 要有明确的理想和志向

一个真正的创业者一定是强烈的欲望者、目标明确的实践者。作为创业者，都想拥有财富，想出人头地，想获得社会地位，想得到别人的尊重。然而更重要的是必须有为实现自己的理想而奋斗的思想准备和不畏艰难曲折勇往直前的勇气。

2. 要有良好的意志品质

"艰难困苦，玉汝于成"，对大学生来说，创业并非坦途。要想获得成功就必须有坚韧不拔的意志品格。"吃得菜根，百事可做"，大学生创业者要学会吃苦，要培养自己的忍耐力、冒险精神和旺盛的斗志，笑对人生，正视失败，走出一条属于自己的成功之路。

3. 要有宽阔的眼界

做事必先谋事，创业活动需要高水平的"谋"和"断"，广博的见识，开阔的眼界，可以很有效地拉近自己与成功的距离，使创业活动少走弯路，而其前提不仅是扎实的专业知识、丰富的管理和经营经验，更重要的是把握企业所面临的复杂形势和外部条件的变化，把握影响企业发展带有全局性、根本性和长远性的问题，从而确立科学的发展战略。

4. 要有拓展资源的能力

创业者资源分为两种，一是以创业者所占有的生产资料、知识技能等构成的内部资源，二是以创业者构建其人际网络或社会网络的能力为基础的外部资源，亦称"人脉"资源。所以说，创业者不仅要丰富自己的知识结构、提高自身素质，还要与他人、与外界沟通，捕捉各种信息，努力扩大资源占有的数量和质量。

5. 要懂得与他人分享

一个不懂得与他人分享的创业者，不可能将事业做大。美国心理学家马斯洛的需要层次理论，提出人最高层次的需要是自我实现。因此作为创业者要做到与员工共同分享，满足职工不同层次的需要，激励员工做更多的事，赚更多的钱，做更大的贡献。另外，要恰当处理竞争与合作的关系。对创业者来说，有时合作比竞争更重要，有了合作，才能达到“双赢”，才能把自己的蛋糕做大。

6. 自我反省的能力

反省其实是一种学习能力。创业既然是一个不断摸索的过程，创业者就难免在此过程中不断地犯错误。反省，是认识错误、改正错误的前提。对创业者来说，反省的过程，就是学习的过程。有没有自我反省的能力，具不具备自我反省的精神，决定了创业者能不能认识到自己所犯的错误，能不能改正所犯的错误，是否能够不断地学到新东西。

四、创业者的分类

1. 按创业内容划分

创业者涉及各行各业，他们创业的动机也千差万别。按照其创业内容进行划分，可以划分为生产型、管理型、市场型、科技型和金融型五种类型。

（1）生产型创业者

生产型创业者是指通过创办企业推出产品的创业者，这种产品通常科技含量较高，比如，小米的创业是因为雷军看到智能手机能够打开中国乃至世界手机市场的大门，而毅然投入到这项事业的开发，充分利用各种资源，建立了一套非常有竞争力的经营模式，很快打开了市场。

（2）管理型创业者

管理型创业者是指那些综合能力较强的创业者，他们对专业知识并不十分精通，但能够通过各种有效的管理手段带动企业前进。例如，钢铁大王卡内基，最初对钢铁生产知识知之甚少，但他看准了钢铁制造业的发展前景，迅速网罗人才进行创业，打造了自己的钢铁帝国。

（3）市场型创业者

这类创业者的一个重要特点就是注重市场，善于把握机会。中国改革开放以来涌现出大批的市场型创业者。例如，海尔集团总裁张瑞敏，正是抓住市场转型期的大好机遇，将海尔发展壮大。

（4）科技型创业者

科技型创业者多与学校和科研机构相关联，以高科技为依托创办企业。20 世纪 80 年代后，为了鼓励科技成果转化为生产力，国家推出了一系列鼓励高等院校创办企业的措施。当今许多知名的高科技企业，前身就是原来的“校办企业”和科研院所的“所办企业”，例如北大方正、清华同方等。

（5）金融型创业者

这类创业者实际上就是一种风险投资家，他们向企业提供的不仅仅是资金，更重要的是专业特长和管理经验。他们不仅参与企业经营方针的制定，还参与企业的营销战略的制定、资本运营乃至人力资源管理。

2. 按创业动机划分

创业者的创业动机多样，有的希望获得丰厚的物质报酬，有的希望拥有一份属于自己的事业，有的希望满足自己的兴趣，有的希望获得个人的独立和自主。根据创业动机的不同，可以将创业者分为以下四种类型。

（1）物质追求型创业者

物质资料是人类赖以生存的基础，而生存是人类的第一需要。在物质资料极度短缺，劳动就业竞争十分激烈的情况下，许多人为了谋生混口饭吃，不得不自己创业。创业者中的城镇下岗工人、失去土地的农民、毕业后找不到工作的大学生，多数都属于这种类型。另外，人们对物质追求的程度是有很大差异的，许多人在满足了基本的生存需要后，还会有很强的物质追求，甚至是对奢侈生活的追求。在今天的物质追求型创业者中，有相当一部分属于这种情况。

（2）事业追求型创业者

美国著名心理学家亚伯拉罕·马斯洛（Abraham Harold Maslow）认为，开创一番事业，实现人生价值，是人类最高层次的需要。任何社会都有一些具有崇高理想和远大抱负的人，这种人以事业追求、改造社会、造福人类为己任，把对社会的贡献，作为实现自我人生价值的目标。这种人当自己的生存有了基本保障之后，就会谋求自我实现的需要。改革开放以来，在党、政、军、行政、事业单位或国有企业中，既有较好的工作，也有不菲的收入的人，毅然选择辞职创业；一些科研人员、研究生、大学生放弃安稳的职业，带着自己的专利和梦想创业，都属于事业追求型创业者。

（3）尊重满足型创业者

赢得尊重的需要也是人类的基本需要。在人们的物质需要获得满足后，就会转向追求精神方面的需要，赢得尊重的需要就属于这种需要。赢得尊重的方式虽然多种多样，但最常见的还是获得让人羡慕的社会地位和做出让人佩服的事情。大学生的创业动机调查表明，有近30%的同学想创业，是因为在他们看来通过创业致富是最有面子的事，钱来得光明正大，自己花着潇洒，还有能力去帮助亲友和社会，从而获得亲友和社会的尊重。

（4）独立自主型创业者

每个人由于遗传和环境影响的不同，都具有不同的人格特征。很多创业者特别向往独立和自由，不愿意过受人控制的生活，喜欢自己当家作主。

上述创业者的类型划分，仅仅是从创业内容和创业动机的角度所进行的粗略分类，它没有涵盖所有的创业者。另外，人们的创业动机十分复杂，有些人之所以选择创业，既考虑了物质方面的因素，也考虑了精神方面的因素；既有独立自主的需要，也有获得尊重的需要。我们之所以从创业动机这个角度对创业者进行分类，就是要提醒同学们想清楚自己为什么要创业，自己到底想过一种什么样的生活。从某种意义上说，选择了一种工作方式，也意味着选择了一种生活方式，而且大多数选择，都会有利有弊，很难十全十美。例如，选择做独立创业者，虽然可以在一定条件下充分发挥自己的想象力、创造力，可以主宰自己的工作内容和工作节奏，并按照个人意愿追求自身价值。但是，独立创业的难度和风险很大，工作压力和挑战性也很大，在企业发展到一定规模之前，创业者肯定会经常加班加点，很难过上正常人的生活。因此，同学们在选择是否创业和以什么方式创业之前，一定要了解清楚各种创业方式对创业者的要求。

五、创业者的核心能力

作为创新创业活动的实践者——“创业者”，承担着创业活动的重大责任，对创业实践的成败起着至关重要的作用。说起创业者，人们常会如数家珍般列出一份长长的名单，如联想集团的柳传志、蒙牛集团的牛根生、新东方集团的俞敏洪等，他们的创业经历令人神往，也会使我们更加关注他们的品质特征，比如，他们的精神、态度、行动等。

创业者需要具备一定的特殊能力才能战胜创业过程中所遇到的困难与挑战，进而迎接机遇，获得发展。创业者应具备的核心能力主要包括创业精神、心理能量、语言表达能力、人格魅力、执行能力、领导能力。

由衷的热爱　便是坚持的理由

——内蒙古蒙云科技有限责任公司　贺宝林

比尔·盖茨曾说：“每天早晨醒来，一想到我所从事的事业和所开发的技术将会给人类带来巨大的影响和变化，我就会无比的兴奋和倍感激励。”这也是贺宝林所想达到的境界。因此，在决定创业之时，贺宝林坚定地选择了信息产业。这源于他对互联网技术开发与应用的执着与热爱。

偶然一次机会，他读到了《硅谷之火》。这本书的内容深深吸引了他，像是在心底点燃了什么，愈演愈烈。他知道，他遇到了自己的“初恋”，一个他真正热爱的“初恋”。

“功夫不负有心人”，贺宝林如愿进入东鸽公司开始了他的互联网“学徒”生涯。

在东鸽的日子里，贺宝林开始大量的学习平台筹划、开发、运营等知识，并积极地投入于实践。通过运营东鸽E购电商平台和日常的软件销售，他开始接触并熟悉了大量的互联网和电商平台的运作知识。同时，他在自己的家乡鄂尔多斯建立的鄂尔多斯本地bbs（鄂尔多斯热线网），其中的广告位收入，让他很快获得了人生第一桶金。

这一段学习的经历无疑是收获巨大的，不仅让他对行业发展、运营管理有了充分的了解，他还很快发现了鄂尔多斯在互联网发展所蕴含的无限商机。作为鄂尔多斯的一分子，他也想为家乡的经济转型出一份力。

通过近一年的积累，2014年初，经过几年的酝酿，贺宝林终于迈出了正式创业的第一步，创立了鄂尔多斯市蒙云科技有限责任公司。

公司创立之初，包括贺宝林本人在内，一共只有四人。公司办公地址定在东胜大学生创业园，由于当时创业园有很多的创业者，通过日常的交流和相互的业务介绍，很快公司的业务量急增。但原本公司属于初创，各方面的磨合都未完成，大量的业务涌入让所有人忙得焦头烂额，配合上的问题日益增多……几个月下来，当他查看公司的财务状况时，才发现这么忙碌的日子里，公司居然并没有赚到什么钱。

他一时有些气馁，第一次在内心产生了些许动摇。但经过一番激烈的思想斗争，他觉得，他仍无法舍弃他对于互联网行业的热爱。

他依然决定，要像坚持“初恋”一样坚持下去。

2015 年 9 月，经过近一个月的考量，贺宝林决定砍掉公司之前的门户网站搭建、现场活动服务、餐饮系统等大部分业务，集中精力、开足马力、用上全部力量搭建和优化线上微商城 SaaS 系统“蒙云商城”，使其成为公司的主营产品，旨在帮助商家进行网上开店、社交营销、提高留存复购，解决当地企业线上卖货的难题，同时帮助企业更好的、更低投入高回报的完成线上推广。产品一经面市市场反响非常好，很快为鄂尔多斯市口腔医院、鄂尔多斯动物园、中华情医养院等 50 余家企业提供服务，也获得了鄂尔多斯电视台、东胜经济频道等多家媒体的报道。

也在同年，公司申请加入鄂尔多斯科教文化创意创业园，业务范围也由本地延伸到了全国，公司更名为“内蒙古蒙云科技有限责任公司”，蒙云商城 SaaS 系统在沈阳、中山、临沂等地有多家专属代理服务商。公司获得了鄂尔多斯互联网协会颁发的“十佳互联网企业”内蒙古 IT 实验室合作单位，公司发展顺利。

2018 年，公司研发的“蒙店”全渠道新零售社交 SaaS 系统，申请了 8 个相应软件著作权和蒙店商标。旗下拥有蒙店商城、蒙店零售、蒙店票务等全面帮助商家经验移动社交电商和全渠道新零售的 SaaS 软件产品和人才服务，蒙云科技正是因为电商服务在当地市场站稳了脚跟。

就在贺宝林认为公司从此开始大踏步更上一层楼的时候，一个意想不到的危机发生了。

2018 年蒙云商城续费率首次出现了下滑，而且幅度非常大，这让原本有些自喜的贺宝林又一次陷入了困惑。

面对危机，贺宝林再次展现出了冷静睿智的特质。他经过反复和老客户沟通，终于弄清楚了续费率下滑的主要原因，线上商城的搭建和活动推广的设计实际上都是工具的使用，真正想做好线上销售是需要深挖运营的，而不是期望于某个工具会带来奇效。

为了让客户重拾对于电商的信心，证明蒙云在电商服务方面的能力，公司自主研发上线了“宝贝过周末”亲子平台，并与教培行业形成联盟，旨在开发更多立意新、内容好的娱乐产品。平台推出后广受消费者的青睐。时至今日“宝贝过周末”亲子平台俨然已经成为东康伊三地颇有影响力的亲子平台，现已入驻联盟的机构超 200 家，直接链接客源 3 万多人。随着平台的发展壮大，蒙云开始建立了自己的私域流量，现已建设完成运营的社群有 100 余个。投资建设的线下营地燚林和谷生意火爆，并且位于布日都梁镇的大灰狼亲子乐园开园在即。线下执行团队全面落实线上线下的冬夏令营，研学旅行、社会实践主题活动，现已服务本地、外地团体活动近百场。

因为“宝贝过周末”是非常垂直小领域的电商平台，经营起来难度相对较大，所以它的高速发展让大多蒙云的新老客户对“蒙云商城”与“蒙店”等产品有了新的认识与认可，续费率大大提高，“蒙店”商标也获得成功注册。

接下来的日子，蒙云倾全力投入到电商服务，如面向开发者的“蒙店云”新零售社交电商 SaaS 云服务系统，面向品牌商的蒙店推广、蒙店分销，面向消费者的蒙店精选活动等。

关于创业的感受，贺宝林说："创业者都有一颗想要改变世界的心，但改变世界需要优秀的技术、精准的理念、共赢的思维、博大的胸怀和高远的视野，要能创造全新的价值。创业只是我们生活中众多道路中的一条，我从没有选择创业，我其实是选择了热爱，于是我多数时候是快乐的，不后悔的。希望看到这些字的人都能走上一条自己喜爱的路，一路走来绚烂多姿、精彩纷呈。"

热爱就是最好的引路者，一定要忠于自己的热爱！为了热爱，加油！

1. 创业精神

创业精神（entrepreneurship）是指在创业者的主观世界中，那些具有的开创性的思想、观念、个性、意志、作风和品质等。创业精神有三个层面的内涵：哲学层次的创业思想和创业观念，是人们对于创业的理性认识；心理学层次的创业个性和创业意志，是人们创业的心理基础；行为学层次的创业作风和创业品质，是人们创业的行为模式。

2. 心理能量

心理能量又称心能量，是促使人意识到自己的需求和主体性，驱使人采取适当行为的冲动、勇气、意志力及各种特征的情绪、感情等的展现。心理能量是一种生命意志，在顺境中，表现为激情和欢乐；在逆境中，则表现为一种顽强的精神，一种想要有生命活力的意愿。

创业者心理能量的核心：一个人在与外部环境的互动中，增加正面情绪与减少负面情绪的能力。心理能量的具体因素以及各个因素的具体内容，如表 4-1 所示。

表 4-1　创业者的心理能量

因　　素	内　　容
勤奋程度	为既定目标，坚持投入足够时间的能力、足量时间、专项投入
奉献意愿	为了组织和长期利益，牺牲个人和短期利益的意愿
意志力	面临很大困难的情况下，保持情绪与行为稳定的能力
非兴趣专注力	对不感兴趣和厌恶的事物，保持热情和专注的能力
责难承受力	对外部负面评价与职责的承受能力

3. 语言表达能力

创业者的语言表达能力良好具体指其用词准确，语意明白，逻辑合理，语句简洁，文理贯通，语言平易、合乎规范，能把客观概念表述得清晰、准确、连贯、得体，没有语病。语言表达能力包括口头语言表达能力、书面语言表达能力、宣传能力、说服能力、幽默能力、演讲能力和倾听能力。

4. 人格魅力

人格魅力指一个人在性格、气质、能力、道德品质等方面具有的能吸引人的力量。当今社会，一个人能受到别人的欢迎、接纳，就表示了他具备一定的人格魅力。

创业者的人格魅力对个人与企业有巨大的商业价值，人格魅力有三重，由浅入深逐步是：第一重，激发愉悦感；第二重，激发价值感；第三重，激发权威感。

5. 执行能力

执行能力指创业者贯彻战略意图，高效完成预定目标的实际操作能力。它是企业竞争力的核心，是把企业战略、规划转化为效益、成果的关键。

6. 领导能力

领导能力指在管辖的范围内，充分利用人力和客观条件以最小的成本完成所需的事情并提高整个团队的办事效率的能力。领导能力可以分为两个层面。一是组织的领导能力，即组织作为一个整体，对其他组织和个人的影响力。这个层面的领导力涉及组织的文化、战略及执行力等。二是个体领导能力，对于企业来讲，就是企业各级管理者和领导者的领导能力。

第二节　创业团队的组建与管理

一、创业团队的组建

案例

“竹男”的一场修行

——鄂尔多斯市亿寻科技有限公司　乔云光

我叫乔云光，在他人眼里，我是个有着若干鲜明标签的斜杠青年：创业人、信息科技弄潮儿、人工智能产品与大数据综合利用研究者……剥离这些代表着我过去和当下经历的词汇，我会选择“竹男”作为对自己的界定。

2006年，走出校园的我认定信息产业是代表着当下及未来的朝阳产业，决意扎根于此。带着从校内网络中心技术部门实习的经验，我先后在网吧做网络维护、在天途旅行负责软件技术工作、在一家规模较大的公司负责信息及网络构建，期待着象牙塔里的所学能让我一展身手。

然而，从自信爆棚到如履薄冰，只在瞬息之间。我不仅看到自身的不足，更让我看到了信息产业高速发展的趋势，愈发点燃了我投身于此的志向之火。于是我夜以继日、快马加鞭，让自己赶上公司和行业的步伐。一段时间以后，我完全熟悉了公司的业务、技术、流程等环节的内容，工作起来也逐渐得心应手、游刃有余。

根扎得越深，竹子长得越高，越能禁得住风雨的考验。这个阶段的经历，让我稳稳扎根在了信息产业这片热土里，心中那颗创业的种子随着根系的蔓延而开始萌动。

2008年是我的创业元年。我随同我的公司一起，经历了许许多多的第一次。第一次办理工商注册、第一次外出跑业务、第一次写策划方案、第一次去处理税务申报……

在此期间，我吃了数不清的闭门羹；遭到无数个质疑的眼光；遇到一次又一次的危机。在某个深夜里，当我把自己疲惫的身体往床上重重一扔时，偶尔有那么一刹那，我想过放弃，但摸摸胸口跃动不止的心，我仿佛触到了那颗被心焐热的种子不竭的生命力，我相信，明天的阳光依然会照在肩上、心头，让我顿感浑身充满力量。

在政府各种创业政策的支持以及我的不懈努力下，2009 年，鄂尔多斯市亿寻科技有限责任公司诞生了！在东胜区鄂尔多斯文化创意产业园区这片温暖的土壤中生根、发芽、茁壮成长。公司是一家专注做软件开发、网络运营、数字资源建设、大数据应用等文化和科技融合型企业。

经过一年多的努力，我的产品赢得了市场的认可。加之 2010 年鄂尔多斯的经济腾飞，我的小公司渐渐进入发展的快车道，业务与日俱增、规模日渐扩大。我也从单兵作战，到拥有了二十多人的精干团队。

2015 年初，经过层层筛选，亿寻科技终于成为 58 同城鄂尔多斯站运营中心。以此为突破口，我们也正式和京东商城合作，成为京东商城鄂尔多斯地方特产馆运营商。

2017 年，亿寻科技再次站上了全新的发展起点。原创产品的诞生让亿寻科技从此有了自己的吉祥物与代言人。

这一年，在研发团队的共同努力下，我们开发了一个基于鄂尔多斯文化大数据平台的时政学习智能语音产品——“巴雅尔开讲啦”。一个萌萌的小人儿端正立着，圆鼓鼓的脑袋上架着眼镜，灰白色的蒙古袍缀着精美纹饰。随着一句句问话，地方民歌、民族风俗、景点介绍、时政知识……它张口即来、对答如流，样样难不倒，观者无不啧啧称奇。

看到这一幕，我和我的团队击掌相庆，流下了激动兴奋的泪水。

原创产品的成功面世，成为亿寻科技实力的有力见证。2017 年亿寻科技有限公司被评获内蒙古重点小微文化企业，独立开发建设鄂尔多斯文化信息资源大数据平台，研究攻关多项文化资源大数据关键技术。

作为一支年轻的创作队伍，创意才是企业的灵魂。超前、领先是企业的理念，用专业赢得市场、用诚信服务客户、用专注获得成功！公司拥有一流的科研和管理人才团队，为公司的发展提供了强劲的动力。在不断探索中，亿寻科技有限公司先后开发建设了印象·鄂尔多斯、鄂尔多斯汽车网、创意草原网、创意大会网等一系列网络平台。近年来又开发建设了“鄂尔多斯文化信息资源大数据平台”“鄂尔多斯文化执法大数据平台”“鄂尔多斯文艺家数据库”“鄂尔多斯首届线上文博会”等多个文化旅游行业大数据平台系统。

文化建设被誉为新时代的基础设施工程，是最需要创新的领域，亿寻敞开胸怀、张开双臂拥抱着这个文化创意的美好春天。亿寻创建的鄂尔多斯文化信息资源大数据平台，就是“文化十大数据”传播方式的创新。可爱的鄂尔多斯有着丰富的文化旅游资源，将这些信息资源通过数字化采集、加工、存储、传播与应用，就是对鄂尔多斯文化资源最好的保护传承。这个大数据平台积极的意义还在于它可以在全球范围内实现互通共享，满足文化传播、文化学习、文化研究、文化创意、文化生产、文化消费、文化交流与合作等发展需要。

对于新创公司来说，其核心毫无疑问是创业团队。一个创业者在组织创业团队时，首先，要明确建立的创业团队绝不能随便拼凑，需要大家有比较深的互信。而且大家对于工作的习惯和方式都要有一定的了解，因为公司的成长也是这个团队的成长。对于任何一个团队，未来都是未知数，需要面临太多的挑战、危机，甚至会影响到自己的家庭和职业生涯。所以，创业团队首先要互信；其次，在创业过程中，创业者需要竭力维护这种互信。这是职业创业团队和家族式团队的区别。家族团队之间的信任，是建立在亲情关系上的，这种方式并非不可取，但企业真正做大后，难免会有许多历史遗留问题。所以，一个有管理经验的创业者，应该选择一个职业的创业团队，这对于企业的发展会很有帮助。有学者认为，创业团队的关键因素有五个，这些要素的英文首字母均为P，因此被称为创业团队的“5P”模型（图4-1）。

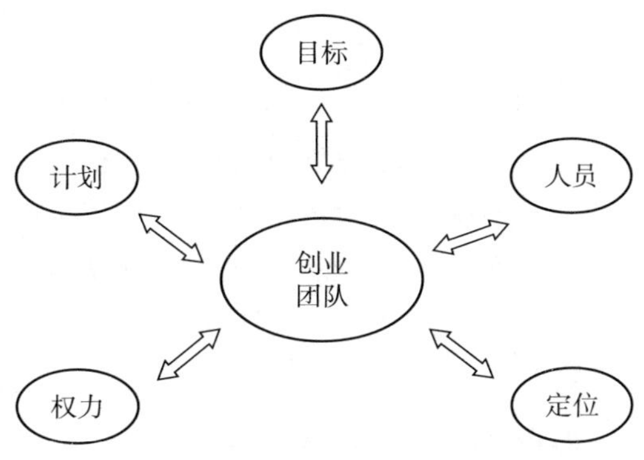

图4-1　创业团队的“5P”模型

（1）目标（Purpose）

创业团队要有共同目标为团队指明方向，没有目标的团队就没有存在的价值。

目标在创业企业的管理中以创业企业的远景、战略的形式体现，缺乏共同的目标使团队没有凝聚力和持续发展力。

（2）人员（People）

人是创业团队最基础的构成元素，在新创企业中，人力资源是所有创业资源中最活跃、最重要的资源。创业的共同目标是通过人员来实现的，不同的人通过分工来共同完成创业团队的目标，所以人员的选择是创业团队建设中非常重要的一个部分，创业者应该充分考虑团队成员的能力、性格等方面的因素。

（3）定位（Place）

定位指的是创业团队中的具体成员在创业活动中扮演什么角色，也就是创业团队的角色分工问题。定位是每一个成员对自身的优势与劣势均有清晰的认识，整个创业团队能够各司其职，形成一种良好的合力。

（4）权力（Power）

为了实现创业团队成员的良好合作，赋予每个成员一定的权力是必要的。一方面是对于控制力的追求往往是他们参与创业的一个重要动因；另一方面是因为创业活动的动态复杂性，必须依赖每一位团队成员承担较多的权利来实现目标。

（5）计划（Plan）

计划是创业团队未来的发展规划，在计划的帮助之下，制订创业团队短期目标和长期目标，提出目标的有效实施方案，以及实施过程的控制和调整措施。这里所讨论的计划可能尚未达到商业计划书那种复杂程度，但是从团队组建和发展过程来看，计划的指导作用自始至终都是存在的。

一个高效的创业团队能够聚同化异，各个成员按照“适才适所”的原则定好位，有效授权，做到“人尽其才、才尽其用”，这样才能实现创业企业的共同目标。

案例

“非凡”的背影

——内蒙古非凡财税有限公司　梅建杰

凡是首次关注内蒙古非凡财税有限公司微信公众平台的读者，都会在第一时间内收到平台自动回复的关于非凡公司简介的推文。推文封面是非凡财税创始人梅建杰倚窗远眺城市的照片。相对于大部分创业者将一副充满自信与桀骜的笑容的程式化照片呈现给读者不同，梅建杰将宽厚而结实、蕴含着无限遐想与诸多故事的背影交给了初识非凡的人。

跳出“盲人摸象”的误区

财税管理是现代企业管理的基础与前提。在当前全球经济环境下和企业全球化的进程中，税务环境的复杂性和多变性导致在传统税务管理体系中，要实现多重目标，企业会遇到各种新的冲突与挑战。这也促使很多企业尝试新的思路、方式与模式来平衡上述各目标之间的矛盾，进一步设计与搭建新的管理体系，为公司稳健发展规避风险、赢得机遇。故而，财税公司的迅速发展是宏观经济发展到一定阶段的产物。

2014年后，处于经济转型关键时期的鄂尔多斯迎来了大众创业、万众创新的高峰期。创业公司如雨后春笋般涌现，呈现出井喷的发展态势。但发展得太快太粗放，就容易出现各种衍生的问题。创业市场上很快出现了两种现象杂糅的矛盾：一方面是创业者和投资人的雄心勃勃，另一方面则是“泡沫化”的隐忧。很多创业者由于对创业的整体思路与宏观经济无法全面把握，因此陷入了“盲人摸象”的误区。

此时，寻找可以帮助各类企业进行数据整合与标准化处理、应对财税运营模式的变革与转型的专业财税公司成为这类企业走出困境的方法。

对于宏观经济发展有着敏锐嗅觉与宏阔视野的梅建杰却看到了创业的契机。梅建杰知道，成就他创业成功的“时”与“势”的时机已经瓜熟蒂落。

于是，在他三十二岁的生日当天，他带领着怀着同样激情与梦想的三个人，在东胜区大学生创业园区开启了创业的漫漫征程，内蒙古非凡财税有限公司就此诞生。

财务业务涉及公司核心信息，只有当财税人员的业务能力、职业操守获得对方认可后，双方的业务层级和合作才有可能进一步提升。因此，财税服务的核心在于“信任”。

梅建杰深谙其中的道理。因此，相对于许多创业公司迫不及待地想赚得第一桶金，梅建杰反其道而行之，提出了“先用心交朋友、后专心谈业务”的思路，让企业先免费体验业务。

在梅建杰及其创业团队的指导下，第一批“尝鲜”的企业很快就看到了专业精良的财税管理为企业带来的直观效应与可喜改观。他们成为“非凡”的忠实拥趸与热心的推广者。“非凡”在园区内逐渐成为一块响亮的招牌，业务纷至沓来。

非凡的优质服务赢得了广大客户的一致赞誉，受到了社会各界的广泛认可。各种荣誉如雪片般涌来：2015 年非凡财税获得鄂尔多斯市科技教育创业园颁发的《年度创业示范奖》，2016 年总经理梅建杰被评为鄂尔多斯市优秀创新创业者，2017 年，公司从创业园毕业时，已经拥有稳定的客户群。2019 年公司被中国总会计师协会评为全国代账行业优秀企业。

用“内智”核心武装“外脑”利器

在大多数眼里，财税公司就是代账企业，对此，梅建杰并不完全认同。他更想把非凡打造成一个企业的“税务外脑”。这个“外脑”不仅仅是代理报税或者代理记账，更是对企业经济业务的实质进行记录和监管，是一个真正意义的外脑型顾问，优质的“财税外脑”会跟着企业共同成长。

数字化、智能化、在线化和精细化运营是财税服务行业的发展趋势。在梅建杰的带领下，非凡不断锻造内功、完善自身，以无与伦比的专业能力为自身、为客户打造应对市场竞争的利器。非凡财税将“专业”两字深刻融入企业发展的血脉中，不仅将“专业”理念贯穿于整个服务流程，而且为各类客户提供其发展所必需的财务资源。

非凡现有财税专业服务人员四十余人，是一支由资深注册会计师、管理会计师、注册税务师构成的执业经验丰富、专业程度精良的优秀团队，并与多家会计师事务所、税务师事务所、律师事务所等机构联盟签约。公司严格遵守国家法律法规，坚守会计职业道德，恪守客户商业秘密；根据企业实际情况量身定制个性化财税方案，精细核准企业经营及财务状况，规避税务风险，减轻企业负担，保障企业日常经营，实现企业财务无忧托管，为客户提供优质服务（图 4-2）。

图 4-2　创业团队合照

财税服务行业目前正在面临着重大的变革，即从外向型增长为主向着外向与内生增长并重转变，从数量规模性向效益、效率型转变。非凡在提升自身专业素质的同时，在提高财税服务效率、推动差异化经营和提高服务水平方面，一直在不断探索、研究与践行。

非凡坚持用智能技术创造价值，引进国家财政部标准开发一款专业财务软件平台，在智能高效的同时，集简洁易用、安全保密、专业性强、财务流程标准规范等优点于一体的软件平台，定时自动备份公司网站数据，防范数据丢失，采用加密传输，以免敏感数据被第三方获取。对客户的安全保密性有了进一步提升，智能化、专业化的服务方式可以让客户在线上随时随地了解公司财务现状，提供了良好的体验过程。

在发展过程中，非凡逐渐形成了模式创新、服务创新、工具创新三个核心优势。凭借三个维度的创新，非凡将看似高深和专业的产品打造为能够被每位客户轻松理解与使用的产品，并借助大数据和互联网技术，让财税管理变得简单便捷。

在关注主业发展的同时，梅建杰开启了非凡多元化发展的新阶段。非凡设计、佰特尔劳务、非凡科技、佰辰实业等不同领域、不同行业的成功试水与顺利推进，让梅建杰看到了非凡更多的可能性和更为广阔的发展空间。

当下，我国市场主体数量急剧增长，专业的财税服务仍然有广阔的蓝海市场待挖掘。财税服务企业若能做到不是一味地加速扩张，而是静下心来，勤勤恳恳做服务，踏踏实实做企业，以创新谋发展，既不基于眼前利润提供高风险服务，也不满足于解决当下需求，以洞察客户未来发展路上的荆棘为己任，在客户的成长发展之路上一路陪伴，那么，这样的企业就能成就与众不同，成就“非凡”的事业。

1. 创业团队的组建原则

（1）能力互补

所谓能力互补，就是团队的核心成员之间，每个人都有比较突出的特殊才能，而且各不相同，“麻雀虽小，五脏俱全。”有懂管理的，有懂技术的，有懂销售的，有懂客户的，这是构建强大团队的基本前提之一。团队强大的真正原因，不是只有某个人或某个方面的强大，而是核心层的整体强大。

人都有自己的喜好，都喜欢找“知音”，跟自己喜好差不多的人，就容易被优先考虑。但是，如果你要组建一个新团队，就要跨越这个思维定式。

作为团队的组建者，一定要明白，你不是在找自己喜欢的人才，而是在找团队需要的人才。你喜不喜欢只是个人的小事，但团队需不需要却是事关前途发展的大事。

核心团队成员如果是两个人，就得具备两种不同的能力，如果是三个人，就得具备三种不同的能力，而且必须有那种相当突出的能力才行。不能重复建设，也不能跛腿前进。重复建设会造成团队内部矛盾，跛腿前进会造成团队外部危机。而无论是哪一种局面，对创业者和整个团队而言，都极为不利。

找不同能力的人，把团队的完整架构搭建起来，是团队领导者的任务。找相同能力的人，让团队的某个部位充分发挥作用，是下一层管理者要做的工作。这两件事是有着本质的不同的。

（2）目标认同

所谓目标认同，就是自信，一致认同团队的奋斗目标，认为大伙儿要一起做的事情是靠谱的，有自信做事和没有自信，其结果是完全不同的。也就是说，有自信的人，能发挥出200%的战斗力，而没自信的人，却只能发挥出50%的战斗力。同样的人做同样的事，得到的结果却天壤之别。

可见，这种目标认同感对个人能力的限制如此之大，因此，在选人时一定要慎重。如果对方不认同团队目标，觉得你是天方夜谭、痴人说梦，即使对方能力再强，也不要考虑把他吸收纳入团队决策层。

在团队组建之初就要考虑，一个团队为什么不放弃，奋战到底，很多时候不是因为有多少资源，而是团队从上到下都认同并坚信着一个共同目标。

（3）明确利益分配

要明白别人为什么鞍前马后地追随你，除了追求理想外，利益是绝对不能忽视的重要因素。对于创业团队来说，利益分配最好是股权分配，几个联合创始人，每个人占多少股份，要事先说清楚，形成书面合约。

作为组建团队的人，一定要明白，团队的成功依靠的是集体的力量，凭你的个人之力是无法取得大的成绩的。所以，当团队取得阶段性战果时，就要懂得按照事先的约定分享成果，绝不能一人独占。

2. 创业团队的组建程序

（1）明确创业目标

创业目标是创业者在创业过程中努力争取达到的预期结果。创业目标的内容包含三个层次：一是选择创业方向；二是确定创业方法；三是确定创业目标，明确创业达到的预期结果。当总的目标确定后，要将总目标加以分解，进而设定可行的阶段目标。

（2）制订创业计划

确定了总体和阶段性目标后，紧接着需要研究如何实现这些目标，也就是要制订切实可行的计划。创业计划是在对创业目标进行具体分解的基础上，以团队为整体来考虑的计划。创业计划确定了在不同的创业阶段需要完成的阶段性任务。

（3）招募合适的人员

团队成员能力的总和决定了创业团队的整体能力和今后的发展。一般来说，创业团队至少需要管理、技术和营销三方面的人才。只有这三方面的人才形成良好的沟通和合作关系，创业团队才能实现稳定和高效，进而不断发展。

（4）职权划分

根据执行创业计划的需要，需要确定每个团队成员所要担负的职责及相应的权限。职权划分必须明确，既要避免重叠和交叉，也要避免疏漏，同时还要根据团队成员的变动，动态地对职权体系进行调整。

（5）构建创业团队制度体系

制度是对创业团队成员进行约束和激励的基础。建立合理的制度体系，一方面，要约束团队成员的行为，保证团队的稳定；另一方面，应该用有效的激励机制充分调动成员的积极性，最大限度地实现企业目标。

(6) 团队的调整融合

高效的创业团队并不是创业之初就能建立，而是随着团队的运作，不断对暴露出的人员匹配、职权划分、制度设计等方面的不合理状况进行调整融合才逐渐形成的。团队的调整融合是一个动态持续的过程，在进行调整融合的过程中，要保证团队成员之间经常进行有效的沟通和协调，培养团队精神。

3. 影响创业团队组建的因素

创业团队的组建受多种因素的影响，这些因素相互作用，共同影响着组建过程，并进一步影响着团队建成后的运行效率。以下是影响组建团队的几个主要因素。

(1) 创业者

创业者的能力和思想意识从根本上决定了是否要组建创业团队及团队组建的时间表，以及由哪些人组成团队。创业者只有在意识到组建团队可以弥补自身能力与创业目标之间存在的差距，才有可能考虑是否需要组建创业团队，以及对什么时候需要引进什么样的人员才能和自己形成互补，做出准确判断。

(2) 商机

不同类型的商机需要组建不同类型的创业团队。创业者应根据创业者与商机间的匹配程度，决定是否要组建团队及何时、如何组建团队。

(3) 团队目标与价值观

统一的目标、共同的价值观是组建创业团队的前提，团队成员若不认可团队目标，就不可能全心全意为此目标的实现而与其他团队成员相互合作、共同奋斗。而不同的价值观将直接导致团队成员在创业过程中脱离团队，进而削弱创业团队作用的发挥。没有一致的目标和共同的价值观，创业团队即使组建起来，也无法形成有效发挥协同作用，缺乏战斗力。

(4) 团队成员

团队成员的能力总和决定了创业团队整体能力和发展潜力。创业团队成员的才能互补是组建创业团队的必要条件。而团队成员间的互信是形成团队的基础。互信的缺乏，将直接导致团队成员间协作障碍的出现。

在选择创业团队成员时，我们需要注意从以下四个方面进行思考：

第一，团队成员加入的目的；

第二，团队成员的知识结构；

第三，团队成员的性格、个性、兴趣；

第四，团队成员的价值观念。

(5) 外部环境

创业团队的生存和发展直接受到了制度性环境、基础设施服务、经济环境、社会环境、市场环境、资源环境等外部要素的影响。这些外部环境要素从宏观上间接地影响着创业团队组建的类型。

知识链接

创业团队的特征

一个处于良性运转的高效创业团队必然具备一些显著的特征，而正是由于有了这些特征，一个群体组织才能称之为团队或高效创业团队。

1. 目标清晰

高效创业团队对于要达到的目标有清楚的了解，并坚信这一目标包含着重大的意义和价值。而且，这种目标的重要性还激励着团队成员把个人目标升华到团队目标中去。

2. 技能互补

高效的团队是由一群有能力的人组成的。他们具备实现理想所必需的技术和能力，而且相互之间有良好合作的个性品质，从而能够出色完成任务。

3. 沟通良好

成员之间通过畅通的渠道交换信息，互相之间能迅速、准确地了解一致的想法和情感。管理层与团队成员之间通过正常的信息反馈，也有助于管理者指导团队成员行动，消除误解。

4. 承诺一致

团队成员对群体具有认同感，把自己属于该群体的身份看作是自我的一个实现。因此，承诺一致表现为对团队目标的奉献精神，愿意为实现目标而调动和发挥自己的最大潜能。

5. 恰当领导

高效创业团队领导者往往担任的是教练和后盾的角色，他们对团队提供指导和支持，但并不可以试图去控制它，他们鼓舞团队成员的自信心，帮助他们更充分地了解自己的潜能。

6. 相互信任

团队成员之间相互作用、直接接触，彼此相互影响，形成一种默契、关心和信赖，不论何时，不论需要怎样的支持，成员之间都相互给予，彼此协作，共同完成团队的目标。

二、创业团队的结构管理

创业团队可以从三方面入手来实施结构管理，分别是知识结构、情感结构和动机结构。知识结构反映的是创业团队成功创业的能力素质；情感结构是创业团队维持凝聚力的重要保障；动机结构则是创业团队实现理念和价值观认同的关键因素。

1. 创业团队结构管理内容

(1) 知识结构管理

知识结构管理的核心，是建立以创业任务为核心的知识和技能互补性，强调创业团队有完备的能力来完成创业相关任务。也就是说，创业团队要在价值观、创业理念基本吻合的基础上再考虑技能、经历、经验等方面的互补，要体现差异性，这样才有助于创新，才能做到资源整合。

（2）情感结构管理

情感结构管理的重点是注重年龄、学历等不可控因素的差异。中国文化注重层级和面子关系，如果创业团队之间年龄和学历因素差距过大，成员之间发生冲突，很容易导致彼此感觉丢了面子而演变为情感性冲突。一旦出现这种情况，创业团队将不得不把时间和精力浪费在沟通方式设计和内部矛盾化解上，内耗大于建设，不利于创业成功。

（3）动机结构管理

动机结构管理的关键在于注重创业团队成员理念和价值观的相似性。如果创业团队成员之间价值观不同，想做事业的成员可能不会过分关注短期收益，而怀揣赚钱动机的成员则不会认同忽视短期收益的做法。相似的理念和价值观有助于创业团队兑服创业挑战而逐步成功。

2. 合理结构管理的重要性

现实中，人们往往过分重视知识结构的互补性，而对于情感结构管理和动机结构管理重视程度不够，因此引发的问题往往会随时间而不断加强，一旦创业出现困难和障碍，往往会转变为创业团队的内耗和冲突。

组建的创业团队并不是都能成功的，如果没有合理的管理，任何团队都有可能分裂。分裂的因素有很多，但重要原因是核心创业者的管理。创业团队可以从上述三个方面入手来实施结构管理。只有采用有效的创业团队管理策略和技巧，才能保持新企业的生命力和团队的凝聚力，提高工作效率。

三、创业团队的管理技巧和策略

有效的管理是保持新企业生命力、保持团队士气的关键。由于创业团队本身的动态特征，团队管理就是贯穿于创业团队的整个生命周期的工作。在维持团队稳定的前提下，创业团队管理应从以下五个方面采取措施。

1. 创业团队精神的培育

创业团队精神培育包括：

（1）培育共同的企业价值观；

（2）培育领导者自身的影响力；

（3）培育共同的危机和忧患意识；

（4）培育良好的协调和经常性的沟通能力和氛围。

2. 创业者的产权安排

创业者的产权安排包括以下几个方面：

（1）股权结构类型可以分为高度集中型股权结构、适度分散型股权结构、过度分散型股权结构；

（2）股权结构的设计原则需要注意人力资本所有者与投资人共同分享利润，采用期权制度，遵循股权动态变化的原则；

（3）创业团队产权安排需要注意重视契约精神，遵循贡献决定权利原则分配所有权比例，控制权与决策权统一原则，坚持差异化，关注业绩，保持灵活性。

3. 创业团队的绩效评估

创业团队绩效的评估主要包括团队内部成员互相评议，每个成员的贡献由其他成员评议。创业团队的绩效评估方法包括360°考核、目标管理法（MBO，Management By Object）和关键绩效指标法（KPI，Key Performance Indicator）及目标与关键成果法（OKR，Objectives and Key Results）。

（1）360°考核是将原本由上到下，由上司评定下属绩效的旧方法，转变为全方位360°交叉形式的绩效考核。

（2）目标管理法和关键绩效指标法是将实际业绩与事先确定的绩效指标、目标进行比较评估。MBO一般对部门考核，KPI可以细化到岗位。

（3）目标与关键成果法是明确和跟踪目标及其完成情况的管理工具和方法。自下而上，更注重结果，以及结果的挑战性。

4. 团队报酬合理分配

创业团队在分配报酬时需要围绕以下几个方面开展工作。

首先要形成分享财富的理念；其次是综合考虑企业与个人目标，规范制订报酬制度的程序；再次要实施合理分配方案；最后是综合考虑分配时机和手段。其中，方案应涵盖以下几点内容：

（1）创业思路；

（2）商业计划准备；

（3）敬业精神和风险；

（4）工作技能经验及业绩记录或社会关系、岗位职责。

5. 创业团队成员的激励

对创业团队的激励是企业管理实践中的热点问题。当前，在对企业创业团队的激励中，存在着激励措施失当、激励机制失灵、激励效果欠佳的现象。缺乏对创业团队激励问题的全面、系统的思考，激励方法与手段单一。在设计创业团队激励机制时，应充分考虑到创业团队特点及其工作性质，坚持外在激励与内在激励相结合、物质激励与精神激励相结合的原则，设计出全面、系统的激励机制。

（1）文化激励

任何企业创业活动都不是孤立进行的，总要依赖一定的环境条件、文化氛围。企业创业活动需要鼓励创业的文化来支撑，企业创新文化对创业活动起着内在的、无形的推动作用。因此，要实现对创业团队的有效激励，必须建立鼓励创新的企业文化，并得到企业创业团队的认同，以激发创业团队的创新热情。

①树立鼓励冒险、敢于创新、允许失败的价值观

要鼓励员工大胆想象、创造、冒险。并且对员工失败有一种宽容的态度。鼓励冒险、激励创新、允许失败的价值观念，是创新型企业文化的灵魂。

②营造团队合作与知识分享的文化氛围

创新活动实际上就是新知识的创造过程，创造新知识非常强调团队合作与知识分享。

企业应该营造一种团结合作的文化气氛，让具有不同知识结构、专业特长和思维方式的成员在一起和谐、愉快地工作，进行知识分享和交流，通过团队合作，迸发出创新的火花。

（2）工作激励

创业团队成员在工作上的成就感和满足感是其进行创新活动的最重要的动力来源。设计得当的工作可以激发团队成员的工作兴趣和内在动力，充分发挥其能力和特长，也有助于团队成员自身的成长、发展，促使其在业务上取得更大的成就。因此，合理的工作设计，对于创新团队来说也是非常重要的激励措施。

①让工作富有新意和挑战性

创新人员都喜欢带有挑战性及富有新意的工作，当面临此类工作任务时，往往会激发成员们进行创新工作的积极性、主动性、创造性。因此，在创新团队工作设计和安排上，应通过各种方式对工作内容进行扩展和丰富。例如，增加一些与本职工作相互关联的新任务；增派一些原来由经验丰富的资深科技人员所从事的工作；设定有挑战性的工作目标，让员工想办法用适合自己的方式去实现。

②创造宽松自由的工作环境

创新团队所从事的是创新性的工作，是既具有创造性又要高度集中精力的工作，科研人员需要在轻松自由的状态下，才能更好地完成工作。因此，创新团队需要一种宽松自由的工作环境。只有在舒适的工作环境下，人们才能最大限度地发挥其创造潜力。

③鼓励团队成员参与管理

在创新团队的内部管理上，应鼓励团队成员积极参与管理，鼓励成员在团队研究方向和研究目标上积极发表自己意见，提出自己的建议和看法，并允许团队成员在相关的科研管理决策中享有一定的发言权。通过参与管理，使每个成员都能感受到自己对团队管理和决策的影响力，增加他们对自身工作价值和意义的认识，增强其从事创新工作的内在动机以及他们对工作过程的控制感，提高工作满意度和对组织的忠诚度，提高创新工作的效率。

（3）薪酬激励

为了吸引优秀创新人才，稳定创新队伍，并充分发挥他们的才能。薪酬激励也是至关重要的。在进行薪酬体系设计时，首先应保证创新团队成员有较高的薪金和福利待遇，同时要注重薪酬与绩效、能力挂钩，并采取多样化的股权激励方式。

①较高的薪金和福利待遇

为了使创业团队成员能够安心从事创新工作，企业必须提高创业人员的薪酬水平和福利待遇，这也是稳定科技创新队伍的一个重要措施。

②薪酬与绩效、能力挂钩

在创业团队薪酬体系设计中，应加大浮动薪酬比重，缩小固定薪酬比重，使薪酬真正与工作绩效挂钩，激发创新人员的工作积极性，充分挖掘他们的潜能和创造力。同时，应将传统的以职位为基础的薪酬体系转变为以技术和能力为基础的薪酬体系，以激励创新人员不断学习新知识、新技能，增加知识技能的深度和广度，以更好地应对激烈竞争的科技创新工作所提出的要求和挑战。

③多样化的股权激励方式

通过剩余索取权的分配使企业的经济效益直接与创业团队成员的个人收益密切联系起

来。这样，一方面有利于激发创新团队的工作积极性：另一方面也有利于稳定创新团队，减少人才流失。创新人才流失的重要原因，从某种角度上来看主要是由于激励不足和激励不当造成的。股权激励作为一种长期激励制度，能够留住优秀的创新人才，让他们长期为企业做贡献。

（4）成长激励

①充分的发展空间

企业创新人员非常重视自己在事业上的发展空间和可能取得的事业成就。他们往往期望在自己所从事的事业上有非常好的发展前景和广阔的发展空间，以便能充分发挥其个人的专业知识和能力，实现其理想和抱负，成就一番事业。企业如果为创新人员提供充分的发展空间，使其知识和技能得到充分发挥，并随着企业的发展，其个人也能得到成长和发展，则其对企业的认同感也就越高，企业的凝聚力也就越大。

②有效的培训体系

通过培训不仅可以更新创新人员的知识结构，而且能够满足员工通过学习，提升自己的业务水平，促进其成长、发展。例如，企业让一些有培养潜力的创业人员参加高级技术培训；定期选拔优秀科技人才出国深造等。美国企业非常重视创新人员培训。一般只要员工在工作中有成绩，对公司有所贡献，企业都积极向员工提供各种形式的培训和教育机会。通过培训，一方面给员工充电的机会，使他们感觉到企业对自己发展的重视；另一方面，也有利于创新人员以饱满的工作热情开展新的工作。

③公平的学术交流机会

学术交流是科技创新工作的重要组成部分，是科研人员通过向同行发表研究成果，得到评论和社会认可的一种团体活动。

学术交流既有利于开阔创业人员的知名度和社会荣誉，又能提升他们在学界的地位和影响力。因此，企业应该为他们提供公平的学术交流机会，促进他们的成长和发展。例如，对创业成员出席国际学术会议、国内学术年会及各种重要的学术论坛活动；参加政府及各学会的优秀学术论文评选；到国内外有影响力的学术研究机构做访问学者、进行学术交流等，制定相关的制度和措施，保证大家都有一个公平的机会，去参加各种学术交流活动。

（5）情感激励

情感激励就是通过加强与创业团队的感情交流与沟通，建立和谐的人际关系，让员工获得情感上的满足，并增强其归属感及对集体的依附感，以激发其工作积极性。

一方面，必须深入与员工交流思想，沟通感情，增进彼此的友谊，建立良好、和谐的人际关系。团队领导人应了解和掌握员工的思想动态，加强与他们思维沟通和交流，形成和谐的人际关系和融洽的工作氛围。另一方面，要尊重、信任员工，增强员工的归属感，了解他们的各种需求，征求他们的意见和建议，要把他们看作是企业的主人，建立员工对企业的深厚感情，使员工在心理上对企业有一种归属感，进而增强企业凝聚力。

思政之窗

思想政治教育对大学生创业具有较强的指导作用，一方面，能够引导大学生认识自我和树立正确的就业观念，另一方面能够引导学生正确认识社会现实，提升学生职业道德素质。因此，为了满足现代化社会对人才培养提出的新要求，通过结合大学生创业就业现状，组织并开展思政教育活动，改善传统教学模式，营造良好的课堂环境，调动学生的积极性和主观能动性，是十分必要的。

思想政治教育对大学生创业者及创业团队有很大帮助，第一，有利于他们树立良好的就业观；第二，有助于他们正确认知社会现实；第三，有助于他们加强自我认识；第四，有助于增强他们的职业素养。

对于大学生创业者和创业团队以及在其创业过程中，思政教育具有不可或缺的作用，大学生创业者在面对各种困难和挑战时，它有着很强的指导意义。强化大学生思政教育工作，建设优秀的教师队伍，提高大学生创新创业能力，对大学生日后事业的稳定与发展指明了方向。

思考练习

1. 简述创业者的定义、特征、素质以及类型。
2. 创业者的核心能力包括哪几个方面？其分别包含的内容是什么？
3. 分别对创业团队组建原则、程序以及管理技巧与策略进行阐述。

第五章

创业机会与创业风险

学习目标

了解创业机会识别的内涵；
理解影响创业机会识别的关键因素及行为技巧；
掌握创业风险内涵、类别、管理方式及防范措施。

案例导入

专攻“吃”事这五年

——油实惠网络科技公司　欧阳静

王国维在《人间词话》所言的三种境界，其实能说中很多人的心事。虽然我不一定是成大事业、大学问者，但如同所有的创业者一样，在经历了迷茫，经历了艰难打拼之后，我终于让“油实惠”与“吃货榜单”走进了千家万户，使用率飞升。个中感受，滋味悠长——

随着腾讯公司发布腾讯手机管家5.1版本，独创了“微信支付加密”功能后让微信支付开始盛行。2016年，微信支付在鄂尔多斯广泛铺开，如何助力于加油站不断扩大品牌的影响力，同时与时俱进升级服务，将之前的线下支付变成线上有数据支持，让用户加油这件事通过一个特殊的“平台”而变得实惠，便捷，也有利于做经营数据的收集与分析，不断通过挖掘用户需求，再利用科技创新升级服务，这成了我创业的方向目标。

期间，我组建了团队，遇到了一群可爱的人，大家惺惺相惜，工作兢兢业业，每个人都在努力地通过这个平台提升着自己。创业艰难的过程中，记得一个求助电话，大家有钱出钱，有人出人，那种初创阶段温暖的内心关照，一直鼓舞着我去走过崎岖的创业路。

通过与一个知名石油品牌展开合作，该品牌油品的销量不断实现着新的突破，最巅峰的数据是从原日销30吨提到日销300吨，那种目标实现的成就感着实让人欣慰，但随之陷入一种迷茫，如何凸显站在背后科技服务企业的价值与核心竞争力？我觉得事业遇到了天花板，就这样在一个“胡同”里转悠吗？

曾经有一段时间考虑过抽身而出，仿佛激情快燃烧完了，但是反过来又一想，我可以潇洒转身，我的同事怎么办，她们是我招聘进来的，和我一起风风雨雨这么多年，形势好的时候她们可以再去找工作，可是遭遇全球经济低迷，失业人数倍增的境遇，再找一份工作也很难。

这个世界上有一种压力，叫责任。我要坚持，替她们坚持！“心若向阳，无谓悲伤，微笑向暖，年华未央”，我把这句话写到了台历上，成了我的座右铭。我终于可以笑着说，没有什么事情是过不了的。从 2017 年初开始我们发布油实惠 1.0 版以来，时间悄无声息地过去了近一年。在我们几个核心创始成员的运营主推下，越来越多的加油站聚集前来办理合作落户，我们精心打造的专属互联网＋油站的新领域服务，不仅造福了加油站，更让用户的加油体验升级，使用平台的用户飞速增长，到 2017 年底用户突破 33 万。

我们也在软件使用过程中不断改进升级着服务，从每一位关注油实惠的朋友那里寻求各种反馈，特别是提出的各种问题：油实惠的公众号首页排版太混乱、Logo 好丑、网页导航标题要讲究、内容太空泛……这些列不完的、针针见血的意见不断地坚定着我们的信念，一定要做更好的出来。所以从 2018 年初开始，我们几个核心创始成员没日没夜全情投入到新一轮的突破，终于经过近一个多月的紧张筹备，如约在月底正式发布了油实惠 2.0 版本，事业又进入一个崭新的开始。

就在撸起袖子加油干的时候，2020 年疫情来了，即使这样一个特殊的年份，我们也没有丝毫要放假的感觉。我们通过召开视频会议对如何诞生我们专业领域的互联网＋油站的创新方案与操作技术而反复论证商讨着，再做反复的修改调试，然后再戴着口罩，频繁地拿着做核酸检测的证明，到各个地方进行着业务的开拓，就这样，一个创新两端服务，三方开放的生态平台——互联网＋油站问世了。

面对加油站参差不齐的现状，转变思路、迭代升级改造势在必行，这同样是支持消费、扩大内需，全力推进经济发展的重要环节。为了实现加油站行业高质量发展，2021 年，我们推出了“智慧加油站”的建设，通过联手中国银联、中国银商，各大银行等诸多合作商，推行电子加油卡，实现线上线下融合发展，让更多加油站，更多车主享受到发展与高科技的红利。

我们的科技创新关注点也开始由解决车的“吃”，开始延伸到人的“吃”。

2020 年，有一个软件频繁地成为人们茶余饭后的热议，它就是“吃货热榜”，去到呼包鄂，到 500＋的餐厅都可以享受吃饭打折，没有任何套路，即付即走。乡村牛仔、贺大妈、晓驻刘洋包子铺……到现在“吃货热榜”已拥有了 6 万余用户。

最值得庆幸的是，这五年，我只做了一件关于“吃”的事，为车吃的油、人吃的饭想招，并将继续为之努力并且从一而终。期间遇到过各种局限，坚强地从中找问题根源，找出路，换方法，但始终没有换行业，换领域，没有中途放弃。这五年让我拥有了一份珍贵的“被诸多人需要、感念”的职业成就感，用两个字总结，值得！

第一节　创业机会的识别与评价

一、创业机会的识别

1. 创业机会的含义

机会，指具有时间性的有利情况。人们常说，机不可失时不再来，体现出机会的随机性，其产生于多种因素复杂变化过程之中，并具有时间限制性，以及识别和运用机会的及时性。如2020年初全球爆发的新冠感染疫情，病毒的接触传播阻断了人与人的近距离接触，如何解决非接触式服务问题，互联网＋人工智能服务成为新的商业机会，送药机器人、无人驾驶快递车等智能设备成为疫情期间的新宠儿，一批智能产品应运而生。创业机会是一种具有商业价值、具有一定创造性的想法或概念，两者表现为特定的组合关系，只有具有商业价值的创意才能称为创业机会，才能转化为创业项目。创业机会的3层含义如下：

第一，创业机会是可以为购买者或使用者创造或增加价值的产品或服务，它具有吸引力、持久性和适时性。

第二，创业机会是可以引入新产品、新服务、新原材料和新组织方式，并能以高于成本价出售的情况。

第三，创业机会是一种新的“目的——手段”关系。

2. 创业机会的特征

美国百森商学院蒂蒙斯教授在《21世纪创业》中提出创业机会的四个特征。

(1) 吸引顾客

创业机会要满足真实的市场需求，只有能为消费者创造新价值或增加原有价值，才能对顾客产生吸引力，才可能具有良好的市场前景，也就是说创业机会要有价值性。

(2) 在商业环境中行得通

有价值的创业机会不但能让创业者在承担风险和投入资源后，收回投资，也能创造更高的价值，即消费者认为购买你的产品或服务比购买其他的产品或服务能够获得更高的价值，也体现了创业机会的价值性。

(3) 在机会之窗存在期间被实施

机会之窗是指商业创意被推广到市场上所花费的时间，若机会窗口存续时期同是创业的时间期限，即时机。机会窗口一般会持续一段时间，不致转瞬即逝，但也不会长久存在。随着市场的成长，企业进入市场并设法建立有利可图的定位，当达到某个时点，市场成熟，竞争者已经有了同样的想法并把产品推向市场，那么机会之窗也就关闭了。因此，特定的创业机会仅存在于特定的时段内，创业者务必要把握好这个“黄金时间段”，这也体现了创业机会的时效性。

(4) 有必要的资源（人、财、物、信息、时间和技能等）

在“商业环境中行得通”是前提。说明创业机会必须适合创业者所处的市场环境，创业者才有可能开发和利用这种机会，这就是创业机会的可行性。否则，机会再好，创业者却因缺乏必要的资源无法加以利用，这样的市场机会对于特定的创业者来说不能称之为创业机会。

3. 影响机会识别的关键因素

影响创业机会识别的因素主要分为两种：一是外部环境变化；二是创业者特征。创业机会识别是一个不断调整、反复均衡的过程。在创业机会的识别过程中，创业者在个人特质的基础上对外部环境变化的关注与观察起到了极其重要的作用。众多学者对此进行过研究，并对创业机会识别受到历史经验等多种因素的影响达成了共识。

（1）先前经验

先前经验也称为历史经验，在特定产业中的先前经验有助于创业者识别机会，这被称为走廊原理。具有行业经验的人，会更敏锐地识别出机会，更容易识别出未被满足的利基市场，大大缩短创业过程中的时间，并将意识到的机会变得清晰。投身于某产业创业的人，将比那些从产业外观察的人，更容易看到产业内的新机会。

（2）认知因素

认知因素，也称为创业警觉。创业警觉是指不必周密调查便可觉察事物的能力，具有创业警觉性的创业者能发现别人没发现的机会。创业警觉是可以通过训练或者习得的一种习惯性行为，拥有某个领域更多知识的人，倾向于比其他人对该领域内的机会更警觉。

（3）社会网络

社会关系网络能带来承载创业机会的有价值的信息，社会关系网络的深度和广度影响着机会识别，创业者的社会网络决定了对机会的判断力。社会网络可以让创业者了解更多的商业方法，社会网络构成的社会联系和资源可以让创业者更自由地配置外部资源，有更多社会联系的创业者比那些没有或比较少的创业者更容易识别创业机会。

（4）创造性

创造性是产生新奇或有用创意的过程。从某种程度上讲，机会识别是一个不断反复的创造性思维过程。对个人来说，创造可以分为五个阶段：准备、孵化、洞察、评价和阐述（图 5-1）。

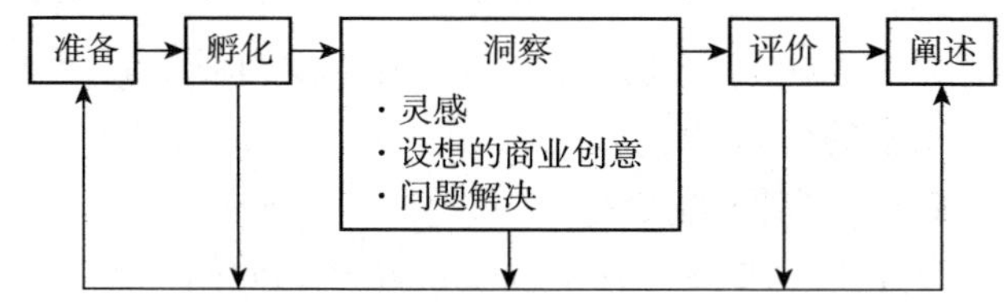

图 5-1　产生创造性创意的五个阶段

4. 识别创业机会的一般过程

从创业机会的来源可见，机会普遍存在于外部商业环境以及企业的各种经营活动过程之中。创业机会识别是创业者与外部环境（机会来源）互动的过程，是思考和探索互动反复，并将创意进行转变的过程。在这个过程中，创业者通过各种渠道、方式掌握并获取有关环境变化的信息，从而发现在现实世界的产品、服务、原材料和组织方式等方面存在的差距与缺陷，最终识别出可能带来新产品、新服务、新原料和新组织方式的创业机会（图5-2）。

环境的变化，会给各行各业带来良机，人们透过这些变化，就会发现新的前景。变化可以包括：产业结构的变化，科技进步，通信革新，政府放松管制，经济信息化、服务化，价值观与生活形态变化，人口结构变化等。以人口因素变化为例，可以举出以下一些机会：为老年人提供的健康保障用品，为独生子女服务的业务项目，为年轻女性和上班女性提供的用品，为家庭提供的文化娱乐用品等。

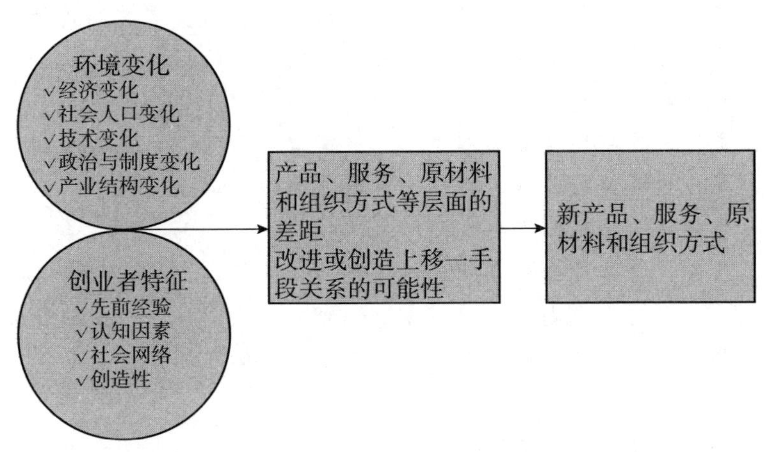

图 5-2　创业机会的识别过程

不同的创业者可能愿意关注不同的创业机会，即使是同一个创业机会，不同的人，对其评价也往往不同。因此，对于创业机会识别来说，最重要的因素来自创业者的个人因素，因为机会识别实质上是一种主观色彩相当浓厚的行为。

弘毅路　致远行

——内蒙古兴宏程工程技术有限公司　石强

转型之路：初创的阵痛与成长

做公路工程施工与养护是兴宏程的初心与梦想。公司成立之初，兴宏程团队几乎考察遍了鄂尔多斯的公路桥梁，与大学专业实验室合作对接，拿出了专业性的桥梁养护与检测方案。

2016年伊始，在一次同学聚会，兴宏程团队第一次接触到了通信设计这个行业，在深入分析宏观经济及行业发展趋势后，兴宏程毅然决然迈开了转型的第一步。这一年，通过公司全体职员坚持不懈的努力，兴宏程开始承接通信设计业务。他们将新征程的第一站，定在了陕北重镇——延安。

于是，兴宏程的设计师们在延安的大街小巷间走访调研，在圣地的秀美山川里踏勘察验。在素有“苹果之乡”美誉的洛川，设计师们无暇品尝盈枝的硕果，便铺开图纸，彻夜研究；在祖国大陆第一口油井诞生地延长，兴宏程团队弘扬“埋头苦干”的石油精神，在新的时代为新县城打下新经济的“新油井”。

当朝阳走过城市高楼大厦的塔尖、人迹罕至的山顶时，兴宏程团队用智慧与勤劳设计出的一座座现代化的通信基站，在这片土地上映下了第一道影子。延安的通信服务基础设施建设大军中从此深深烙印了兴宏程的名字。

在做通信设计与建设的三年里，兴宏程在河套平原巴彦淖尔、陕西商洛、河南洛阳、新疆吐鲁番、甘肃白银、湖北荆门、湖北十堰、河北邢台、河北石家庄的大地上都留下了他们的汗水与成果。他们设计出了一座座为生活提供高效便捷服务的通信基站，三年里累计完成产值约2000万元。

初心之路：发展的反思与回归

2018年，随着国家通信基础设施建设的日益完善，兴宏程再次迎来了转型的时刻。说是转型，其实也是回归了最初的梦想，让梦想更加坚定。兴宏程决定重归公路工程施工与养护，这是兴宏程具备核心竞争力，可以勇闯市场、直面竞争的“尚方宝剑”。

这一年，经过全体同仁的不懈努力，公司在30多家投标单位中脱颖而出，顺利中标中国二冶集团有限公司总承包的湖州市南浔区中心水口集镇市政道路改造提升路基、路面工程。

中标后，兴宏程组织专业的团队编制实施性施工组织计划，精确组织，周密计划，经过3个月夜以继日的施工，在业主方规定时间内，顺利完成了合同内的施工任务，累计完成产值约4000万元，上缴利税约200万元。该项目还赢得了浙江省城乡环境综合整治工作领导小组、小城镇环境综合整治办公室的一致好评，并被评为2018年度小城镇环境整治省级样板工程。

近几年，兴宏程以科学化、精细化管理为切入点，现代化公司管理体制日趋成熟，公司工程设计（公路）的资质、公路工程施工总承包资质不断实现升级，发展由此驶入了快车道。

2019年，兴宏程顺利承接伊金霍洛旗红庆河镇特宾苏莫六社至三社通村公路施工二标段、罕台水质净化厂至鄂尔多斯热电有限责任公司中水供水管线维修改造工程、内蒙古同煤鄂尔多斯矿业投资有限公司至罕台水质净化厂输水管线工程、中国二冶集团有限公司湖州市南浔区练市镇中心集镇市政道路改造路基工程专业分包、中国二冶集团有限公司湖州市南浔区练市镇公路项目路基工程专业分包、中国二冶集团有限公司湖州市南浔区练市镇中心集镇市政道路改造路面工程专业分包、中国二冶集团有限公司湖州市南浔区练市镇姚庄集镇市政道路改造工程专业分包、中国二冶集团有限公司湖州市南浔区练市镇中心集镇竹园小区改造路基工程专业分包等项目。全年累计完成产值达到了足以令人艳羡的亿元规模。

2020年，虽有新冠肺炎疫情的影响，兴宏程的前进脚步没有停歇。疫情平稳后，兴宏程焚膏继晷、中流击楫，资质与业绩同步提升。这一年，兴宏程成功晋升公路路基、路面专业承包二级资质，同时取得桥梁专业承包二级资质。成功入库内蒙古自治区科技型中小企业，顺利中标杭锦旗吉乡至黄介壕通村公路工程施工六标段、乌兰镇樱桃山公墓公路项目施工标段、中国二冶集团有限公司湖州市南浔区练市镇市政桥梁工程专业分包、双林镇花城村花箍线农村公路新建工程（东段）。

责任之路：情怀的坚守与担当

一个真正成功的企业，不仅关注自身的成长，还关注对社会的责任。随着公司的不断发展，兴宏程始终不忘带动当地发展，共享成果。在延安、博州、山东、浙江等全国各地的项目，带动当地就业超过千人，为数百个家庭带来了经济实惠。

兴宏程还积极投身于社会公益事业，同时积极响应鄂尔多斯市红十字会、鄂尔多斯市教育局、鄂尔多斯市精神文明建设委员会共同举办的“博爱进校园、奉献青少年”捐助活动，为同学们送去了爱心安全包。

创业之路千万条，但没有一条是可以偷懒的捷径。拥抱挑战，破解困境，提升品质，留下公路建设工程一项项坚实的印记，这也是兴宏程关于品牌内核的诠释。兴宏程选择了一条脚踏实地的道路，这条路，一直铺展在兴宏程的脚下，向着新时代延伸、向着未来延伸，纵有荆棘，但终至坦途！

知识链接

创业机会识别的行为技巧

创业机会的识别可以使用多种技术和方法，以下是较为常用的几种方法：

1. 新眼光调查

(1) 注重二级调查。阅读别人的发现和出版的作品，利用互联网搜索数据、浏览寻找报纸文章等都是二级调查的形式。

(2) 开展初级调查。通过与顾客、供应商、销售商交谈和采访，直接与这个世界互动，了解正在发生什么以及将要发生什么。

(3) 记录自己的想法。例如，瑞士最大的音像书籍公司的创始人说他有一个这样的笔记本，当记录到第200个想法时，他坐下来回顾所有的想法，然后开办了自己的公司。

2. 通过系统分析发现机会

实际上，绝大多数的机会都可以通过系统分析发现。人们可以从企业的宏观环境（政治、法律、技术、人口等）和微观环境（顾客、竞争对手、供应商等）的变化中发现机会。借助市场调研，从环境变化中发现机会，是机会发现的一般规律。

3. 通过问题分析和顾客建议发现机会

问题分析从一开始就要找出个人或组织的需求和他们面临的问题，这些需求和问题可能很明确，也可能很含蓄。一个有效并有回报的解决方法对创业者来说是识别机会的基础。这个分析需要全面了解顾客的需求以及可能用来满足这些需求的手段。

从顾客那里征求想法。一个新的机会可能会由顾客识别出来，因为他们知道自己究竟需要什么。然后，顾客就会为创业者提供机会。顾客的建议多种多样，最简单的，他们会提出一些诸如“如果那样的话不是很棒吗”这样的非正式建议。留意这些，有助于创业者发现创业机会。

4. 通过创造获得机会

这种方法在新技术行业中最为常见，它可能始于明确拟满足的市场需求，从而积极探索相应的新技术和新知识，也可能始于一项新技术发明，进而积极探索新技术的商业价值。通过创造获得机会比其他任何方式的难度都大，风险也更高。同时，如果能够成功，其回报也更大。这种情况下所产生的创新在人类所具有重大影响的创新中，居于压倒性的主导地位。例如，索尼公司觉察到人们希望随身携带一个听音乐的设备，并利用公司微缩技术的核心能力从事项目研究，最终开发出划时代的产品——随身听，取得了巨大的成功。

二、创业机会的评价

1. 创业机会评价的特殊性

对于创业机会的评价已经建立了很多的指标和模型，但是由于创业机会属性的多样性，有些可以通过指标进行量化分析，如潜在的市场规模等，同时也存在一些难以量化的属性，如资本的退出机制等。这是因为创业机会评价有多方面的特殊性。

（1）信息的不对称性

创业机会对于创业者的工作经验、社会阅历、知识储备以及社会资源与社会关系提出了较高的要求，但是由于受到自身经验的不足、知识的局限、资源与关系的限制等因素，创业者对于创业机会的评价也会出现偏差，如过度高估自己，或者是对于创业机会的评价过高。

（2）环境的不确定性

随着科技的发展，以及经济全球化的进程，创业者面临的市场环境也更加复杂多变，环境的不确定性给创业者准确、全面地评价创业机会带来了更大的困难。

（3）创业者的有限理性

在复杂多变的情况下，环境的不确定性大大提高，由于创业者对环境的认知和预测能力是有限的，同时还会受到自身特质的影响，很大程度上对于创业机会的警觉依赖于以往的经验，而不是完全根据自己所获得的信息作出最佳决策，这在一定程度上可能会给创业机会评价带来偏见。

（4）其他因素的影响

创业机会的评价还受到性别、文化、地域等其他因素的影响，例如，一些女性创业者对于风险的偏好较低，更愿从事风险较小的创业活动。所以，对于创业机会的评价必须与创业者结合起来，分析创业者的个人特质、文化氛围、成长环境等因素，考虑创业机会与创业者的匹配程度，识别并利用有价值的创业机会。

2. 创业机会评价的技巧与策略

创业机会的评价具有一定的特殊性，但这并不是说无法评价创业机会，我们可以从创业者、市场、效益等角度综合评价创业机会。

（1）注重对人的因素的评价

创业者素质与能力是创业成功的关键要素，创业机会与创业者具有一定的匹配性才是有价值的创业机会，所以评价创业机会的过程中，对于创业者的评价也十分重要。对创业者 FQ（财商）的评价，也有一套已成体系的方法。下面列出了评价中几大关键因素：

①独特的产品构思。大部分创业者都在抄袭，在构建伟大产品上有自己强烈独创思想的只占创业者群体的1%。

②心理因素。是什么驱动一个人不断前进？做好准备面对创业过程中诸多的逆境与不确定性了吗？想证明什么？有获得成功的强烈愿望吗？愿意为获得成功而做出牺牲吗？

③可靠。创业机会与其创业者的信念和价值观是否一致。创业者是否尤其关注现在正遇到的问题？工作激情如何？

④对市场具有独特的洞察力。对问题、市场时机等是否有独特的洞察力？

⑤智商、情商及自我意识。创业犹如下象棋。当涉及产品决策、商业决定、人员决策时，创业者需要提前考虑好以后几步的走法。

⑥价值观。诚实吗？如果创办一个人员密集型的企业，会足够重视员工吗，还是仅仅以自我为中心？

⑦判断力。对产品、应聘者的判断等，具有很好的决策能力。

⑧经验。具有独特的执行力吗？有相关工作10000小时的工作经历吗？

⑨招聘的能力。能推销一个观点并被他人接受，从而构建一个多功能型团队吗？

（2）关注市场和效益

①市场规模与成熟度

市场的规模与成熟度是影响新创企业成败的重要因素。一般而言，市场规模较大，则竞争程度相对较低，但是如果创业者进入的是一个已经发展成熟的市场，即使市场规模较大，竞争依然会很激烈，而且由于没有成长空间，利润水平较低。所以，创业者要在机会之窗存续时间内进入市场，抓住正确的时机。

②准确的市场定位

创业机会对应客户的潜在需求，创业者应该有明确的市场定位，分析自己的潜在客户，为顾客带来价值增值或者是创造价值。价值越高，成功的可能性也就越大，所以创业者应该深入挖掘创业机会中隐藏的目标客户，而不是想要满足一切客户需求。当然，创业者也可以通过创造市场需求来寻求收益。

③合理的投资回报率和税后净利

并非创业者发现的所有创业机会都具有可以填补初期开发利用所投入的成本的价值，

综合考虑各方面的成本与风险，只有投资回报率在25%以上的创业机会才具有被开发利用的吸引力；同样的，如果创业初期预期的税后净利在5%以下也不是一个好的创业机会。

④盈亏平衡所需要的时间

创业企业最关键和最艰难的时间一般在两年左右，所以，合理的盈亏平衡时间应该是企业创办后的两年之内，如果企业在三年内还没有实现盈亏平衡，那么这可能就是一个不值得投入的创业机会。当然，不包括那些前期确实需要长期投入的创业机会，这时，谨慎和准确的财务计划就十分必要，以保证后期的赢利。

(3) 寻求帮助与建议

个人的知识和能力都是有限的，因此对创业机会的评价可以寻求外界的帮助与建议，这类可以寻求帮助与建议的人应该有实际的创业经验，或者是有5～10年以上的企业决策层管理经验，这样才能更好地帮助创业者识别创业机会、预见创业机会，并及时把握创业机会。

第二节　创业风险的管理与防范

一、创业风险的内涵

“雕刻”文化　为城市塑魂

——内蒙古横纵空间环境艺术公司　田瑞军

美术毕业的我，干过财务，学过法律，2008年决定自己创业的时候，我裸辞了第二份工作，把自己置于“绝处逢生”的境界，我认为，没有退路的前行，才会让自己义无反顾，勇往直前。我和两个同学一起走上了创业之路。

辞职出来第一时间就找工作室。独立的、文化氛围相对浓厚，上下游的公司集中的地方是首选理想之地，可以减少人力和时间成本。可是整整跑了三天后发现这种地方根本没有，只能退而求其次，选定办公地址后开始寻找项目。

最早的历练和小试牛刀要从中标康巴什乌兰木伦湖岸浮雕工程说起。北京的朋友在网上看到了建设方发布的方案招标会后告知了我这一消息，鄂尔多斯从事雕塑业的人很少，我们三个学美术的朋友抱着试一试的心态，竟然因为方案的独特中了标，也得到了项目方邀请的顾问八大美院专家的青睐，分得一杯羹，而实施这个有影响力的项目无疑为未来的承揽项目加分不少。

2014 年，我接手了一个在建筑物外墙上写艺术字和绘图的小项目，但却面临着大挑战。只有一周施工期，又逢用工高峰期，人手严重不够，即使 24 小时不休息也无法完成项目。工人们量完尺寸后再一笔一笔地画。我心急如焚，如果不能按时完成，影响的不只是信誉，更重要是一个全区性的检查验收。如何能完工？脑袋里始终盘旋着这个问题，怎么办？怎么办？太阳将落西山了，我们还在瞪大眼睛挥动着画笔，恨不能做个支架让太阳停在那里。

突然，我看到了挥动的手影清楚、形象地投射在墙面上，似乎在那里嘲笑我的笨拙。我粘满颜料的大花脸上几日来久违地露出了一排大白牙！哈哈哈，找到办法了！此刻，日落西山对于我来说，是世上最美的风景！

我在电脑上把需要书写的艺术字和绘图的小样都做好，拿来了投影仪，直接将图投放到墙体上，工人们省去了测量等一系列烦琐过程，直接在上面描画即可，大大节省了时间和人力，而且误差减少，更加美观。经历了 48 小时不眠不休的我们竟然提前两天完工！

世上之事，总有拨云见日的时候，看你是否愿意用心去思考与做事！

2015 年，我接了一个雕塑项目，现在想来，机会总会青睐敢于挑战的人，这个项目的接手是偶然也是必然。

记得距此项目入围投标只有半天的时间，我是第一天晚上得到招标的消息。第二天中午十二点招标截止。半天的时间里能干什么？公司的人说太晚了，来不及了，可我想着事情只要还有一丝机会，就一定要全力以赴。

加班准备资料到半夜两点。累到眼睛都睁不开，休息了两个小时，凌晨四点我们开车赶赴项目所在地。在将近 3 个小时的路上，我一遍一遍想着接下来的一个上午。最终在我和伙伴的配合下，我们成功入围。业主被我们拼命精神打动，在后续的相处过程中对我们的敬业精神赞不绝口，本来说好的设计费最后结算时多出了近十倍，这在行业里是破天荒的事情。我们得到了业主的认可，后续赢得了诸多项目的合作。

在后续项目承建过程中，运载几十吨重汉白玉雕塑的车在快要到达工地的路上因对方违规引发车祸。交工再即，这不啻晴天霹雳。然而事已酿成，怨天尤人无济于事，二话没说，我立刻安排工厂工人三班倒，二十四小时不休息，费用我来出！这是我的战场，我一定要打赢！最终经过与生产厂家紧锣密鼓的排班与统筹工序，这尊命运多舛的雕塑终于按时交了工。

这次事件造成五十多万元的经济损失，我没有对甲方丝毫流露，交工后甲方工程人员知道这件事后非常感动，对我的做法赞不绝口。能在信誉面前做到不计得失，能充分为合作伙伴着想，赢得再次合作的机会也成了顺理成章的事情。

走过这些担心忧虑、酸甜苦辣，我也不断总结出：未雨绸缪是做事成功的不二法则。

未来的发展路上要不断收获经验，历练心智。

2017年，内蒙古自治区70周年大庆来临之际，呼和浩特市要建设一组彰显地区形象，涵盖内蒙古元素的城市雕塑作为献礼项目。我们设计了其中3座雕塑的方案，到现场提交设计方案的有十家，我们的设计方案得到了与会领导的重视与赏识，三个方案全被选中。记得在会上我还提出了自费组织中标单位到草原采风，到牧民家深刻了解蒙元文化等建议，后来组织方带着大家到西乌旗草原采风，并入户走访，了解蒙古服饰与各种蒙古元素，组织方为我们赠送了成吉思汗连续剧光盘，这对于建设单位后期更好地理解和创作雕塑献礼作品有着重要的意义。

由于建设方案的调整，其中三座雕塑批准实施，我们的代表作，社会反响非常好的“草原圣母”雕塑最终在“青色的城”亮相，还受到了自治区相关领导的表扬。

2019年10月，公司也由深度艺术变更为“内蒙古横纵空间环境艺术有限公司”。有人问过我，现在的形势对从事环境艺术工程不利，而我认定从事环境艺术就是自己的优势，不恰当的多元化拓展会削弱自己的核心竞争力。佛系的我告诉自己：一定要耐得住寂寞，稳得住心神，一心一意在环境艺术领域深耕细作走下去。

1. 创业风险的定义

风险是指在一定条件下和一定时期内，由于各种结果发生的不确定性而导致行为主体遭受损失的大小及这种损失发生可能性的大小，风险是一个二维概念，风险以损失发生的大小与损失发生的概率两个指标进行衡量。

创业风险是指在创业过程中存在的风险，是指由于创业环境的不确定性、创业机会与创业企业的复杂性，创业者与其他创业相关人员的能力与可控资源的有限性等主客观因素而导致创业活动偏离预期目标的可能性及其后果。其主要有两方面含义：一是指风险因素，即创业过程中有可能遇到某些风险因素的干扰；二是指一旦某些风险因素真正发生，创业者即会阶段性遇到很难克服的困难，导致创业活动很难推进，甚至创业失败。以下从创业风险的成本、频率与程度更确切地认知创业内涵。

2. 创业风险的成本、频率与程度

创业风险成本是指由于风险的存在和风险事故发生后人们所必须支出费用的增加和预期经济利益的减少，又称风险的代价。其包括风险损失的实际成本、风险损失的无形成本和预防、控制风险损失的成本。创业风险频率，又称损失频率，是指一定数量的标的，在确定的时间内发生事故的次数。风险程度，又称损失程度，是指每发生一次事故导致标的毁损状况，即毁损价值占被毁损标的全部价值的百分比。现实生活中二者的关系：①风险频率高，但风险程度不大；②风险频率不高，但风险程度很大。

二、创业风险的类别

目前开展的大学生创业教育，不仅仅是要对创业的知识教育和技能方面进行培养，同时也要教会他们认识创业中存在的风险和面对风险所应该采取的应对措施，加强对案例的分析，对所出现的问题进行分析，从而加强大学生在创业风险上的防范意识，让他们知道风险的存在，并能及时准确地采取应对措施。大学生创业存在着很多的风险，让他们意识到风险和风险的防范问题直接关系到创业的成败。

1. 创业能力不足的风险

大学生在校期间主动接受创业教育和培养，具备了一定的创业知识和创业实践能力，但是当真正进行创业时，需要独立解决现实问题时，就会发现自己很多方面的不足，创业中很多事情不顺利，便会想到进行求助，但是由于考虑不够周全，不能全面顾及各个方面，严重影响到创业活动的顺利展开。很多大学生创业者眼光高，但是缺乏的却是实际动手的能力，缺少实战的经验，既不了解创业的相关政策法规，也没有在相关企业的工作、实践经历，却希望能获得很高的成就，往往不能如愿。当进行实际操作时，才发现自己根本不具备解决问题的能力，而且社会环境中风险无处不在，要防范风险只能依靠自身的力量，加强自主创业风险的防范意识。一方面应在校期间有意识地参与创业实践活动，积累相关的管理和营销经验；另一方面应积极参加创业教育培训，积累创业知识，接受专业指导，提高创业成功率。

2. 经营管理上的风险

在校期间进行创业活动的大学生，有老师进行指导，在创业模拟活动的经营管理上创业技能相对出众，但是筹资理财、采购营销、沟通协调、经营管理等方面的实际能力尚显不足。一旦走进社会面对创业诸多风险时，创业的经营管理将会很难进行下去，使得在创业中无法再继续下去。

3. 社会资源贫乏的风险

大学生创办企业、市场开拓、产品或服务宣传等工作都需要调动社会资源。大学生在学校的模拟创业中所利用资源相对来说少之又少，同时有老师、同学的帮助，宣传方面则减轻了不少的负担。当走入社会实施创业时，在宣传广告、市场营销、工商税务、融资租赁、生产服务等方面将会有很大的问题和困难，需要投入大量的资源和精力。

4. 创业项目选择的风险

创业是发现某种信息、资源、机会或技术，借助相应的载体，以一定的方式，转化、创造成更多的财富、价值，并实现某种追求或目标的过程。现在很多大学生创业的项目选择多集中在高科技领域和服务领域。所以，大学生创业前期的市场调研和论证非常重要，项目投向的选择决定着创业成败，如果只凭自己的兴趣和意愿来决定投资方向，不去做大量细致的市场调研与论证，不结合自身已掌握的资源状况做出决定，创业过程定将非常艰苦，甚至失败。

三、管理创业风险的方式

一般来说，对于风险需采取一些常用的风险管理方式，用最小的成本达到最大的安全保障。风险管理的方式有很多，但常用的有以下几种。

1. 风险规避

风险规避，即选择放弃、停止或拒绝等方式处理面临的风险。例如，采取中止交易、减少交易、放弃交易或离开市场等方式避免风险的发生。这是各种风险处理技术中最简单，也是最消极的一种方法。适合采用风险规避策略的情况有以下两种：第一，某种特定风险所导致的损失概率和损失程度相当大；第二，采用其他风险管理方法的成本超过其产生的效益。

2. 风险保留

风险保留又称风险接受，是指企业自己承担风险损失。当某种风险不能避免，或因冒风险可获厚利时，由企业自己保留承担的风险，这是最为普遍的风险管理方法。风险保留的管理方式：第一，将损失摊入经营成本，即把发生的损失计入当期损益。第二，建立意外损失基金。第三，建立专项基金。第四，从外部借入资金。

除了利用筹集资金，提高企业自身的抗风险能力以外，企业还可以通过套期保值、设置专业自保公司等方法保留风险。

3. 风险转移

风险转移，是指企业通过契约、合同、经济、金融工具等形式将损失的财务和法律责任转嫁给他人，达到降低风险发生频率、缩小损失幅度的目的。风险转移的形式有三种：控制型非保险转移、财务型非保险转移和保险转移。

(1) 控制型非保险转移是通过契约、合同将损失的财务和法律责任转嫁给他人，从而解脱自身的风险威胁。主要有外包、租赁、出售等方式。例如，一家公司在与某建筑承包商签订新建厂房的合同中规定，建筑承包商对完工前厂房的任何损失负赔偿责任。

(2) 财务型非保险转移就是利用经济管理手段，转移经营风险，主要有保证、再保证、中和、证券化、股份化等方式。

(3) 保险转移是把风险转移给保险人。保险也是一种分摊风险和意外损失的方法，一旦发生意外损失，保险人会补偿被保险人的损失，这实际上是把少数人遭受的损失分摊给同险种的所有投保人。对创业企业来说，投保是其对企业各类纯粹风险进行管理的最为有效的手段。

4. 风险利用

风险利用是把风险当作机遇，利用运营中的困难，通过风险战略开拓市场，实现更大的战略目的。风险利用是最为积极的风险管理战略，它对于培养管理人风险偏好、建立企业文化有重要的意义。风险利用的方式有配置、多样化、扩张、创造、重新设计、重新组织等。另外，在风险利用策略中还可通过对风险进行分散、分拆及对风险损失进行控制，也可化大风险为小风险，变大损失为小损失，达到控制风险的目的。

5. 损失抑制

损失抑制是指在损失发生时或在损失发生后为缩小损失幅度而采取的各项措施。损失抑制的一种特殊形态是割离，它是指将风险单位割离成很多小的独立单位，而达到缩小损失幅度的一种方法。损失抑制常常是在损失幅度高且风险又无法避免或转嫁的情况下采用，如损失发生后的各种自救和损失处理。

四、创业风险的防范措施

案例

用一棵树摇动另一棵树

——九合天下文化传播公司　杨春

杨春是土生土长的鄂尔多斯人，生于乡下，长于农村的他，学习之余曾打工、放羊、种地。农村的生活，雕琢了他的身板，也丰富了他的阅历，乡下人的厚道与老实伴随着一餐一饮流进了他的血液，造就了他的勤谨踏实、敢拼敢闯的性格。

2015 年下半年，自感时机成熟的杨春选择辞职，走上了自主创业的道路，创立鄂尔多斯市九合天下文化传播有限公司。界定公司经营范围时，山区孩子的眼神再一次浮现在他眼前。他毅然决然地将公司经营的重点放在了教育和文化上，业务包括学前教育综合服务、国际研学、国内研学、各种集体户外活动、同学聚会、企业党建团建、企业年会策划执行、大型教育及职业培训活动的策划举办等。

经过在文化教育行业的一番探索与实践，九合天下发展渐入佳境，并与国家关工委儿童发展研究中心、格林诺德教育集团、成都大学全国幼儿体育发展研究中心、北京雏鹰宝贝教育科技集团等机构和企业建立了广泛全面的合作。

九合天下从成立第一天起，就致力于教育与文化，一直以来初心未变。杨春认为：如果企业在一定时间内业务范围要根据市场的变化进行适当调整，这是必然的，亦是转型的需要；但如果核心业务总是在变，那就没有主思路。如果什么流行做什么，觉得什么赚钱转行做什么，红了眼睛，那企业就失去了自己的灵魂，最终也会走向失败。九合天下一直围绕着教育和文化这个主业在做。以前是，现在是，将来更是。

创业初期，正当杨春为寻找合适的办公场所而四处奔波、愁眉不展时，东胜区大学生创业园向他伸出了援助之手，为他提供了园区办公场地以及水电暖等优惠政策，解决了他的后顾之忧。

备受鼓舞的杨春，有了扩大公司业务的新想法，同时他摸索出了自己的一套项目体系，但眼前又出现了资金短缺的新难题。此时，国家关于创业的扶持政策又为杨春"雪中送炭"，2016 年底，杨春成功申请到了 10 万元的免息创业贷款，让自己的公司在 2017 年取得了大飞跃。

"鄂尔多斯文创园是我终生铭记着的创业摇篮。"杨春会在很多场合讲述他与文创园的缘分故事。

九合天下入驻到鄂尔多斯文化创意产业园后，园区动脑子、想点子、找法子，以党建为引领，将党建工作与业务发展相结合，大力实施"青英双培双带"工程，即将青年党员培育成创新创业带头人，将优秀创业青年培养成党员，党支部带领企业创新创业，党员带领创业者创新创业。目前，已评选出10家党员先锋示范企业，成为园区非公党建的名片。杨春的九合天下文化传播公司既是其中的践行者，也是受益者。

大美年华，当宜奋斗，拳拳之心，不可枉度。三更灯火，五更不眠，杨春将继续带领他的创业团队以更加积极进取、勇于创新的姿态继续书写鄂尔多斯市青年创业的华彩篇章。以创业梦的实现为中国梦的实现添砖加瓦。

创业者识别和评估风险后，若认为某种风险会给企业带来较大的损失，就会针对该风险采取相应的防范措施。

1. 财务风险的防范措施

（1）创业者要对创业所需资金进行合理估计，避免筹资不足影响企业的健康成长和后续发展。

（2）要学会建立创业企业的信用，提高获得资金的概率。

（3）创业者或团队一定要学会在企业的长远发展和目前利益之间进行权衡，设置合理的财务结构，从恰当的渠道获得资金。

（4）管理创业企业的现金流，避免出现现金断流带来财务拮据甚至破产清算的局面。

2. 竞争风险的防范措施

（1）回归到产品或服务的本身。

（2）关注竞争对手和用户需求，找到竞争对手的弱点，为用户提供独一无二的产品价值。

3. 技术风险的防范措施

（1）加强对技术创新方案的可行性论证，减少技术开发与技术选择的盲目性，并通过建立灵敏的信息预警系统，及时预防技术风险。

（2）通过组建技术联合开发体或建立创新联盟等方式减少技术风险发生。

（3）提高创业企业技术系统的活力。

（4）高度重视专利申请、技术标准申请等，通过法律手段减少损失出现的可能性。

4. 市场风险的防范措施

（1）时刻关注市场变化，善于抓住机会。

（2）以市场及消费者的需求为生产的出发点。

（3）摸清竞争对手底细，发现其创业思路与弱点。

（4）广泛收集市场信息，并加以分析比较，制订有效的市场营销策略。

（5）对各种成本精打细算，杜绝不必要的费用。

（6）健全符合自身产品特点的销售渠道网络。

（7）以良好诚信的售后服务赢得顾客青睐。

5. 团队风险的防范措施

（1）谨慎选择创业团队成员。

（2）制订团队规范和纪律。在创业时，要用良好的规范和纪律来约束团队的成员。

（3）形成团队的共同价值观和愿景。让所有团队成员对于“创业使命”“共同目标”等关键命题达成一个共识，并用这些共识去指导整个团队和每个成员的行为。

现实中，很少有新创企业能清醒地认识到他们创业风险的根本来源和真实原因。在那些不成功的创业案例中，如果创业者能在创业前和创业中以比较客观的方式进行风险预测、识别评估和应对，那么创业成功的概率也会大幅提升。

思政之窗

职业精神和道德秩序的缺失是形成创业风险的前提，一个成熟的、稳健的竞争生态圈，不仅需要政府提供相应的法律法规进行约束，更应该体现为法律与道义传统、社会行为规范的整体协调。要想事业成功，并且成为当今社会和时代的发展主流，最重要的工作是塑造中国企业家的职业精神和重建中国企业的道德秩序。创业者要以诚信、平等、公正、公开为信条，这也是赋予大学生创业群体的责任和义务。

各学校可以有计划地开设有关于创业风险的课程，通过实际案例，分析创业活动的复杂性，让大学生充分且清醒地认识到创业历程中存在的风险，以及如何预防和化解这些危机。

在创业前期的准备阶段，要谨慎地选择项目，避免盲目跟风，合理组建团队，注重实践磨炼；在创业运行的中期，要培养骨干队伍，加强内涵建设，创立品牌形象；在创业后期，面对守业的艰巨任务，要懂得建立激励机制，凝聚创新人才，尝试权利授予，完善组织架构，健全制约机制。

近年来，为支持大学生创业，国家各级政府相继出台了许多优惠政策，了解并运用这些政策，才能走好创业的第一步，同时，大学生应该要学习相关的法律知识，如工商注册登记、经济合同和税务等内容。只有懂法、守法，并依据法律保护自己的合法权益，才能确保大学生创业行动的稳健与长久。

思考练习

1. 简述影响创业机会识别的关键因素和过程。
2. 创业风险的类别、管理方式以及防范措施分别是什么？

第六章

创业资源整合

了解创业资源管理的内容；

理解创业资源的开发与整合及整合过程；

理解并掌握新创企业融资的渠道和经验。

我不是天生的完美主义者

——全域投资集团董事长　李天浩

“人生如逆旅、我亦是行人。”创业与人生一样，就是一趟注定充满艰辛的旅程，你我都是同行者。与其擦肩而过，不如因为怀着同一颗温热的心，并肩前行。

2014年是李天浩的创业元年。他接手了运营了14年之久的《工商界报》，进入广告传媒行业，自此便走上了创业之路。

当时，总理李克强在夏季达沃斯论坛上提出的“大众创业、万众创新”在九百六十万平方公里的国土上掀起了新浪潮，成为推动中国经济继续前行的双引擎之一。年轻的“创客”群体逐渐进入经济发展舞台的正中央，成为创新中国、智慧经济的重要标识。

受此影响，李天浩于同年创立了内蒙古圈里圈外电子商务有限公司，涉足互联网＋电子商务行业，投身于鄂尔多斯致力于“云赋能”与转变经济发展方式的践行者方阵中。

李天浩迈开创业的第一步与国家和地方政府的政策推动以及当地经济转型的宏观经济是息息相关的，同样，创业者要想在所选择的创业领域内站稳脚跟，必然要与行业形成既相互竞争又共赢共生的市场生态。

社会性是人的基本属性。因此，无论是生活还是工作，每个人都在不同的圈子里与周遭发生着千丝万缕的联系。只有与各种圈子保持良性的互动，生活才能如意，工作才能顺利。这也是李天浩给公司取名“圈里圈外”的初衷与寓意。

每每提及同行，李天浩常说：“他们是竞争对手，但更重要的是，他们是同路人。”

因此，李天浩非常注重与同行们乃至同为创业者的联系。2015 年，在李天浩的推动下，由鄂尔多斯个私协会主办、内蒙古圈里圈外电子商务有限公司承办的鄂尔多斯首届电子商务发展大会顺利举行。大会邀请了阿里巴巴等知名电子商务企业的高管对与会者进行了讲座分享。

接受当地电视台记者采访时，作为活动的推动者，李天浩说："鄂尔多斯现在有很多好的产品走不出去，需要有好的电商平台，需要有好的运营者，目的是能让更多的人从中受益。从电子商务的发展角度来说，能够走得相对顺利一些。"

2017 年，通过前期在"两微一端"等项目上的成功合作，内蒙古圈里圈外电子商务有限公司与鄂尔多斯职业学院正式开启了校企合作的新篇章，双方电子商务攻坚、创新创业项目孵化和落地、学生基业等多个内容展开了全面深入的合作，建立了校企联合办学基地，使鄂尔多斯职业学院成为熊熊燃烧的一支火炬，照亮了许许多多鄂尔多斯青年的创业之路。

同年，在鄂尔多斯市共青团委员会的帮助下星火青创空间创业孵化基地成立了。在各方面的努力与推动下，星火青创空间成为鄂尔多斯青年就业创业的"理想国"，汇聚了一大批优秀的创业人才，涉及多个领域、多个行业，在孵青年企业达到 120 家，带动就业 3000 多人，产生税收将近 1 亿元，成功孵化 80 余家企业走向正轨。

短短两年的时间内，星火青创空间的发展就得到了外界的高度认可，各项荣誉纷至沓来。其先后被内蒙古自治区共青团委员会评定为青年孵化器的称号，鄂尔多斯市科技局评定为众创空间，被鄂尔多斯市人力资源保障和就业局评定为优秀大学生创业园区和就业实践基地。

为了帮助创业青年摆脱疫情的影响，顺利走上复工复产之路，2020 年 6 月 19 日下午，内蒙古青创项目线上路演沙龙第四期在鄂尔多斯市星火青创空间举办。此次路演由内蒙古青年创业孵化器联盟发起，辐射全区 12 个盟市 98 家青年创业孵化器共同参与，星火青创空间积极配合并动员园区企业参加项目路演。路演沙龙活动邀请到 4 位项目创始人，就主营业务、项目团队、运行管理和发展规划等方面进行了线上分享，并与线上导师进行互动交流。本次线上路演直播两小时，累计获取点赞数 18827 次。每一个赞，都是一份对未来创业的信心。

随着星火创客空间等项目的成功推进，圈里圈外从业务服务型企业直接转型为平台型资源企业，为企业和政府搭台唱戏起到了桥梁作用。李天浩也由于其在青年创业就业工作上的突出贡献，在五四青年节上获评"向上向善青年"荣誉，被自治区评为"双创标兵"。

截至 2020 年底，集团已投资广告业、酒店业、餐饮业、农牧业、文旅业、新能源、零售实体等多个产业。集团将坚定奉行"九缺方圆，和而为一"的发展理念，秉承"诚实、认真、谦让"的企业精神和"正、勤、苦、勇、严"五字诀为主要内容的企业文化，开始勇闯一条具有全域特色的持续发展道路。

2021 年，在拥有了成熟的团队和稳定的业务后，李天浩夯实发展基础，整合资源，提出"落地实体"全新战略，投资了特色餐饮，投资了文创"猛兽独行"品牌，"天朗美域"农牧业牛羊肉品牌，这是继公司确立互联网+格局下，以技术服务为主营业务的科技型主导企业发展思路后，再次运用互联网开放思维，在实体领域展开的尝试和创新。

面对未来，全域将充分发挥平台的引领带动作用，利用市场化手段服务当地经济社会发展，力争经过3到5年努力，成为能力现代化、视野国际化、国内领先的投资运营公司，能带动更多的创业者，一起为鄂尔多斯市经济高质量发展做出更大的贡献。

做公益，是除了创业之外，李天浩一直在坚持做的事业。他时常带着公司的伙伴们去敬老福利院，陪伴一些特殊障碍的孩子，帮扶大学生上学，帮助小学生实现小愿望，还积极承担着一些社会职务。

第一节　创业资源管理

一、创业资源概述

1. 创业资源的内涵

创业资源是指能够支持创业者进行创业活动的一切东西，是涵盖创业者创业活动顺利进行的一切支持性资源，包括有形与无形的资产。如果不能获得这些创业资源，即使看到了商机，也只能"望（商）机兴叹"。因此，在创业过程中，应当积极拓展创业资源的获取渠道。

2. 创业资源的种类

另类园丁——传承国学：让心灵葆有智慧的桃花源

——内蒙古载辅文化发展有限公司　王为誉

2015年7月，王为誉从工作了5年的政府部门辞职开始从商，做出这个决定的王为誉希望能够切入一个新的平台，能够为一颗觉醒的种子找到适合的土壤，能够从心发展，成长自己，从而挖掘历练并施展出更大的才能，最终达人而达己。

2015年开始，王为誉开始参加各种国学教育培训，博采众长，贪婪地汲取着国学的营养，从课程销售到会务组，再到台上成为讲师，开始多种课程的讲授，王为誉更加印证了一件事情：经历过几千年时间检验的宝贵传统文化——国学，是文化软实力的重要资源和基础，它对每个人产生的影响，对组织和强大感召力和影响力功不可没。

2019年12月，王为誉在更高的层面开始了对传统文化国学教育之路的探索。也是在这一年，王为誉加入了鄂尔多斯文创园的大家庭，园区为创业者的梦想插上了飞翔的翅膀，而他，也立志通过国学的教育，让更多人心生内动力，获取更好的奋斗与成果。

王为誉的传统文化国学教学培训课堂，有两个显著的特点：

首先是课程形式不拘泥于课堂，不仅注重课程上的内容，更加关注的是课程结束之后学员课下或者生活中的继续学习和实践应用。在王为誉看来，教育不是一种形式，而是要真正产生影响和启迪。他希望更好地启发学员的自学能力，启迪思维，提升学员的思辨思维能力。其次是选对目标方向后的坚持。志，决定目标及对结果赋予的意义，古人亦云：故立志而圣则圣矣。

2021 年，王为誉成立了内蒙古载辅文化发展有限公司，载辅，语出《潜夫论》，对于王为誉来说，他希望公司能积极承载社会责任，希望践行如《周易》提出的“裁成天地之道，辅相天地之宜，以左右民。”

截至 2021 年 8 月，载辅开发出的传统文化国学教育系列课程备受推崇，王为誉已受邀到新华书店、政府、企业开展大型授课与讲座分享几十场，并成立了传统文化国学交流群，为学习者建立一个互动平台，随时推送国学知识与心得体会，随地传道解惑，他希望人们能够在学习中建立形成一套自身的知识体系，最终学有所获。

中国的经典字数不算多，但却深奥，目前，王为誉也在不断地琢磨，公司如何在未来的规划中更好地推广国学。他看到过繁体字国学典籍的拼音版，还有还原古书模样而出版的仿古书，在他看来，这些都是很好的形式，他也将不断琢磨，在新的时期，如何为国学的传播和扩大影响力做更多的尝试与工作。

而王为誉教会了我们，让国学开掘我们的智慧之泉，让它在琐碎与一地鸡毛中映照出生活的美，活着与奋斗的智慧。

(1) 按其来源分类

创业资源按其来源可以分为自有资源和外部资源。

①自有资源

自有资源是指创业者或创业团队自身所拥有的可用于创业的资源，如自有资金、自有技术、自己获得的创业机会信息、自建的营销网络、控制的物质资源或管理才能等。自有资源可以内部培育和开发，企业可通过一定的方式在内部开发无形资产、培训员工、促进内部学习，从而获取有益的资源。

②外部资源

外部资源是指创业者从外部获取的各种资源，包括从朋友、亲戚、商业伙伴或其他投资者筹集到的投资资金、经营空间、设备或其他原材料等，或通过提供未来服务、机会等换取到的资源。外部资源是实现企业成长的重要来源。企业受自有资源“瓶颈”的影响，需要吸取适合本企业发展的新鲜资源，其中的关键是拥有资源的使用权并能控制或影响资源的部署。自有资源（特别是技术和人力资源）的拥有状况会影响外部资源的获得和运用。

(2) 按其存在形态分类

创业资源按其存在形态可以分为有形资源和无形资源。

①有形资源

有形资源是具有物质形态的，价值可用货币度量的资源，如组织赖以存在的自然资源、建筑物、机器设备、原材料、产品、资金等。

(2) 无形资源

无形资源是具有非物质形态的，价值难以用货币精确度量的资源，如信息资源、人力资源、政策资源，以及企业的信誉、形象、专利、商标等。无形资源往往是使有形资源更好地发挥作用的重要手段。

（3）按其对企业成长的作用分类

按照资源对企业成长的作用，我们将其分为两大类：对于直接参与企业日常生产、经营活动的资源，我们称之为要素资源；对于未直接参与企业生产，但可以极大地提高企业运营有效性的资源，我们称之为环境资源。

二、创业资源的获取途径

驶出孤岛局限　助力聚合发展

——内蒙古同远咨询集团股份有限公司　燕军

在燕军眼中，每一家企业其实也是一个个具有鲜活“生命力”的个体。它们在发展过程中，有着同人一样的理想与步伐、审视与思考、踌躇与困惑。与每一家处于短暂“失联”或是渴望新生的企业碰触、交流、解构直至重塑的过程，就是发掘、激发一个个独立个体力量的契机，这就是管理咨询公司存在的意义与价值。

早在2003年，燕军便创立了内蒙古同远企业管理咨询有限责任公司。目前，同远形成了管理咨询、项目咨询和科技孵化为三大核心业务的深化服务体系，公司不断创新服务模式、深化服务成果，以更好地推动中小微企业高质量发展。

同远大学生创业连锁加盟项目也已正式启动，该项目将覆盖自治区各盟市并逐渐向周边省市开拓市场。项目将采取“一带一”模式，即一个创业大学生带动一个意向创业大学生团队，以创业带动就业，该项目的实施在延伸同远咨询集团服务能力的同时还促进了就业，既能惠及更多中小企业又可缓解社会就业压力。项目的启动标志着同远咨询集团二次创业驶入新的里程。

“创客”“众创空间”等热词频现，创业载体运势而生，创业氛围日益浓厚。随着双创热潮的持续高涨，鄂尔多斯大批创业者纷纷加入创业大军，怀揣梦想，开始拼搏未来。

“如何带动企业发展？中小企业发展出路在哪里？”新身份带来的新使命让燕军着手开始了更为深远的思考与筹谋。看着入驻企业充满期待的眼神，燕军渐渐地有了“答案”，开启了一条内外双修的平台发展之路。

外部环境对于创业企业发展来说至关重要。燕军与文创园管委会书记折占平等人，经常往东胜区政府、鄂尔多斯市政府、内蒙古自治区工信和科技厅跑，与政府对接相关政策的落地实施，争取扶持资金的审批到位，使平台与中小企业的持续发展有了坚实的支撑。

有了大环境的支撑，锻造强大的内生力量，便成为平台发展的决定性因素。燕军敏锐地意识到，整合与凝聚是增强内生力量的基础。做好这两点，是平台走上通途的不二法门。为了逐步形成以“服务平台+行业协会+产业集群”的运营模式，燕军带领同远团队先后开发了“中小企业管理咨询公共服务平台”“中小企业知识产权公共服务平台”“中小企业人才培训公共服务平台”等平台和系统。通过建立“头脑风暴”微信信息平台，与服务的重点客户随时传达文件，随时传达信息，实现了“面对面”的及时沟通协调。

从创业孵化到创业培训，从项目推介到资金扶持，同远集团携手鄂尔多斯中小企业公共服务联盟集聚“合力”，整合创业服务资源，形成创业服务“大市场”，多点开花，互联互通，打破制约创业企业的成长瓶颈，助力实现着创业企业落地生根，健康成长。

在此基础上，同远还致力于推动发展集中采购、整合营销、信息化溯源、现代农牧业产业互联网、羊绒跨境电商平台等系列产业集群发展服务项目，培育和孵化了“东胜食品工业园”“漠菇现代农牧业星创天地”“国家纺织服装创意设计平台”“鄂尔多斯科教文化产业园”“鄂尔多斯沙棘产业集群”“鄂尔多斯螺旋藻产业集群”等专业性公共服务平台，实现资源的集聚和专业化服务能力的延伸，让服务更精准，让中小企业广泛受益。

关于“凝聚”的思路，燕军的想法是：推出“聚合服务”。就是聚资源、聚服务、聚企业，从而实现聚合发展。

在聚合服务措施的大力推动下，平台积极实施“10个双创一百”行动，即通过创新创业用三到五年实施100户中小企业人才对接培育计划、100位中小企业“小老板”培育工程、100项产学研项目计划、100名“双创”导师选育计划、100户小微企业品牌成长计划、100户中小企业二次创业帮扶计划、100名农村经纪人培育计划、100名微商创客培育计划、100户科技型中小企业培育计划、100户中小企业管理团队建设。平台先后为1000多家中小企业提供了咨询服务，截至目前，平台累计重点孵化成长型、科技型中小企业156家，带动就业9000余人，平台已成为服务鄂尔多斯市中小企业持续健康发展的“助推器”。

1. 通过市场途径获取创业资源

通过市场途径获取创业资源包括购买和联盟两种。

（1）购买

购买指利用财务资源通过市场购入的方式获取外部资源，主要包括购买厂房、设备等物质资源，购买专利和技术，聘请有经验的员工及通过外部融资获取资金等。需要注意的是，诸如知识，尤其是隐性知识等资源虽然可能会附着在非知识资源之上，通过购买物质资源得到，但很难通过市场直接购买，因此，需要新创企业通过非市场途径去开发或积累。

（2）联盟

联盟指通过联合其他组织，对一些难以或无法自己开发的资源实行共同开发。但联盟的前提是联盟双方的资源和能力互补且有共同的利益，而且能够对资源的价值及其使用达成共识。

2. 通过非市场途径获取创业资源

通过非市场途径获取创业资源包括资源吸引和资源积累等。

（1）资源吸引

资源吸引指发挥无形资源的杠杆作用，利用新创企业的商业计划和创业团队的声誉，通过对创业前景的描述来获得或吸引物质资源、技术资源、人力资源和资金等。

（2）资源积累

资源积累指利用现有资源，在企业内部通过培育形成所需的资源。主要包括自建企业的厂房、设备，在企业内部开发新技术，通过培训来增加员工的技能和知识，以及通过企业的自我积累获取资金等。

创业者的自有资源往往是通过非市场途径获取的。由于起步阶段的创业者往往囊中羞涩，很难通过购买的方式获取创业所需的各种外部资源，因而非市场途径——通过社会关系，用最小的代价获取创业资源成为创业者的首选，甚至无偿获取创业资源也并非不可能。

三、创业资源的整合管理

岁月经历的关键词——“几”字弯转折与螺旋式上升

——内蒙古煤立方物流股份有限公司　张小平

二十多年前，中专毕业的张小平背负着父母的期望，走出了那个贫瘠的小村庄，来到了杭锦旗，成为一名国有企业的员工。当时公司正值筹备期，张小平参加了厂房建设、设备选购、安装调试和人员培训，并且经常随同领导四处奔波，前往山东等经济发达省份学习。他的见识与能力如春天的草木般见风猛长。很快，他被提拔为车间主任，成为生产线如期投产的股肱之臣。

正当他决定大展身手时，急转直下的市场形势让公司经历了从投产到停产如同过山车一般的转变。带着壮志未酬的遗憾，他回到了家乡，在110国道边一间小平房内开办了“凯迪美工部”。

2000年的一天，张小平乘坐公交车去乌海进货，偶然获悉蒙西水泥厂面向社会公开招聘管理人员。心间的火腾得燃了起来。他知道，机遇再次向他张开了臂膀。机会总是垂青有准备的人。管理人员竞聘会如期举行，张小平最终闯关成功，成为蒙西包装材料事业部行政科的副科长。此后在不到一年的时间里他又“由副转正”，成为备受瞩目的青年干部。

2003年4月，蒙西再次面向集团内部公开选拔部门负责人，在包装材料事业部一位领导的大力举荐下，张小平又一次着手准备“赶考之路”。在蒙西集团多功能会议室里，面对评委席的集团副总裁、集团人力资源部部长、子公司董事长和总经理等诸位评委，还有座无虚席的200多位同事，他更加自信地站在了竞聘席上。

随着鄂尔多斯经济热潮的涌动，决定闯出一番新天地的张小平在2009年初来到了房地产市场风起雨涌的东胜，加盟到一家实业集团，开始协助老板进军土地开发和房地产行业。他分管企业常务及市场招商、管理和运营等工作，在短时间内就收获了出色的业绩和老板的倚重。然而，在房地产经历非理性发展之后，泡沫最终破裂，行业整体陷入低迷。在短短的六年时间里，张小平见证了企业从无到有、由盛到衰的过程。

2014年4月，张小平开始就职于一家集整车销售、专业化维修服务、煤炭汽运和防爆研发的私营企业，帮助移民国外的老板打理着企业日常经营、制度体系建立、奔波于各项目区协调解决问题；并向老板建议放弃非营利业务，转型打造煤矿专业化服务团队，深入推进井下防爆车的改装和研制，强化与央企和上市公司的合作关系，公司在他的操持下经营得有声有色。

创业，从来都是一件既“苦”又“酷”的事，是一条专属于勇士的征程。

鄂尔多斯依煤而兴，九个旗区其中八个就富有煤炭。有着“乌金”美称的煤炭成为国民经济发展的血液。打造畅通高效的煤炭运输通道势在必行。于是，张小平将创业的梦想果断地锁定在煤炭运输行业上。

2016年国庆前夕，他与同学联合发起，经过紧张筹备，正式成立了内蒙古煤立方物流股份有限公司，开启了他的创业之路。

“跑得稳、才能跑得赢。”为了让煤立方发展之路走得踏实稳健，他提出了先学习调研再迈步发展的思路。他和创业团队先后到郑州、武汉、福州、厦门、临沂、北京、上海、合肥等地学习考察国内先进的物流信息化企业，并赴福州参加第十届全国物流信息化大会，全方位、多角度聆听各方专家和同行前辈对物流信息化的深入解读，受益匪浅。在调研学习的同时，煤立方也开启了与当地煤炭行业融入的过程。

2016年8月，国家交通运输部下发新政，出台重磅利好，将在全国开展道路货运无车承运人试点工作。煤立方团队带着好奇和疑问，开始了解、学习互联网＋物流这个新业态！在与时代同行的脚步中，煤立方终于找到适合自身发展的方向：煤炭物流信息化之路。

按照各级政府及其主管部门的要求，煤立方积极组织申报，并经专家组评审，成功成为全区第二批无车承运人试点企业，并上报国家相关部门备案。取得无车承运牌照后，互联网＋物流新模式的正式开启，煤立方迎来了第一批无车承运业务客户。随后新客户和新业务接踵而至，线上线下，多点发力，齐头并进，当年底完成煤炭发运200多万吨，并带动了当地就业。

2020年，新冠病毒疫情来势汹汹。鄂尔多斯闻令而动，周边地区的道路陆续封闭，经过再三权衡利弊，张小平毅然做出了在1月30日业务重启的决定！他要求线上所有人员在家办公，线下人员严格按照鄂尔多斯市新冠疫情防控指挥部的有关要求和指令做好疫情防护才可到现场指挥作业。

1月31日，张小平调动全公司和合作伙伴中可以动用的一切资源，想尽一些办法调度车辆，协调装卸和沿途各检查站，冒着冰雪严寒，过五关斩六将，从准格尔旗出发，将一车又一车的兰炭装运发往乌达和蒙西的君正化工厂，出色完成了兰炭保供运输任务。

2月3日，公司接到东方希望包头稀土铝业有限责任公司直供煤运输指令，负责东胜外环张家梁煤矿、聚鑫龙煤矿和盛鑫煤矿到希铝电厂的煤炭运输。在新冠疫情肆虐的严峻形势下，张小平积极组织车辆承运，在40多天的时间完成了盛鑫煤矿1.8万吨、张家梁煤矿1.5万吨和聚鑫龙煤矿12万吨的煤炭运输，三矿单日最高进厂煤炭数达到1万多吨，有效地缓解了电厂安全库存下降可能导致停产的紧张局面，出色完成了直供煤的运输保障任务，此时的“乌金”成为名副其实的定海神石，为疫情期间国计民生与宏观经济的稳定做出了极大的贡献。

创业者要想成功地开发创业机会，进而创建一个新企业或者开拓新的事业，在很大程度上取决于他们所能够掌握和整合的资源，以及对各种资源的利用情况。然而，就创业活动而言，它是在资源高度约束情况下开展的商业活动，大多数创业者在进行创业活动之初总是陷入资源匮乏的尴尬境地，因此，资源整合和管理能力就必然成为创业者开展创业活动的必修课程。在现实生活中，优秀的创业者在创业过程中所展现出的卓越的创业技能之一就是创造性地整合和管理创业资源。

1. 创业资源的开发与整合

资源是创业者创业必不可少的关键元素，创业者资源整合能力的大小基本上决定了创业的成败。资源整合能力的强弱也是衡量创业者、企业家能力的主要指标之一，而且这种能力直接关乎新创企业的成长壮大。创业资源的整合可以从以下几个方面加以阐释：人脉资源、人才资源、信息资源、技术资源、资产资源、行业资源、政府资源。

（1）人脉资源的开发与整合

人脉资源是创业过程中的第一资源，各种良好的、健康的人脉资源有助于创业者方便地找到投资、技术、产品、渠道等，整合人脉资源也成为创业成功的基本条件之一。

（2）人才资源的开发与整合

人才战略应当作为新创企业的重点战略，为此企业应当求才、爱才、育才、重才，用事业发展吸纳高科技人才，用高科技人才牵引高新技术产品开发，从而形成一支支撑企业发展的高素质优秀人才队伍。人才资源的开发与整合应当注意建立完善的激励体制，用奖惩制度去激发员工的潜能，让员工的潜能发挥到极致；建立培训机制，培养人才，让人才在企业中发挥最大潜能；善待员工，这是留住人才的唯一法宝，不仅给予人才精神上的满足，同时也要配以物质利益；要量才而用，尽量挖掘并发挥人才的长处，按照人才的才能和特长安排职务，尽量控制其短处，使人才有价值的认可感；分工应当尽可能明确，职责划分应当清晰；通过外部力量如培训班等协助创业者快速找到所需的人才。

（3）信息资源的开发与整合

当今社会，信息资源对很多创业者来说就是成功的机遇，创业者应当像管理整合其他创业资源一样对信息资源加以管理整合。创业企业信息化的最高层次就是决策，它具有前瞻性。企业在做决策时，受到来自竞争对手、政府、行业、合作伙伴、客户等内外部环境的影响。而对于创业者而言信息是不对称的，创业者只有充分了解和分析企业内外部环境，才能做到有的放矢、抓住成功的机遇。

对于信息资源，既要开发与整合管理好外部信息资源，即抓住好的机遇，又要开发与整合管理好内部信息资源，进行信息资源的规划。通过建立全企业的信息资源管理基础标准，根据需求分析建立集成化信息系统功能模型、数据模型和系统体系结构模型，然后再实施通信计算机网络工程、数据库工程和应用软件工程的一个系统化的企业信息化解决方案，以使企业建立起高水平的现代信息网络，实现信息化建设的跨越式发展。

（4）技术资源的开发与整合

创业技术是创业初期最关键的资源，它是决定所需创业资本的大小、创业产品的市场竞争力和获利能力的根本因素。一个成功的企业要有好的产品，其产品必须做到专业化，技术上要一直领先。对于初创企业而言，在缺乏自身技术资源的情况下，应尽可能地与大专院校及科研院所合作，实现技术成果的转化。特别值得注意的是，技术资源的主要来源是人才资源，重视技术资源的开发与整合同时也是注重人才资源的开发与整合。另外，开发与整合技术资源只是起点，技术资源开发与整合是为了不断进行技术创新、自主研发并拥有自主知识产权、保持技术的领先、占领市场并壮大企业。

（5）资产资源的开发与整合

在开发与整合外部资产资源时，创业企业首先要对资产资源有整体性了解，对投资者的基本情况如资质情况、业绩情况、提供的增值服务情况等进行全面掌握，再根据企业的实际情况在众多的投资者中选择合适的目标。在谈判的过程中，双方将围绕企业的发展前景、新项目的想象空间、经营计划和如何控制风险等重点问题进行协商。

在签订合同时，创业企业和投资人必须明确双方的出资额与股份分配，其中包括对投资企业的技术开发设想和最初研究成果的股份评定；创业企业的人员构成和双方各自担任的职务等问题（图 6-1）。

图 6-1　签订合同

（6）行业资源的开发与整合

创业企业应对某个行业有充分的了解，同时掌握这个行业的各种网络关系，如业内竞争对手、供货商、经销商、客户、行业管理部门以及科研机构、行业协会、行业杂志、行业展会等，这些对于创业的成功与否很重要。另外，同行之间或者产业上下游之间的创业企业应通过策略联盟或股权置换等方式整合资源，使人力资源、研发能力、市场渠道、客户资源等实现优势互补，对内相互支持，对外协同竞争。这种方式往往是有几家创业企业作为核心，同时带动一批创业企业，形成利益共同体。

（7）政府资源的开发与整合

充分开发与整合创业的政府资源，享受政府扶持政策，对于创业企业来说可以达到事半功倍的效果。开发与整合政府资源即充分关注并利用政府的各项优惠政策，包括财政扶持政策、融资政策、税收政策、科技政策、产业政策、中介服务政策、创业扶持政策、对外经济技术合作与交流政策、政府采购政策等。

2. 创业资源整合过程

创业者首先需要建立资源整合的意识，开阔视野，提升境界，以“天下资源皆可为我所用”的意识和气魄，来突破自身资源不足的局限和障碍。创业资源的整合是一个复杂的动态过程，是创业企业对不同来源、不同层次、不同结构、不同内容的资源进行选择、汲取、配置、激活和有机融合，使之更具柔性、条理性、系统性和价值性，并对原有的资源体系进行重构，摒弃无价值的资源，以形成新的核心资源体系。资源的整合过程可以分为四个子过程，即资源扫描、资源控制、资源利用和资源拓展。这四个子过程在时间上并不是完全分离的，而是相互影响、相互衔接的。

（1）资源扫描

创业者要知道自己的资源禀赋以及企业拥有的最初资源。将已有资源识别出来，包括己方所有有价值的有形资产和无形资产，如人才、技术、设备、品牌等，找到自己的资源优势和不足，同时认清哪些属于战略性资源，哪些属于一般性资源，还要确定资源的数量、质量、使用时间以及使用顺序。扫描自身已有资源的同时，也要对外部环境进行扫描，及时发现新创企业所需的资源，确定自己所缺的创业资源可以从哪些渠道获得，以及谁拥有这些重要资源，并为各种资源渠道的获得难易程度进行排序；进而寻找利益交集，对资源拥有者的利益需求进行深度分析，并与自己所拥有的资源进行比较，找到利益契合点。创业者在初始创业阶段会利用与自己关系较近的资源网络，随着业务的向前发展而逐渐扩充这一网络。

（2）资源控制

控制的范围包括创业者自身拥有的资源、通过交易等形式可获得的资源以及通过社会网络等形式可以控制的资源。创业者自身拥有的资源，在许多情况下存在于创业团队中。在特定的行业，创业团队中成员的社会网络资源和技术对于企业的成功至关重要。在获取资源的过程中，需要判别这种资源对实现企业的目标是否关键，并且创造性地设计出双赢的合作方案，形成长期互利关系。获取资源的方式主要有两类，即购买和并购。资源购买主要是通过市场购入所需的资源；资源并购是通过股权收购或资产收购，将企业外部资源内部化的一种交易方式。创业者要尽可能利用已有资源和能力去控制那些尚无法得到的资源，可以通过联盟、加盟等方式。资源联盟是指通过联合其他组织，对一些难以或无法通过自己进行开发的资源实行共同开发。

对于多数新创企业来说，初始资源禀赋是不完整的，创业者需要取得资源供应商的信任以取得所需的资源。可以通过一定的手段，如完美的商业计划和优良的设施来展示企业成功的形象，并借此鼓励供应商对企业进行资源投资。

（3）资源利用

在获取和控制大量资源的基础上，新创企业开始对这些资源进行配置和利用，将它们合理有效地配置到最能发挥其使用效益的地方去，体现出这些资源的价值。企业资源在未整合之前大多是零碎、低效的，要发挥这些资源的最大使用价值、产生最佳效益，就必须运用科学方法对各种类型资源进行细化、配置和激活，将有价值的资源有机地融合起来，它们相互匹配、互为补充、互相增强。在配置资源之后，新的资源或者竞争优势就会形成，企业必须利用区别于其他企业的这种优势来赢得市场。资源在整合并转化为企业内部的独特优势之后，创业者需要协调各种资源之间的关系，匹配有用的资源，剥离无用的资源。通过协调，使资源的联系更加紧密，更加具有匹配性，形成“1＋1＞2”的局面，并为下一步拓展奠定基础。

（4）资源拓展

对资源的拓展创造过程是将以前没有联系的资源建立联系，将新获取的资源与已有的资源进行链接融合，进一步开发潜在的资源为企业所用，又称为再开发，即开拓资源的范围和功能，为下一步的识别、获取、配置和利用资源奠定坚实的基础，这也是企业持续竞争优势的根本来源。开拓创造过程是为新创企业带来新的能力，从而使其能够更充分地发现和掌握创业机会（图 6-2）。

图 6-2　资源拓展研发

知识链接

影响创业者资源获取的因素

资源获取是在识别资源的基础上，得到所需资源并用于创业过程的行为。对于新创企业而言，是否能够从外界获取所需资源，首先取决于资源所有者对创业者或创业团队的认可，而这一认可在很大程度上取决于创业项目的商业价值。创业项目为资源获取提供了杠杆，一个能被资源所有者认同的、有价值的创业项目，才有助于降低创业者获取资源的难度。除了创业项目的商业价值，影响资源获取的因素还有很多，其中主要因素有社会网络、创业者（创业团队）先前的工作经验、创业者的管理能力和资源整合能力等。

1. 社会网络

社会网络是多维度的，能够提供企业正常运转所需的各种资源，也是新创企业最重要的资源获取来源之一。社会网络是隐性知识传播的重要渠道，它能通过促进信息的快速传递来协助组织学习，同时还可以大大降低企业的交易成本，帮助获取与企业需求相匹配的资源，因此对于创业资源的获取具有重要意义。不同的社会网络和网络地位，为人们之间的沟通与协作提供了不同的渠道。在社会网络中处于优势地位的创业者，有较好的社会关系网络，能有针对性地对不同对象传递商业创意的不同方面，能有目的地获取不同资源所有者的不同理解和信任，最终能成功地从不同网络成员那里获取所需的不同资源，从而为自己的创新创业提供基础。

2. 创业者（创业团队）先前的工作经验

创业过程本身就是一个知识转移的过程。从先前创业经验中转移来的知识能够提高创业者有效识别和处理创业机会的能力，有助于发现、获取创业资源。拥有创业经验的创业者有一种“创业思维定式”，驱使他们寻求和追求那些最好的机会。在不确定的时空条件下，先前的创业经验提供了有利于对创业机会做出决策的隐性知识，这种隐性知识可以通过创业者而转移到新创立的组织里。因此，创业者拥有较多的创业经验就更容易获得可取的特定机会，并能从更多的途径获取创业资源。此外，先前的创业经验还提供了帮助创业者克服新企业面临新困难的知识。这些都能够帮助创业者规避风险，增强他们的资源获取能力。

3. 创业者的管理能力

创业资源获取的关键往往取决于企业的软实力。创业者的管理能力是企业软实力的主要表现，管理能力越高，获取资源的可能性越大。创业者的管理能力可以从其沟通能力、激励能力、行政管理能力、学习能力和外部协调能力等多方面予以衡量。

4. 创业者的资源整合能力

资源整合能力是指创业者在创业过程中，以人为载体，在资源整合过程中表现出的对资源的识别、获取、配置和利用的能力。创业资源在未整合之前大多是零散的、一般性的商业资源，要发挥其最大的效用，使其转化为竞争优势，为企业创造新的价值，就需要新创企业运用科学的方法将不同来源、不同效用的资源进行优化配置。

第二节　新创企业股权设计与融资

一、企业股权设计与分配

1. 企业股权设计

股权设计就是公司组织的顶层设计。企业战略和商业模式解决做什么、怎么做，股权设计解决的是谁投资、谁来做、谁收益的问题。只有股权设计，才能将创始人、合伙人、投资人、经理人的利益绑定在一起。只有股权设计，才能将互联网组织变革中的合伙模式、创客模式、众筹模式落地。股权伴随每个企业生命周期的每个阶段，互联网时代企业成功在于善用股权。一般来说，股权设计理论主要包括以下核心系统：

（1）股权价值

计量不仅关系股东利益，而且还影响会计信息的相关性，采用不同的方法计量股东权益，必然导致不同的结果，根据资产价值属性选择恰当的方法计量股东权益价值尤为关键。

（2）公司架构

股权架构就像设计大楼的架构，核心主体公司股权结构，项目子公司股权结构，关联公司交易结构。没有设计好大楼架构，工程队再给力也不可能造出摩天大楼。

（3）公司治理

从广义角度理解，是研究企业权力安排的一门科学。从狭义角度上理解，是居于企业所有权层次，研究如何授权给职业经理人并针对职业经理人履行职务行为行使监管职能的科学。

（4）股权激励

设计高管股权激励模式，主要有创客模式、持股模式、分红模式。目前许多股权激励技术或方案都是基于工业化思维，没有考虑员工对企业已经没有依附性；另外，工业化时代以利润为坐标实施持股激励的解决方案也是极端错误的。在互联网时代，公司价值是持股激励的重要坐标。

（5）股权融资

设计股权融资额度、融资时间点、估值范围、融资对象，既有资金持续经营，也保持经营相对独立性。

（6）股权众筹

股权众筹既可以吸纳种子用户，也解决了公司初期的资金瓶颈，筹钱、筹人、筹资源。现实中很多股权众筹要么让投资人感觉被骗赔钱，要么一味追求同股同权，不利于公司长期发展。

（7）股权投资

股权投资不同于债权投资，股权投资通常是为达到控制被投资单位，或对被投资单位施加重大影响，或为了与被投资单位建立密切关系，以分散经营风险的目的而展开的，可在公开的交易市场、公司发起设立或募集设立场合、股份的非公开转让场合进行。

（8）股权并购

设计并购和被并购方案。

（9）新三板与上市

设计新三板挂牌计划、创业板、主板上市计划。公司不需要有成长性，更重要的是必须符合挂牌、上市的规范性要求。

（10）股权传承与资产管理

中国进入企业传承接班的高峰期，如何保证创始人股权传承给下一代？如何保证公司领导人顺利接班？如何保证家族财富增值？

2. 企业股权分配原则

从长远的历史中可以发现企业的股权分配能够随着公司的发展发生变动，但是这些变动都是基于公平、控制力和效率的原则，对企业的发展都起着促进的作用。其中公平是表示股东对公司的贡献程度与股权大小成一定的比例；控制力则表示公司的创始人对公司的掌控力度，一般这一控制程度是不会发生变化的。这种分配的原则能够最大限度地激励创业团队的创新能力，提高公司的利益。在新创企业刚刚兴起时人们认为只要有好的创新就能够成功，但是在现实实践中人们认识到，企业的成功要在团队合作的基础上，拥有好的创新才能够实现。所以股权的分配不能够打击到创新团队的积极性和团结性，股权的分配要遵循这一原则。

新创企业的发展的另一大要素就是企业资源的分配，利用这种股权分配原则能够对资源进行合理的安排，不管是人才、技术还是其他。企业的生存和发展的重要的支撑就是资源，资源的合理使用与否对企业的发展有着很大的影响，而股权的分配从资源的角度来看就是对资源结构的重组，有利于对企业资源的合理分配和运行。股权的这种分配原则也能够有效地避免人们在理想主义上的股权平分的观点。一般情况下，一个企业的资源并不仅仅控制在同一个人的手中，当新创企业发展到一定的阶段时，股权平分的策略远不能够符合当下的企业发展，想要企业长远的生存和发展下去就需要对企业的股权进行合理的分配。股权平分的策略虽然简单，能够很大程度上平息各方认为自己对企业的贡献比较大的意见，但是在后续的企业发展中却存在很大的危机。尤其是当企业将要做出重大决策对企业有很大影响时，各方的意见相互僵持不仅不利于企业抓住先机，还可能导致利益的大范围的受损，影响企业中股东相互之间的关系和企业的向心力，限制企业的发展。

二、新创企业融资

1. 创业融资的内涵

(1) 创业融资的概念

融资主要是指资金的融入，也就是资金来源，具体是指通过一定的渠道，采用一定的方法，以一定的经济利益付出为代价，从资金持有者手中筹集资金，满足资金使用者在经济活动中对资金需要的一种经济行为。广义的融资指资本在持有人之间流动，以余补缺的一种经济行为；狭义的融资主要是指资本的融入，即通常说的资本来源。

创业融资是指创业者为了将创意转化为现实，通过不同的渠道，采用不同的方式筹集资金以建立企业的过程。

(2) 创业融资的作用

任何企业的生产经营都需要资金的支撑，对于新创企业来说，无论是进行产品研发还是产品的生产和销售，都需要投入大量的资金，如何有效融集资金是创业者极为关注的问题。创业者通过合理选择融资渠道和融资方式，降低资金成本，将创业企业的财务风险控制在一定范围内。通过对企业不同发展阶段融资需求特点的分析，有利于创业者做出科学的融资决策，使得创业企业实现可持续发展。

大学生创业者融资难主要有以下六个方面的因素。

①个人信誉较弱，难以获得资金帮助；

②经营企业的思维意识较差，失败风险大；

③创业者普遍缺少抵押财产，难以获得银行贷款；

④新企业没有经营记录，难以评定信誉等级；

⑤项目处于验证期，风险类投资介入缓慢；

⑥创业者融资信息来源不足，不了解社会各类扶持资金的情况。

2. 创业资金的测算

开办企业要有必要的投资和支付各种必要的费用，这些费用的总和就是启动资金。启动资金需求量的测算是融资的基础，每个创业者在融资前都要明确所需要的启动资金需求量。

对于创业者来说，首先要弄清楚创业启动资金的用途。其用途可以分为两类：固定资产投资和流动资金。

固定资产投资是指企业购买的价值较高、使用寿命长的资产，如使用期限超过一年的房屋、机械、运输工具，以及其他与生产经营有关的设备、器具等。不同的企业所需要的固定资产不同，有的企业用很少的投资就能开办，而有的却需要大量的投资才能启动。在创办企业时应尽可能把必要的投资降到最低限度，降低企业承担的风险。

流动资金是指项目投产后，为进行正常生产运营，用于购买原材料、燃料、支付工资及其他经营费用等所必不可少的周转资金。

一般而言，创业者必须准备足够的流动资金来维持企业的正常运转。不同类型的企业对流动资金规模要求不同，一些企业需要足够的流动资金来支付6个月的全部费用，还有一些企业只需要支付3个月的费用。创业者必须预测，在获得销售收入之前，新企业能够支撑多久。企业需要支付的具体费用如下：

（1）购买原材料和成品的费用

制造性企业生产产品需要原材料，服务性企业的经营者也需要一些材料；零售商和批发商需要储存商品来出售。创业者预计的库存越多，需要用于采购的流动资金就越多。既然购买存货需要资金，创业者应该将库存降到最低限度。如果创办的是一个制造性企业，创业者必须预测生产需要多少原材料库存，这样可以计算出在获得销售收入之前需要多少流动资金。如果是一个服务性企业，创业者必须预测在顾客付款之前，提供服务需要多少材料库存。零售商和批发商必须在开始营业之前，预测需要多少商品存货。

（2）促销费用

新企业开张后，由于消费者对自己生产的产品或提供的服务还不了解，为了让消费者购买自己的产品或服务，就需要对自己的产品或服务进行促销活动，而促销活动需要一些费用开支。

（3）工资

如果新企业雇用员工，在起步阶段就得给员工付工资。创业者还要以工资方式支付自己家庭的生活费用。计算流动资金时，要计算用于发工资的资金，只要通过用每月工资总额乘以还没达到收支平衡的月数就可以计算出来。

（4）租金

正常情况下，新企业一开始运转就要支付企业用地用房的租金。计算流动资金中用于房租的金额，用月租金额乘以还没达到收支平衡的月数就可以得出来。而且，创业者还要考虑到租金可能一付就是3个月或6个月。

3. 创业融资渠道

如果你想组建一个创业团队或是想注册一家公司，那就要考虑一个至关重要的问题——你创业的第一桶金从哪里来？长期以来，这个问题困扰着无数的创业者。或许对于部分起点高的人而言，他们能够通过各种渠道迅速找到创业的突破口，挣得第一桶金，但对于仅凭满腔热血创业的普通创业者来说，赚取第一桶金几乎难如登天。正如古戏所唱：“一文钱买鸡蛋、蛋变鸡、鸡变蛋能变个没完。”而大多数人就差那一文买蛋钱。然而，钱是有的，关键是到哪里去找。

这里总结了 10 种获取启动资金的渠道。

（1）自我筹资

总的来说，成功的企业家的创业资金有 30%来自自己的积蓄。创业初期团队成员依靠自身的筹资，往往具备了初期项目启动的能力。同时自筹资金也是一种自我承诺，极大地坚定与鼓舞了团队士气。

一般来说，大学生创业初期所选择的项目及投入都不会太大，所以创业的第一桶金大部分是由几个股东一起凑起来的，单人的资金基本上是自筹的。从萌生创业想法到最终付诸实践，其间总会有机会让你攒下积蓄。“先打工赚钱，再出来创业”也成了许多创业者规划的路径。

（2）向父母、亲朋好友借钱

向家人朋友借钱，应该是很多创业者采取的方法。这种方法有优势也有劣势。优势是成功概率高，投资和利息条件更优惠，而且能够更快地拿到钱。劣势是容易出现纠纷，父母可能会插手公司；如果创业失败，可能一辈子会对他们有负罪感。向父母借钱时不要超出他们承受损失的能力。你当然希望可以借到足够干一番事业的钱，但要考虑到如果你创业失败，可能会给家人带来很大麻烦的后果。

（3）股东融资

共同参与的所有股东，合伙凑集启动资金。不少人选择合伙创业的方式来减轻创业初期的资金压力，人多力量大，启动资金很快就能凑齐。这种方法的优势是容易共同前进，达成统一利益共识；劣势是当出现亏损时，股东承受不住压力而撤资，会影响士气。

（4）创业贷款申请

针对每年扶持创业政策进行申请，以获得当地政策与资金的扶持。这种方法的优势是创业贷款资金使用压力较小，有贴息、免息等政策；劣势是获得扶持的难度较大，申请数量较多。创业贷款申请需要创业者具备如下几个条件：

①大学生创业贷款申请者年满十八周岁，具有合法有效身份证明和贷款行所在地合法居住证明，有固定的住所或营业场所。

②大学生创业贷款申请者持有工商行政管理机关核发的营业执照及相关行业的经营许可证，从事正当的生产经营活动，有稳定的收入和还本付息的能力。

③大学生创业贷款申请者投资项目已有一定的自有资金。

④大学生创业贷款用途符合国家有关法律和银行信贷政策规定，不允许用于股本权益性投资。

⑤在银行开立结算账户，营业收入经过银行结算。

（5）加入孵化计划，赢取创业基金

每年有大量的社会公益机构，针对创业者开展大赛、论坛，经过评委评定，发放部分资金帮助创业者。这种方法有优势，也有劣势。优势是获得的扶持资金可享有免偿或免息政策；劣势是公益机构创业扶持评审周期长。

很多城市的创业园区、政府机构有为创业者提供创业基金的政策和孵化器，以及办公场所和初始基金；一些知名创业扶植服务机构、基金也会定期举办创业大赛、Demo 活动。用赢取创业基金的方式筹集创业的“第一桶金”，不失为一个高效、可行的办法。但同时也要求创业者具备足够的实力，从众多申请者中脱颖而出。如创业邦推出的“创新中国孵化计划”，由创业邦天使基金会为每家入孵企业提供 50 万元～200 万元的启动资金，帮助创业企业度过早期最艰难的时刻（图 6-3）。

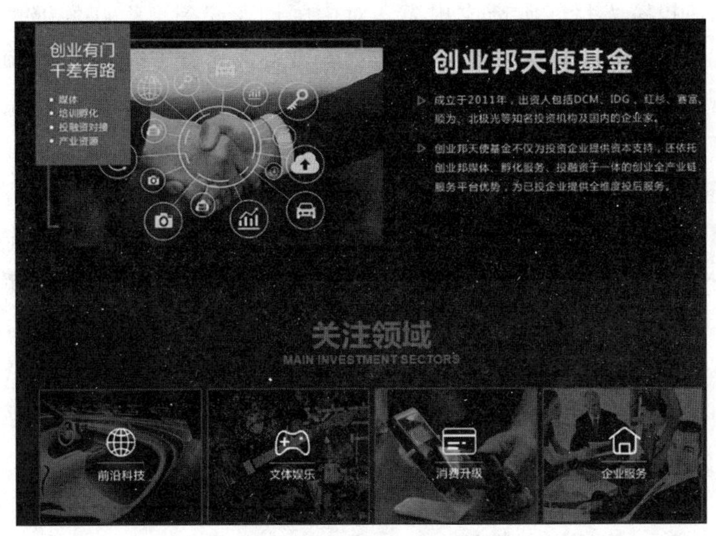

图 6-3　获取创业基金

（6）天使投资

天使投资是自由投资者或非正式风险投资机构对处于构思状态的原创项目或小型初创企业进行的一次性的前期投资。天使投资虽是风险投资的一种，但两者有着较大的差别：天使投资是一种非组织化的创业投资形式，其资金来源大多是民间资本，而非专业的风险投资商；天使投资的门槛较低，有时即便是一个创业构思，只要有发展潜力，就能获得资金，而风险投资一般对这些尚未诞生或嗷嗷待哺的“婴儿”兴趣不大。在风险投资领域，“天使”这个词指的是企业的第一批投资人，这些投资人在公司产品和业务成型之前就把资金投入进来。天使投资人通常是创业者的朋友、亲戚或商业伙伴，由于他们对该创业者的能力和创意深信不疑，因而愿意在业务远未开展之前就投入大笔资金。

天使投资具有以下特征。

①天使投资的金额一般较小，而且是一次性投入，它对风险企业的审查也并不严格，更多是基于投资人的主观判断或者是由个人的好恶所决定的。通常天使投资是由一个人投资，并且是见好就收，是个体或者小型的商业行为。

②很多天使投资人本身就是企业家，了解创业者面对的难处，是起步公司的最佳融资对象。例如在硅谷，相当多的天使投资人是那些成功创业的企业家、创业投资家或者大公

司的高层管理者，他们不仅拥有一定的财富，而且还有经营理财或者技术方面的特长，对市场、技术有敏锐的洞察力。

③天使投资人不但可以带来资金，同时也能带来关系网络。如果他们是知名人士，还可提高公司的信誉。天使投资往往是一种参与性投资，也称为增值型投资。

一般而言，一个公司从初创期到稳定成长期，需要三轮投资。第一轮投资大多来自个人的天使投资，作为公司的启动资金；第二轮投资往往会有风险投资机构进入，为产品的市场化注入资金；而最后一轮投资则基本是上市前的融资，来自大型风险投资机构或私募基金。

中国天使投资人目前已渐成规模，对中国创业起到了很好的促进作用。由于不同的天使投资人有各自相对鲜明的投资判断准则、投资风格、专注的投资领域，所以大学生创业者想成功地获得天使投资人的青睐，顺利拿到风险投资，就必须对此有所了解。

（7）商业银行贷款

商业银行贷款有个人生产经营贷款、个人创业贷款、个人助业贷款、个人小型设备贷款、个人周转性流动资金贷款、下岗失业人员小额担保贷款和个人临时贷款等类型。

目前各类银行都有针对中小企业的贷款政策，可供初创企业短期借贷使用。很多人认为找银行，金额大了批不下来，再加上对政策、手续不熟悉，觉得审查会很麻烦，投入的时间和精力成本有些不划算。但实际上，很多银行都设有小额担保贷款，在必要时可用于满足企业日常生产经营的资金周转，帮助创业公司突破瓶颈，如兴业银行天津分行于2019年6月末正式推出中长期个人经营贷款产品“融易贷”。“融易贷”主要针对授信金额在500万元以下的小微企业贷款客户，依托优质住宅抵押品，突出核心风险评价，通过标准化授信作业流程，快速核定贷款额度，为小微企业客户提供经营所需的贷款业务。与传统经营贷款产品相比，“融易贷”将授信期限由10年延长至20年，授信到期后，对于优质贷款客户，可以办理无还本续贷业务，免去了客户重新办理授信、签订借款合同、办理抵押登记所带来的烦琐手续；同时，支持多种灵活的还款方式，对于长期贷款每年还款本金低至贷款金额的3%，大大降低了企业融资成本，有效解决了小微企业“融资难、融资贵”的问题；在客户申请环节，突出审查重点，大幅减少申贷资料，提升业务办理效率，改善客户体验。

（8）众筹募资

众筹源于国外“Crowdfunding”一词，顾名思义，就是利用众人的力量，集中大家的资金、能力和渠道，为小微企业、艺术家或个人进行某项活动等提供必要的资金援助。创业者可以把自己的产品原型或创意提交到众筹平台上，发起募集资金，由感兴趣的人来捐献指定数目的资金（捐助者可以在项目完成后得到一定的回馈，如这个项目制造出来的产品）。众筹最初是艰难奋斗的艺术家为创作筹措资金的一个手段，现已演变成初创企业和个人为自己的项目争取资金的一个渠道。众筹平台使任何有创意的人都能够向几乎完全陌生的人筹集资金，消除了从传统投资者和机构融资的许多障碍。互联网金融的兴起让许多人们曾经以为不可能的事情成为可能，现在，有越来越多的国外创业者开始在Kickstarter、Indiegogo等众筹平台募集资金，国内也出现了很多出色的众筹平台如天使汇、大家投、点名时间、追梦网等。这些众筹分属于股权式众筹、奖励型众筹、捐赠型众筹等不同形式。

（9）担保机构融资（信用担保）

担保机构融资主要由第三方融资机构提供，是一种民间有息贷款，也是解决中小企业资金问题的主要途径。从20世纪20年代起，许多国家为了支持本国中小企业的发展，先后成立了为中小企业提供融资担保的信用机构。目前，国内中小企业信用担保融资机构已经有很多。

（10）其他融资方式

其他融资方式包括典当贷款、P2P贷款、设备融资租赁、孵化器融资、集群融资等。现介绍典当贷款、P2P贷款两类融资方式。

①典当贷款

典当期限短则5天，长则半年，到期还可以延期；典当金额少则几百元，多则上千万元，这些双方都可以协商约定。小企业的扩张发展选择典当贷款，也是一种有效的融资方式。

②P2P贷款

如果需要少量运营资金，可以尝试一下P2P的贷款网络，在网上寻找合适的贷款人和借款人。

4. 创业融资经验

创业者亟待获得启动资金，但是，创业者也需要采取正确的方法和行动来筹集资金。

（1）争取主动

新创企业筹集风险资金的过程的确很艰难。一般来说，风险投资公司一年要听数百位创业者阐述他们的创业计划，可最后投资的企业少之又少。因此，做好准备，把握机会，主动争取创业资金，对中小企业融资相当重要。对创业者来说，融资过程也是推销其公司、产品和梦想的过程。成功的企业家之所以会成功，一个重要的原因就是他们懂得怎样向经验最丰富的投资商推销他们的第一商品——初创的企业，从而获得资金的支持。

（2）不要急于求成，廉价出售你的技术或创意

许多创业者急于得到启动或周转资金，往往在中小企业融资时急于求成。给小钱让大股份，轻易地贱卖技术或创意。“只要能获得启动资金就行”，在这种思想的指导下，不少核心技术的拥有者廉价地出售自己的技术或创意。他们在公司运营一段时间后，才感悟到当初的技术卖便宜了，开始对当初的投资协议不满，造成合作的不愉快，甚至有的还会轻率地提出毁约。因此，不急于求成，同多个合作者谈判是非常必要的。

（3）不要对投资者不负责任

创业不仅是创业者实现理想的过程，更是使投资者的投资保值、增值的过程。创业者和投资者是一个事物的两个方面，只有通过企业这个载体发展的过程，才能达到双赢的目标。对投资者负责，也是对自己负责，其道理是只有投资者有钱可赚，他们才会信任你，并且会帮助你做大，你才可能成就事业。

（4）对多种融资方案进行比较

新创企业的融资渠道主要有合资、合作、外资中小企业融资渠道，银行及金融机构贷款、政府贷款、风险投资、发行债券、发行股票、转让部分经营权、BOT中小企业融资、民间中小企业融资、利用商业信誉融资。对以上企业融资渠道进行比较与选择，可以有效降低中小企业融资成本，提高中小企业融资成功率。一方面，创业融资不能为了获得资金而不择手段，不做比较选择就进行融资；另一方面，做好融资组合，将资本金和债务资金做比较合理的安排，其中的债务资金以不给企业带来风险为前提，股权稀释以不至于失去对创业企业的控制能力为底线。

（5）准备好项目和资金规划

有些创业者以为获得了资金，创业一定会成功，其实不然。当资金进入企业时，如果不能很好地使用资金，企业也会失去发展的动力。中小企业缺乏融资准备的最典型表现是多数创业者对资本的本性缺乏深刻的研究和理解，盲目进行企业融资。资本的本性是逐利，不能让其闲置，这就需要企业准备好项目，然后融资。如果没有项目的支持，要想找到资金支持是很困难的；如果没有资金使用规划，支持者也会因为企业失败而导致损失。中小企业融资前，还应该先将企业梳理一遍，做好相应的准备。中小企业融资时，能够把企业及公司业务清晰地展示在投资者面前，让中小企业融资者看到融资后逐利的可能性和现实性。

（6）建立广泛的金融联系

新创企业要居安思危，在正常经营时就应该考虑融资需要，与投资者建立广泛联系，向其介绍企业进展，与其进行资金融通，形成你中有我、我中有你的资金融通格局。这种广泛的联系可以使企业在成长期间，容易获得超过基本融资能力、由多方组合成的资金的联合支持。

（7）准备必要的融资知识

很多创业者有很强的中小企业融资意愿，但缺少相应的中小企业融资知识。能真正理解中小企业融资的人很少，很多中小企业融资者总希望找个熟人、写份商业计划书，就能把钱贷到手，而不用心去研究中小企业融资知识。他们往往把中小企业融资简单化、随意化。由于缺乏必要的中小企业融资知识，只看到银行贷款或股权中小企业融资，不懂得租赁、担保、合作、购并及无形资产输出和转让等方式也可以达到中小企业融资目的。其实，中小企业融资的相关知识是非常专业的，需要有丰富的中小企业融资经验，广泛的中小企业融资渠道，对资本市场和投资人要有充分的认识和了解，还要有很强的专业策划能力及解决中小企业融资过程中遇到的各种现实问题的运作能力。因此，融资企业必须加以中小企业融资知识的学习和理解。

（8）适度包装

有些新创企业为了企业融资，不惜粉饰财务报表，甚至造假进行“包装”，这种情况很容易被专业人员看破，一旦被看破，企业就会失去融资机会。另外，有些新创企业认为自己经营效益好，应该很容易取得中小企业融资，不愿意花时间及精力去“包装”企业，其实投资方看重的不只是企业短期的利润，更看重企业的发展前景、企业可能面临的风险及创业团队带领员工战胜风险的能力。清晰地进行创业思路的描述就是企业的适度包装，也是创业者理性认识自己事业的一个过程。

(9) 建立合理的公司治理结构

企业的规范化管理是企业自身的融资能力的体现。很多民营企业虽然在不断扩张、发展，但企业管理却越来越粗放、松散。因为他们忽略了在企业发展的过程中不断完善企业治理结构，增强自身的融资能力和规避企业扩张过程中经营风险的能力。企业内部或各部门之间缺乏共同的价值观，没有协调能力，不具备银行评估的基本贷款条件和中小企业融资的条件，这是造成中小企业贷款难、融资难的一个重要原因。

(10) 不要轻易对外出具融资担保函

由于创业企业融资比较困难，因此，一些新创企业往往相互进行中小企业融资担保，这种盲目担保往往会给新创企业带来很多意想不到的风险，结果使创业者深陷财务困境，这也是创业失败的重要原因。

思政之窗

我国诸多的学校里存在许多对开展创业教育认识偏差的问题，有的学校认为开展创业思想教育活动的意义不大，觉得大学生创业肯定会失败；还有的学校认为应该以科研为主，而创业并不是学校的重点。在这些思想支配下，大学生个人创业受到了抵触和限制，更谈不上为创业提供融资方面的支持了。

学校在大学生创业教育中起着重要的作用，因此，学校必须转变思想，为大学生创业融资进行帮助和指导，例如，可以聘请有创业经验的教师与学生成立协会或组织，开展创业竞赛等活动，激发大学毕业生的创业热情，营造创业文化氛围，增加大学生创业实践的机会。

掌握并充分整合创业的政府资源、享受政府方面的扶持政策。可使大学生创业少走许多弯路，达到事半功倍的效果。政府资源对于创业者而言，是不可多得的“助推器”。政府资源，即各项优惠扶持政策，包括财政扶持政策、融资政策、税收政策、科技政策、产业政策、中介服务政策等。

近年来，国家和政府为了支持大学生创业，解决大学生融资难的问题。在营造良好法律制度环境方面做了大量的工作。2007 年 8 月 30 日，我国第十届全国人大常委会通过了《中华人民共和国就业促进法》，此法律的颁布和实施对支持大学生创业融资产生了很好的作用。为解决我国现阶段大学生创业现状及创业融资方面存在的问题，对形成创业融资难的原因进行了剖析，解释了大学生创业融资存在的主要困难，并提出了适合我国大学生的创业融资策略。同时，我们还要继续加强金融体制改革，在正确的理念与改革方向指导下，不断完善金融领域的相关规章制度，塑造良好的大学生创业金融体制环境，进而展现我国新一代大学生开拓创新、勇于进取的时代风采。

思考练习

1. 创业资源管理主要包括哪些方面的内容?
2. 创业资源开发与整合的七种资源分别是什么?
3. 创业资源整合与开发包括哪几个程序? 其内容分别是什么?
4. 新创企业融资的渠道及经验分别包含哪些内容?

第七章

商业模式的开发

学习目标

了解商业模式和商业模式设计的基本概念；

理解商业模式与企业战略及企业产业链存在的关系；

掌握商业模式设计中商业模式画布的概念及构成；

充分理解并掌握常用的几种商业模式设计及其各自具有的特征。

案例导入

幸运的4%

——鄂尔多斯市优扬创业科技有限公司　宋志清

很多创业者的出发点很简单，那就是要建立一家最棒的公司。这也是宋志清对于创业的最初构想。

然而，创业是发现更大的世界的过程，也是被更大的世界蹂躏的过程。同样是一组关于创业公司的数据，会让人看到创业残酷的另一面而催人清醒。美国斯坦福大学对创业公司做过研究，“五年”是创业公司存活期的一个坎。有96%的创业公司或者创业者没有闯过五年这个期限，最终在激烈的市场竞争中折戟沉沙。

如今，成立于2014年的鄂尔多斯市优扬创业科技有限公司已经走过了七年的历程，依然保持着令人艳羡的发展势头。毋庸置疑，宋志清及其一手打造的优扬创业属于那幸运的4%。

世人总认为那幸运的4%是上帝眷顾的天选之子。其实许多人不知道的是，在此之前，这些所谓的“天选之子”也曾经是被现实踩在地上摩擦的96%。宋志清对此感同身受。从令人扼腕的96%到众人艳羡的4%，宋志清的创业路即使不能堪称传奇，也让我们从中感受到了他身上所具备的超出常人的韧性。

宋志清创办的第一家公司叫新天下传媒，运营当地城市生活信息网站“鄂尔多斯热线”，类似于DM报纸的电子版。公司运营最好的时候，一天也有相当的收入。这让宋志清一度认为自己已然走上了创业成功的坦途。

但是在风口之下躺平，必然被风吹落。从行业来看，激烈的市场竞争让互联网行业逐渐进入了信息免费及共享阶段，加之自身在市场研判、企业管理等方面的不足，新天下最终没能行天下，泯然于市场的洪流中。

结果虽然是宋志清不愿看到的，但他却从中总结出了再次创业的经验。任何一家创业公司都要看清自己的产品和服务是不是市场的刚需和强需，竞争者态势、经营的产品和服务的打磨都是特别重要的。宋志清坚信自己所选择的大方向是对的，中间的弯路，是对自己一味冒进的警醒与反思。

宋志清将第二次创业定在了运营优银贷互联网金融信息服务平台。该平台是面向全国用户，提供个人、小微商户的金融信息服务。在运营过程中，公司始终面临着资金、技术、品牌、团队等一系列突发情况和难以解决的棘手难题，最大的一次危机是竟然遭遇到了网络黑客的敲诈与勒索，导致网站瘫痪。

运营近两年后，公司规模增长始终缓慢，融资又迟迟拿不到。宋志清放眼整个行业，国家调整政策日益收紧，行业坏账率较高，运营成本居高不下。宋志清立刻做出了及时止损的决定。这次创业的失败，让他意识到，拥有专业定位和核心技术，才是企业长远发展的决定性因素。

有了前几次创业的经验和教训，结合自己的条件和实际情况，宋志清重新注册成立了优扬科技，集中优势力量，主要业务定位于广告装饰类和互联网文创类两个方向。

宋志清超强的组织能力、胆识魄力与创意能力有了用武之地。在一次承揽政府部门廉政教育展厅工程中，优扬在资金、技术、经验等准备都不是很充足的情况下，宋志清和他的团队并没有气馁，从招投标准备到三次更改设计方案、从施工队伍的选择到紧张的边干边想、边想边干，经历了九十多个高强度工作的日日夜夜，终于出色完成了展厅工程。

有了胜利的底气和阅历，优扬开始逐渐走上快速发展轨道，先后中标了第十届全国少数民族运动会氛围营造工程、鄂尔多斯驻地部门廉政教育展厅工程、第七届内蒙古草原英才暨内蒙古高层次人才交流活动布展工程、鄂尔多斯交警队工青妇活动室装饰工程、鄂尔多斯环境投资有限公司办公环境整体装饰工程等多项业务，在当地业界成为一颗冉冉上升的新星。

在广告装饰业务板块突飞猛进的同时，优扬在互联网文创板块也同步跟进，取得了不俗的业绩。有了前期良好的铺垫，宋志清决定将业务板块推向纵深，向教育科技方向转型。

在人生的赛道上，宋志清始终在增益其所不能，为自己的梦想续航，坚定笃行，时刻保持信心不灭，最终让他成为幸运的4%。

第一节　商业模式概述

一、商业模式的含义

商业模式是指为实现客户价值最大化，把能使企业运行的内外各要素整合起来，形成一个完整的高效率的具有独特核心竞争力的运行系统，并通过最优实现形式满足客户需求、实现客户价值，使系统达成持续盈利目标的整体解决方案。

简而言之，商业模式，即公司通过什么途径和方式盈利。例如，汽车公司如何通过卖车来赚钱；快递公司如何通过送快递来赚钱；超市如何通过平台和仓储来赚钱等。只要有潜在或直接的盈利环节，就有商业模式的存在。

二、商业模式的构成

为什么是众拓

——内蒙古众拓户外体育有限责任公司　郑龙

让我们把时间拨回到2020年5月18日。

在素有天骄圣地之称的鄂尔多斯市，一场全国性的线上马拉松比赛拉开帷幕。赛事组织者邀请全国跑者一同参与，一起为武汉加油。彼时的中国，虽然疫情形势控制的持续向好，但历经一场战“疫”的洗礼，亟待阳光、健康与信心让国民重新感受到这个世界的活力与美好。而体育赛事无疑是激发动力、凝聚人心的最佳选择。

谈起这场马拉松比赛，参与者、观者以及社会各界对其评价为：新奇有趣，创意满满。

赛事刚刚进入宣传阶段时，作为赛事主办者之一——内蒙古众拓户外体育有限责任公司第一次进入了许多人的视野与认知。

作为众拓联合创始人之一，郑龙之所以选择创业，并不是头脑发热的结果，而是经过了一番深思熟虑与研究调查。

从就业环境来看，随着高等教育从“精英教育”向“大众教育”迈进，从2001年开始，中国普通高校毕业生人数逐年攀升。严峻的就业形势，使创业成为解决大学毕业生就业的可行之路。

从自身条件来看，大学期间，郑龙在太原工业大学休闲体育专业户外拓展方向进行专业学习，可以说是科班出身。在2016年他又担任了太原康路休闲体育发展有限公司的户外领队，负责维护公司客户资源以及户外带队培训，策划活动预案等，积累了相当丰富的工作经验，对行业也有了初步的认知。

从政策支持来看，2018年10月，《国务院关于加快发展体育产业促进体育消费的若干意见》下发后，各省区市陆续出台的《实施意见》中，“发展体育休闲业”市场竞争的加剧迫使企业不断开发新产品。经过多年的发展，拓展训练由当初的旅游拓展演变为今天的体验式培训拓展。社会各界对于团建活动的重视，使团建活动成为一个企业前进道路上必不可少的一步，良好的团建活动可以增加企业的核心竞争力、凝聚力、创造力等，可以促进人们积极向上、努力拼搏、团结友爱。而户外与素质拓展这一集旅游休闲、体育健身、健心为一体的新兴项目必将成为城市人民的最佳选择。

毕业之际，郑龙深知创业的最佳时机已经到了。他与大学时期志同道合的挚友携手踏上了创业之路，共同开创了内蒙古众拓户外体育有限责任公司。

郑龙和他的创业伙伴从大大小小的活动经验及全国的交流学习中不断摸索和深度研究挖掘，利用独特的地理优势，与康巴什党校拓展基地、九成宫拓展基地、罕台庙基地、水镜湖景区、灶火壕休闲度假村、众拓沙漠基地、哈沙部落等多个基地建立了深度合作关系，基地设施设备全新齐全，成为当地机关企事业单位进行户外活动、会议及内部培训的绝佳场地！

不断突破、不断创新，是众拓团队的最大优势。通过不断的研究和琢磨，引入了独具特色的非洲鼓团建、纳斯卡巨画（共绘蓝图）、多米诺运动等新型团建活动项目，通过提供多方位、多角度、多层次的服务，使各个企业通过开展丰富多彩、形式灵活的团建活动，增强内部的凝聚力、激发员工的积极性和主动性。

创业的核心是创新，也是源动力。郑龙说，矢志不渝的创新永远是众拓创新不灭的灵魂。自创立以来，众拓团队在创新的道路上一路扬鞭驰骋。他们自主研发了《草原人家》的沙盘模拟课程，这次课程结合了内蒙古当地的文化特色，利用一系列蒙古族元素打造了《草原人家》，在制作的过程中，一方面需要整个团队的紧密配合与交流，另一方面让参与者间接地了解我们游牧民族（蒙古族）如何生活。

三年时间，郑龙和他的创业团队从刚步入繁杂社会的无知无畏蜕变成现在的有勇有谋，在经历了最初的创业冲动和付出之后，越来越走向成熟和冷静，对创业和成功有了更深的理解。现如今，内蒙古众拓户外体育有限责任公司初具规模。目前公司拥有团建拓展事业部、体育场馆运营部、公关活动广告事业部、户外徒步俱乐部，业务范围涵盖拓展训练、定向越野、徒步野营、户外探险、多米诺活动、企业年会、文化旅游等领域。公司的业务拓展到全国各地，和太原康路休闲体育发展有限公司达成联盟公司，并在北京、呼和浩特、上海、长沙、太原等地建立了长久合作基地。

为了更深入地了解商业模式，一般把它分成四个组成部分：价值体现、价值创造、价值传递和企业盈利（图 7-1）。

1. 价值体现

价值体现是指企业拟为客户创造并传递的价值。以阿里巴巴为例，首先明确阿里巴巴的顾客群体，包括网络消费者、中间商、制造商。对于网络消费者来说，在阿里巴巴构建的网络购物平台中，消费者个性化需求能够得到满足，并且由于中间环节的缩减，使得各类商品的售价大幅下降，这是阿里巴巴为消费者创造的价值。

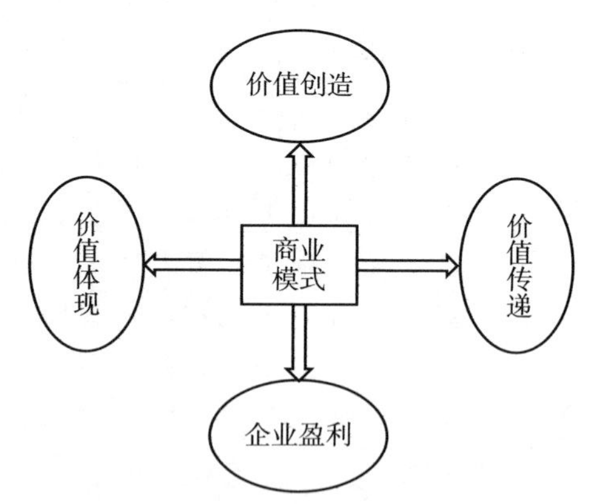

图 7-1　商业模式的四个组成要素

2. 价值创造

价值创造是指企业构建的平台、资源和流程。在阿里巴巴的发展初期，阿里巴巴致力于信息流领域，打造信息服务平台，使得客户汇聚到它的信息平台上。而随着企业发展，阿里巴巴进一步深化了信息平台，并开通了几个新的平台业务。客户便可在这些平台上获取各种各样的交易信息，为会员提供一个国际贸易平台，汇集全球178个国家（地区）的商业信息并形成了一个个性化的商人社区。

3. 价值传递

价值传递是指通过相关平台、渠道，将企业价值传递的过程。即使有巨大价值，如果不能传递出去，也是无用的。在阿里巴巴涉足互联网商业时，eBay早已成为国际互联网商业巨头。但在eBay进入中国后，却敌不过初出茅庐的阿里巴巴，在市场份额上严重落后于阿里巴巴，而这一切源于阿里巴巴的免费模式（第二节将会详细解读此模式）。相比eBay众多的手续费，阿里巴巴提供“免费注册”，通过免费的信息平台，客户不需要付费就可以获取各种各样的交易信息，在客户中奠定了扎实的基础，逐渐打出自己的品牌。

4. 企业盈利

企业盈利是指企业获取利润的方式。阿里巴巴在前期通过免费的服务获取了大量的客户后，通过具有吸引力的网络平台，建立呼叫中心和庞大服务队伍等，将部分免费用户转换为付费用户，并通过收取会员费、广告费、提供竞价排名、增值服务等获取利润。

知识链接

商业模式与企业战略

商业模式的四个组成部分，对每一个初创企业的成功起着至关重要的作用。但商业模式的成功还需要一个重要前提。有生命力的商业模式都需要建立在成功的企业战略之上，商业模式离不开企业战略。企业战略，是指确立企业的根本长期目标，并为实现目标而采取的必需行动序列和资源配置。

商业模式与企业战略的区别是商业模式理论从战略制定的结果处开始研究，着重分析特定的战略措施体系，归纳出其包含的各种内在逻辑；而企业战略理论从战略制定的源头开始研究，主要研究战略制定方法及形成过程；两者的区别为企业战略是导向，商业模式则是动力。企业战略决定商业模式。

三、商业模式与企业价值链

1. 企业价值链的定义

企业价值链是指以企业内部价值活动为核心所形成的价值链体系。价值链是一个公司通过一系列活动，创造价值的动态过程。而这一系列活动又可分为基本活动和支持活动。基本活动是涉及产品的生产及其销售，内、外部后勤和售后服务等各种活动；支持活动是辅助基本活动，并通过提供企业基础设施、人力资源管理、采购管理等各种公司范围的职能支持基本活动。

2. 商业模式与企业价值链之间的关系

商业模式的核心就是为了创造并传递价值，通过对价值链的分析，可以了解企业每个环节的价值并和竞争对手比较，从而总结提炼出适合企业的商业模式，使得企业能创造更多价值。

商业模式是一种创造顾客价值并实现企业价值的艺术，在技术快速变迁的动态竞争环境中，顾客价值的创造过程不断发生变化，一个显著趋势是随着个体企业间的竞争日益演变为网络组织与网络组织的竞争，价值创造活动也正逐步由个体企业的行为演变为网络成员的共同努力，因而价值网络应运而生。价值网络是公司为创造资源、扩展和交付货物而建立的合伙人和联盟合作系统。

第二节　商业模式的设计与创新

一、商业模式设计

ZARA 的商业模式

ZARA 是全球目前生产设计和销售衣服行业当中的一个佼佼者，他们的创始人在 2004 年年底曾成功登顶了世界首富，一个传统的生产制造型企业，为什么他们的创始人可以登顶世界首富？在这个互联网时代，为什么他们还可以做得到这一点？下面来解读一下他们的商业模式。

ZARA 是一个以快时尚闻名的时装巨头，它的成功得益于自身商业模式的创新。

ZARA 商业模式创新之一：锁定个性化消费需求

ZARA 的成功最重要的在于它把握了个性化消费的潮流。在传统行业里，大规模生产的同质化产品只能依靠廉价来吸引消费者，以赚取微薄的利润，但没有考虑到消费者对于满足自己个性化的产品是愿意付高价的，而这正是 ZARA 瞄准的客户对象。

ZARA 商业模式创新之二：提供“与众不同”“独一无二”的产品价值

“品种少，批量大”是传统制造业的常例，而在“长尾市场”中，“款多量小”却成为当红的商业模式。ZARA 则以其“多款式、小批量”，创造了长尾市场的新样板。

ZARA 值得大多数传统企业借鉴的是，它有意识地在自己的产品中“制造短缺”。虽然一年中它大约推出 12 000 种时装，但每一款的量却并不大。即使是畅销款式，ZARA 也只供有限的数量，常常在一家专卖店中一个款式只有两件，卖完了也不补货。ZARA 总裁 Isla 说：“我们不想所有人都穿同样的衣服。”随着每周两次补充新货物，公司使顾客养成经常来逛的习惯。

ZARA 商业模式创新之三：通过全程控制供应链，创造快速时尚的稀缺价值

ZARA 的成功得益于公司出色的服装行业的全程供应链管理，以及支撑供应链快速反应的 IT 系统应用。ZARA 公司采取“快速、少量、多款”的品牌管理模式，在保持与时尚同步的同时，通过组合开发新款式，快速地推出新产品，而且人为地造成“缺货”，以实现快速设计、快速生产、快速出售、快速更新，以及专卖店商品每周更新两次的目标。

ZARA商业模式创新之四：专业“买手”——设计师

ZARA有400多名设计师，他们经常出没于米兰、巴黎这些时尚中心举办的各种时装发布会之间，或者出入于各种时尚场合，观察和归纳最新的设计理念和时尚动向。通常，一些顶级品牌的最新设计刚出来没多久，ZARA就会发布和这些设计非常相似的时装。这样的模仿能保证ZARA紧跟时尚潮流，也打破了其他企业设计师主导企业未来的境遇，ZARA已跻身于世界100强著名品牌行列。

ZARA商业模式创新之五：重金打造信息系统

在ZARA调控中心的大办公区里，20多名工作人员坐在电话机旁，使用包括法语、英语、德语、阿拉伯语、日语和西班牙语在内的不同语言，收集来自世界各地的客户信息。通过他们的工作，时尚情报信息每天源源不断地从世界各个角落流入ZARA总部办公室的数据库。ZARA的主要信息来源是设计师和全球800多家门店。

1. 商业模式设计的概念及特点

商业模式设计是指根据客户需求而进行创新的战略重塑，为追踪可持续利润而进行的企业战略设计。它的重点在于全部架构必须紧扣客户价值，因为这是一个为了“创造客户价值”而精心规划的价值创造系统。

商业模式设计有以下特点：

（1）将他人或自己此前做不成的商业，转变为自己可以做出的商业；

（2）有助于新创企业尽快实现“正的现金流”和“最大化利润”；

（3）反复试错、修正；

（4）是企业战略设计的基础。

2. 商业模式画布

商业模式画布是指一种用来描述商业模式、可视化商业模式、评估商业模式以及改变商业模式的通用语言。商业模式画布是会议和头脑风暴常用的，且在设计、分析商业模式时用到的一个工具，它通常通过一面大板、一张白纸或者一面墙来展现，它可以给决策者呈现出一种简约而又高效率的内容，从而更有效地帮助设计者进行商业模式的设计（图7-2）。

图7-2 商业模式画布式样

商业模式画布通常由以下九个部分构成：

（1）客户细分（customer segments，CS）

客户细分是指企业或机构所服务的一个或多个客户分类群体。企业可以把客户分成不同年龄段或者不同需求群体，甚至专为一种客户群体服务。例如：各大银行把理财客户分为稳健型客户、保本型客户、激进型客户，从而为他们提供不同的理财方案。

（2）价值主张（value propositions，VP）

价值主张用来描述为特定客户细分创造价值的系列产品和服务。价值主张的重要性在于它表明了商业模式的价值定位和未来发展方向。阿里巴巴的价值主张是为商人提供平台，让天下没有难做的生意。而校园正装店的价值主张是专门为有需要的大学生提供性价比高的正装服务。

（3）渠道通路（channel highway，CH）

渠道通路是指通过沟通、分销和销售渠道向客户传递价值主张。过去，苏宁只通过线下直营店进行商品销售，如今，苏宁已经把销售渠道主要分为线上商城和线下的实体店，并与高效物流合作，构成完整的营销渠道模式，双管齐下进行营销。而校园正装店的销售渠道也可分线上和线下，线下可以通过实体店进行销售；线上通过微信朋友圈、微博等宣传方式，让更多的人能购买正装。

（4）客户关系（customer relationships，CR）

客户关系是指在每一个客户细分市场建立和维系客户关系。星巴克通过在线 App 设置会员积分卡，在增加客户黏性的同时，提升客户地位，维持良好的客户关系。而校园正装店通过让顾客关注微信公众号来建立客户关系，并定期通过正装优惠活动、回馈活动等方式来维持客户关系。

（5）收入来源（revenue streams，RS）

收入来源是指通过成功提供给客户的价值主张产生收入。国际知名零售商沃尔玛的收入来源主要来自其细分市场下的零售商品收入，而校园正装店则通过专门为有需要的大学生进行正装销售，从中获取买卖的差价。

（6）核心资源（key resources，KR）

核心资源是指能为公司价值创造和竞争优势形成起到关键性作用的资源。对于房地产商而言，其核心资源是资本与土地。而校园正装店拥有与校园学生所建立起来强大的客户关系网络。

（7）关键业务（key activities，KA）

关键业务是指企业通过执行一些关键业务活动运转商业模式。校园正装店的关键业务有两种：一是为有需要的大学生做好每一次的正装服务，甚至包括售后服务；二是通过各种优惠、活动、公众号推文等方式与学生维持良好的客户关系。

（8）重要合作（key partnerships，KP）

重要合作是指部分业务需要外包，而另外一些资源需要从企业外部获得，或通过合资等其他方式，建立战略合作伙伴关系。校园正装店与服装供应商建立战略合作关系，保证服装质量优质和服装按时到达，并与同学构建关系网络进行合作，大力宣传品牌。

（9）成本结构（cost structure，CS）

成本结构是指商业模式上述要素所引发的成本构成。对于一个类似阿里巴巴的 B2B 电商平台而言，它的成本在于平台维护费用、平台推广费用和人力费用等，而校园正装店的成本则为进货成本、宣传成本、店租、人力成本等。

二、常见的商业模式

1. 长尾商业模式

由于成本和效率的因素，当商品储存、流通、展示的场地和渠道足够宽广，商品生产成本急剧下降以至于个人都可以进行生产，并且商品的销售成本急剧降低时，几乎任何以前看似需求极低的产品，只要有人卖，都会有人买。这些需求和销量不高的产品所占据的共同市场份额，可以和主流产品的市场份额相当，甚至更大。例如，某杂货店只专注于20%的产品品种的销售时，杂货店的利润固定在长尾模型的前部分。但是随着产品品种的不断增加，长尾模型得以延伸，杂货店的利润因为余下80%的产品品种增加而增加，杂货店的经营模式就从最开始依赖于少数的几种产品到如今的多样少量，使得杂货店的利润来源多样化。这个例子描述了企业向大量用户销售少数特有产品，到销售庞大数量的特殊客户需求产品的转变，而每种产品都只产生小额销售量，即是多样少量。长尾商业模式就是为多个不同市场提供大量产品，每种产品相对而言卖得较少，但销售总额可以与传统的模式相媲美。

在传统广告行业，高额的广告费用只有部分大型客户才支付得起。如果还是按照这种传统的模式，Google的收入可能就只是依赖于几家重要的客户商。然而，Google公司也为一些中小型企业提供了一个门槛非常低的广告平台，通过赚取这些多笔少量的收益，来获取更多的利益。这就是一个长尾式商业模式的应用。

2. 多边平台商业模式

多边平台式商业模式是指将两个或者更多有明显区别，但又相互依赖的客户群体集合在一起，通过促进各方客户群体之间的互动来创造价值。只有相关客户群体同时存在的时候，这样的平台才具有价值。

自索尼PS3面世以来，游戏产业发展迅速，甚至还有了VR技术。毫无疑问，在这个产业中，最成功的就是索尼公司的PS4。在PS3时代，一个工作室研发一款游戏平均需要6～12个月，而PS4为开发者提供了高效的游戏开发平台，用1～2个月便可使一部游戏作品成型。产生这种差别的原因正是由于索尼公司对商业模式做出了调整。索尼公司游戏机所运用的商业模式就是多边平台式商业模式。

3. 免费商业模式——免费增收

免费增收商业模式，就是大量的基础用户受益于没有任何附加条件的免费产品或服务，而通过另外的增值服务来收费。

腾讯公司在许多年前就看到了社交软件这个市场的前景，开发出中国的第一款社交软件腾讯QQ，这款软件通过社交平台的免费化，让软件的受众扩大到大众群体。但在刚开始运营的时候，QQ大部分的利润是通过优质的账号号码付费来获取，但这种收入来源是有限的，无法帮助企业持续创造价值。渐渐地，腾讯公司看到了自己发展的瓶颈。通过平台的发展、网络的普及和借鉴其他国家的做法，腾讯陆续推出了多种虚拟个性化产品，例如，一些“帽子”“衣服”的装扮，这些产品当中大部分是付费产品。由于软件本身是免费试用的，吸引了数量庞大的用户群体，部分群体由于个性化的需求，购买了付费产品。而且对于付费产品本身而言，边际成本几乎为零。近年来，因为电商行业的发展如火如荼，腾讯推出的微信支付，也成为人们生活的一部分。回顾QQ的发展过程，腾讯公司所用商业模式的关键是将大量的免费用户转变为部分付费用户，这种商业模式就是典型的免费增收商业模式。

4. 免费商业模式——免费平台

免费平台式商业模式，就是平台的一边被设计成以免费的内容、产品或服务来吸引用户，平台的另一边通过销售广告位来产生收入。

5. 免费商业模式——诱导模式

诱导式商业模式指的是通过廉价、有吸引力的，甚至是免费的初始产品或服务，来促进相关产品或服务未来的重复购买的商业模式。例如，惠普是一家著名的办公用品公司，所生产的打印机享誉全球，这种打印机以技术含量高、打印质量好著称于业界，但它的真实售价却比同性能的打印机要低，其原因就是打印机中的一个至关重要的部件——墨盒。墨盒是打印机里的一种耗材，它有一定的容量；用完后，必须要更换墨盒，才能重新使打印机正常运行，这才是惠普打印机商业模式的真正开始。对于此公司的打印机，若人们使用其他厂商的墨盒，使用者就会发现，打印出来的成品质量大不如前，只有用惠普公司的原装墨盒才能发挥出打印机的最大性能，因此，使用惠普打印机的客户，大部分为了打印的质量宁愿购买高价的专属墨盒也不去使用廉价的墨盒。这种商业模式就是诱导式商业模式。

在传统的商业模式中，企业要花费较高成本打造自己的产品。而且仅提供给付费客户，对于多数消费者，高昂的价格使产品的受众十分狭窄，让商品难以售出。以下是三种免费式商业模式分别对传统商业模式问题采用的解决方法（表7-1）。

表7-1 三种免费式商业模式对应的解决方法

商业模式	解决方法
免费增收	提供免费的商品，通过增值业务盈利
免费平台	提供免费大众化平台，通过平台获得客户流量和广告费
诱导	提供价格低廉或免费的商品，通过与之相关产品盈利

6. 开放商业模式

开放商业模式可以用于通过与外部伙伴系统性合作，来创造和捕捉价值。由外到内就是将外部的创意引入到公司内部，来自完全不同行业的外部组织可能会提供有价值的见解或知识以及对内部开发团队来说现成的产品；也可以将企业内部闲置的创意和专利提供给外部伙伴，有些研究成果因为战略或运营层面的原因而变得没有价值，但是可能对于外部其他行业组织有巨大的价值。其优势可以让我们取长补短，不必从头开始研究，使用其他组织的创新成果并从中获益。

(1) 开放商业模式——由外到内

如今，在国内作为手机行业的领军人物雷军，在小米手机推出之前，通过建立粉丝群，充分听取用户意见，了解手机用户的需求，不断修改小米手机的功能，可以说小米手机最早是从一群粉丝发展起来的。小米公司利用社区交流平台，洞察消费者对手机的需求动向，根据客户的需求去打造消费者心仪的手机产品。这就是开放式商业模式的一种（由外到内），小米手机通过集结粉丝群体，形成一种由外到内的研发体系。从最初的网络社区平台，再到微博逐渐壮大的粉丝队伍，他们的需求动向被传达给了内部研发者，促使内部研发者开发出符合消费者需求的产品。这种商业模式的成功运用，让小米手机迅速抢占市场。

（2）开放商业模式——由内到外

过去，诺基亚手机可谓家喻户晓。虽然诺基亚手机在 2013 年就停产了，但在业界有这样一句话："生产手机的诺基亚是可怕的，但是不生产手机的诺基亚更可怕。"这是因为，手机停产之后，由于之前的积累，诺基亚成为手握大量核心专利、相对单一的授权公司。诺基亚没有将这些专利闲置，而是形成专利池，为公司带来源源不断的收益。诺基亚将内部闲置的专利授权给外部，获得收入，就是由内到外的开放商业模式。

本节介绍了长尾商业模式、多边平台商业模式、免费商业模式及开放商业模式四种常见的商业模式。下面分别对这四种常见的商业模式进行梳理，并对其关键词进行分析解读（表 7-2）。

表 7-2　常见商业模式关键词解读

常见商业模式	关键词解读
长尾商业模式	以多样少量为核心为多个细分市场提供多样产品
多边平台商业模式	两个或多个客户群体之间搭建平台
免费商业模式	针对不同的客户提供几个含有不同收入来源的价值主张，其中一个是免费的（或极低成本的）
开放商业模式	通过利用外部合作伙伴或内部成果转化为价值主张

三、商业模式设计的流程与评价

1. 商业模式设计的流程

在商业模式设计的流程中，由顶层设计到具体化设计，是一个循序渐进的过程。创业者需要步步为营、逐级细化，才能更好地设计出客观可行的商业模式。如表 7-3 所示，说明了商业模式设计的具体流程。

表 7-3　商业模式设计的流程

顶层设计	具体化设计
价值体现	产品或服务的核心、非核心及衍生价值
价值创造方式	产品或服务的研发、生产方式方法和途径
价值传递方式	产品或服务营销的方式方法和途径
企业盈利方式	基于企业与客户交易关系及市场竞争的企业盈利方法及途径
四类要素联系	产品或服务的研发、产销、交易竞争关系的协调

2. 商业模式的评价准则

商业模式的三个评价准则（图 7-3）。

（1）客户价值实现程度

客户价值实现程度是指商业模式能够在多大程度上实现创业团队原本拟定为客户创造并传递的价值。比如，有一个大学生创业团队，研发出一套智能的鱼塘装置，将装置放在鱼塘中，可以监测鱼塘中有怎样的养分？需不需要添加一些饲料？养殖的是什么鱼？还有其他一些个性化的功能，但是，在研发设备的时候，首先要考虑渔农有没有这样的需求。

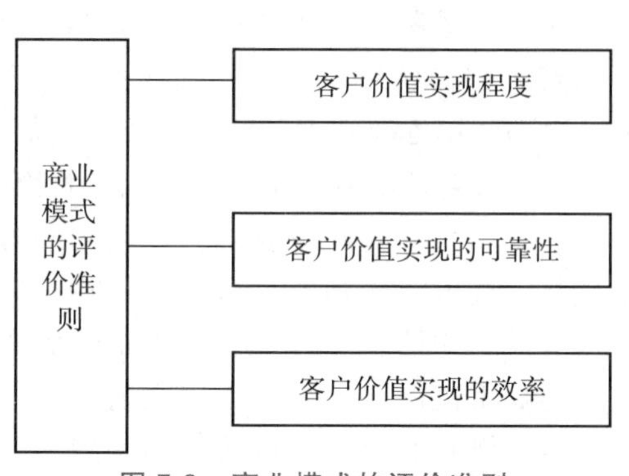

图 7-3　商业模式的评价准则

（2）客户价值实现的可靠性

客户价值实现的可靠性是指创业者能在多大的程度上为客户可靠地提供拟定的价值。以智能鱼塘设备为例，如果说渔农对这种设备是有需求的，那么创业团队要能够明确设备将带来的收益及风险，这就是可靠性的问题。

（3）客户价值实现的效率

客户价值实现的效率表现为商业模式为客户去创造并传递价值的效率。例如，如果客户要做一件衣服，但要半年之后才能够生产出来。那可能半年之后这种款式已经不再时尚，此时客户的需求不能被满足，则客户的价值实现效率太低了。

四、商业模式创新

淳点："国际视野"下的品牌突围

——内蒙古淳点控股集团　毕书杰

淳点的创业经

"好政策、好园区、好合伙人、好行业"，毕书杰用"四个好"形容淳点走到今天的天时、地利与人和。

2007 年大学毕业的他，先后到西安交大、清华大学经管院深造。2016 年，在"互联网＋"的时代感召下，毕书杰创立淳点品牌。

响应国家"西部大开发"和"一带一路"号召，2016 年，毕书杰创办了内蒙古淳点控股集团，集团深挖鄂尔多斯市第三产业新的经济增长点，积极践行区域高质量发展和走出去战略，业务涵盖绿色矿山治理、黄河流域生态治理、新能源开发、医药大健康、绿色食品、旅游康养等几大领域，开发出功能食品、保健食品、医药等 9 大系列 81 种产品，拥有多项发明专利和实用型专利，构建起了覆盖全国的营销网络。

"自主创新是企业转型的引擎"毕书杰深谙此道。淳点着力于品牌创新、服务创新、商业创新、渠道创新，坚持自主研发的核心理念，站在全球化视角的耕耘开始照进曙光。

2018年，为了坚持"生态优先、持续发展"的经营理念，积极配合各级政府部门做好黄河流域保护生态治理、沙漠地带生态建设及采煤沉陷区的生态恢复工作，依托鄂尔多斯农业资源禀赋，淳点的产业核心由高端乳制品转变为以沙棘产业为核心的全产业链战略布局，形成了"种沙棘、保生态、抓产业、促增收"的良性循环，创造了小沙棘成就大产业的奇迹。在助力农民脱贫攻坚、保护地域生态环境、促进鄂尔多斯全面深化转型发展中走出了一条潜力无限的创新之路，由此成为自治区沙棘产业重点企业，市政府重点扶持企业，市农牧业产业化龙头企业和国际沙棘协会理事单位。

淳点的创业经，是毕书杰积极响应国家与地区号召，做精生态农业产业，深化转型创新发展的一本"经"。

淳点的担当经

毕书杰非常重视企业的社会责任，从创业之初便积极投身社会公益事业，积极参加为灾区举办的多场捐款献爱心活动，为东胜区教体局捐赠了300余万元的机器人。还为许多贫困学生募集学杂费，为聋哑学校的孩子们资助学习，长期资助孤寡老人与家乡村民。目前累计向社会各界捐赠现金和物资合1200余万元。2020年疫情期间，通过多方渠道从韩国购买KN95口罩等医用物资，为鄂尔多斯市一线医务人员、社区工作者、公安和记者捐赠120余万元的医用物资。2021年疫情期间，又向鄂尔多斯市各个旗区捐赠110余万元的物资。毕书杰还始终心系家乡赤峰，疫情期间，在全国防疫物资紧缺的情况下，毕书杰第一时间联系海外合作伙伴，为翁牛特旗筹集捐赠大批医用口罩，助力家乡疫情防控。

集团全力响应全市"百企帮百村"号召，主动与当地贫困村折家梁村进行精准帮扶，每年定点采购结对帮扶村折家梁村的高粱和肉类等农畜产品，助力当地群众脱贫。集团与村集体合作，助力当地28名少数民族村民脱贫。为了让公益事业更加规范与持久，集团成立了淳点党支部和淳点工会，讲创造、讲奉献进入一个新的境界。

淳点的品牌经

淳点的产品覆盖了全国47个城市并出口马来西亚等国，并入选全国"一县一品"特色农产品进驻上海世博会永久展区。淳点产品被俄罗斯圣彼得堡经济论坛指定为会议用品。淳点还作为《联合国防治荒漠化公约》第十三次缔约方大会和APEC未来之声官方合作伙伴指定供应商，产品也频频亮相国际舞台，"战绩"不俗。

淳点，"淳朴简单多一点。"淳点的理念是致力于为消费者提供"最绿色""最天然"的产品，为了实现这两个"最"，努力寻找优质原材料与最传统的制作工艺，研发出独具特色的沙棘产品。

同时毕书杰策划启动了"为产品赋魂文化工程"，将内蒙古传统民族特产升级为文化产品和具有普及性的大众消费品，设计了蒙古族人物系列形象及各类蒙古族文化标识，通过产品人物形象与消费者对话的形式，拉近了传统美食与消费者的距离。"淳点"各类产品及相关民族人物形象的发布，受到了广大消费者及媒体的广泛好评。如此不仅解决了内蒙古地区特产产品同质化严重、生产企业产能过剩的问题，并且在分享美食的同时讲好了内蒙古故事，传递了少数民族情怀与人文精神。

公司利用互联网的人才共享与技术共享平台，聚集了清华大学、西安交通大学、中国农业大学等内蒙古自治区缺少的A类人才为产品做整体的营销方案与全方位的产品定位；对内完善人才机制，引进了曾供职于中粮、中化集团、马迭尔、良品铺子等大中型央企私企的专业型管理人才。在营销中淳点推行了城市合伙人制度，在西安、广州、上海、赤峰设立了分公司。淳点还加强了与沙棘相关企业的合作，建设线上线下共享管理平台，无偿提供线上销售平台，为该类生产企业提供转型帮扶与一对一的经营指导，带动周边企业共同提升，全面转型。通过提升企业和产品竞争力、强化实施品牌战略、创新营销发展方式、注重知识产权保护和专利技术研发，加强企业经营管理建设这“五步曲”战略，淳点在更高的层面开启了一个精进不休的航程。

“开发一种植物，修复一片生态，培育一项产业，造福一方百姓。”这是毕书杰实施沙棘项目之时便始终秉持的理念，从2020年开始，淳点的沙棘战略便开始升级。围绕沙棘产业发展优势，2020年内蒙古淳点控股集团与东胜区政府签订“30万亩沙棘种植基地，转化年产28万吨沙棘食品和2万吨医药副产品”项目战略合作协议，与伊金霍洛旗人民政府签订“沙棘生态特色小镇”战略合作协议，目前沙棘生态特色小镇正在建设中。集团多维度推进矿区生态治理与修复工程，在绿色矿山治理中已标准化种植沙棘近10 000亩，带动了农牧民就业，同时也推动了经济社会高质量发展。

在商界中有这样一句话，“发现机会是创业的核心，设计商业模式是创业的基础。”就是说，机会的发现和商业模式的设计对创业来说都是相当重要的。商业模式创新是指把新的商业模式引入社会的生产体系，并为客户和自身创造价值。在进行商业模式创新时有五种常用的方法，分别是创意构思、客户洞察、可视化思考、情景推测、原型制作。

1. 商业模式创新方法：创意构思

设计新的商业模式会产生大量创意，需要从中筛选出最好的创意，这个收集和筛选的过程被称作创意构思。创意构思有五种方法，分别是资源驱动、产品和服务驱动、客户驱动、财务驱动以及多中心驱动。

（1）资源驱动

资源驱动是指源于一个组织现有的基础设施或合作关系的拓展，去改变现有的商业模式。对于创业者而言，要懂得分析和思考如今团队有怎样的核心资源、有怎样的关键业务、和谁有重要的合作？简而言之，资源驱动就是企业利用自身的优势资源，为其获得最大的经济效益及如何去进行改变的过程。例如，阿里巴巴与客户之间的关系中，有一点是自动化服务。为了更好地去实现给客户自动化的服务，他们必须要有一个强大的云计算平台。2008年，阿里巴巴就开始去研发自己的云计算平台，并且做了大量的研究和投入，使阿里巴巴成就了全球领先的云计算平台——阿里云。实施以后，把这个平台的多余资源出售给市场，从而改善自身商业模式，扩大收入来源。

（2）产品和服务驱动

产品和服务驱动是指通过建立新的价值主张的方法来影响其他商业模式的构造块，从而形成更加有吸引力的商业模式。简而言之，企业通过产品创新和服务创新，提高行业竞争力，获得经济效益。京东刚开始上线时吸引消费者的地方，一是正品，二是低价。之后京东发现，消费者在网购的时候，希望自己在网上订购的商品能够更快更好地送达到手中。如果通过第三方的物流平台，可能没有这么好的契合度，所以京东选择自己去建物流，创新服务体系。现在，消费者在京东购物的时候，对物流更加信任，也吸引了更多消费者在这个平台上去进行购物。

（3）客户驱动

客户驱动是指基于客户的需求降低客户获取产品或服务的成本，或提高获得产品和服务的便利性。简而言之，企业通过准确调查，获得客户的需求，从而在产品和服务上更好地满足客户。

（4）财务驱动

财务驱动是指由收入来源定价机制或成本结构驱动，推动整个商业模式的改变。简而言之，就是通过财务手段去减轻企业财务压力，更好地进行商业活动。

（5）多中心驱动

多中心驱动是指由多个集中点驱动，且会显著地影响商业模式的其他构造板块。前文提到的四种创意构思方式，每一个点同时驱动改变，就会焕发其商业模式的新活力。亚马逊一开始是卖书的，开展多元化的业务后，价值主张改变了，从而使客户细分群体也相应改变了。另外，它又提供了像阿里云一样的服务——AWS（亚马逊的一个云服务），此案例就是典型的多中心驱动的表现形式。

2. 商业模式创新方法：客户洞察

在商业模式创新的过程中，还有一种方法叫客户洞察。客户洞察是指先通过数据调查，获得客户需求数据，再根据所获得的数据进行分析，得出商业模式改进方案，最后根据方案对销售手段进行改善的过程。

3. 商业模式创新方法：可视化思考

可视化思考是指使用诸如图片、图表和便利贴等工具，视觉化地去表达想法，便于构建和讨论商业模式。常用的工具有便利贴和一些绘图工具等。在使用商业模式画布的时候，常常会把它投影在一个空白的墙或画在大白纸上，当讨论出想法时，会写在便利贴里边，然后贴在相关的一些构造块中，以便更好地去进行观点的碰撞。

可视化思考作用如下：

（1）理解商业模式的本质所在。通过视觉化表达来阐述自身的观点。

（2）抓住重点。当然我们不仅仅是抓住重点，更是便于我们去查看商业模式的整体与每个构造块之间的关系。

（3）促进对话，产生共同语言。其实制作一些绘图是很简单的，而且能够帮助我们去更好地理解，使得相互之间没有沟通的障碍，达到共同理解的目的。

（4）及时反馈观点，促进观点之间的碰撞，进而提高更多的创意产生的可能性。

（5）促进彼此之间的交流。

4. 商业模式创新方法：情景推测

情景推测是指将抽象的概念变成具体的模型，通过情景的再现，去思考商业模式在特定的环境之下可能的演变趋势，以及如何应对，使得创业团队更好地调整和改善商业模式。

一般常用的方式包括客户的情景推测和未来的情景推测。

（1）客户的情景推测

客户的情景推测是指什么类型的客户在使用我们的产品和服务、如何使用我们的产品和服务，以及客户的期望和顾虑又分别是什么。

（2）未来的情景推测

未来的情景推测是指描述新的商业模式可能会参与到未来竞争的场景。未来我们竞争的场景会是怎么样？又该如何去调整自己？首先，我们可以借助画布去思考客户细分群体是谁？其次，客户从哪里获得我们的产品和服务？最后，得到利润的方式是什么？或者说在这些客户细分群体当中，哪一类的细分群体能够帮助我们获得更多的收入。

5. 商业模式创新方法：原型制作

原型制作原本是一个设计学的专有名词。而在商业模式中，原型经常用商业模式画布来表示，商业模式画布作为一个原型和一种思维工具，它能刺激团队不断地思考商业模式的创新。原型也是一组前进的路标，企业可以通过原型来确定适合自身的商业模式的前进方向。

思政之窗

近年来，由于学校的扩招和经济下行压力加大等因素的威胁，中国出现大学毕业生就业压力逐渐增大的现象。在这种状态下，党和政府必须鼓励和促进大学生创业，缓解就业压力。国家相继出台了一些政策，鼓励大学生创业，而且还创建了创业教育和培训中心，国内许多学校开始纷纷建立自己的企业孵化器，来支持、鼓励大学生自主创业。

与此同时，根据调查数据显示，大学毕业生选择创业的比例不到总数的1%，而发达国家一般占到20%～30%。因此不难发现，单纯依靠优惠政策难以解决大学生创业问题，必须从学生本身入手，让学生在学习阶段就了解创业、接触创业、学习以及体验创业。

思考练习

1. 分别阐述商业模式及商业模式设计的概念。
2. 常见的几种商业模式有哪些？他们分别具有的或样及优势是什么？
3. 简单说出常用的五种商业模式创新方法的名称及其含义以及它们在企业中的运用。

第八章

创业计划的制订

了解创业计划及创业计划书的含义；

系统地掌握创业计划项目选择的原则与流程是什么；

深刻理解并掌握创业计划中包含的九个方面的内容；

对创业计划书的撰写与展示技巧要有一定的了解；

掌握项目路演 PPT 的制作及其展示技巧。

为制作魅力“光影”而沉醉

——鄂尔多斯市木子页影视文化传媒有限公司　师永亮

如果每天靠空想构建自己理想的城堡与生活，生活给予自己的一定是零回报。无论想干什么，想好了就必须要撸起袖子开始加油干，否则就成了空想家。

明白了这个道理是在 2004 年大学毕业后，师永亮放弃了高校教师的职务与北京外企的工作，一头扎进创业的湖海折腾起来。身边没有任何人看好他，他们用怀疑的目光看着那个瞎折腾的青年，就像看待一个天方夜谭的笑话一般。

开始接触影视行业制作已是 2014 年。2015 年，师永亮创办了谛普亿和文化传媒（天津）有限公司，紧接着又和他的合伙人共同创办了纽客映画（天津）数字科技公司、木子页影视文化传媒有限公司。

创业初期，在天津滨海新区磨炼并壮大

2015 年，谛普亿和文化传媒（天津）有限公司在天津市滨海新区生态城动漫大厦一个只有 40 平方米的小屋子里，设备是租来的 8 台电脑（图形工作站），和员工一起 10 个人挤在里边，在这里熬过了最艰难的 2 年。

公司刚起步，技术薄弱，资金不足，招聘的员工也多是来自河北、山西、内蒙古、贵州、宁夏以及天津本地的大学生创业者，平均年龄只有 24 岁。

刚开始公司运作一团糟，上游企业给的项目很多时候我们接不住，很长一段时间，只有投入，没有一分钱回报，那时候感觉非常无助，就在那样恶劣的环境中，师永亮遇到了一个有理想有干劲的人，有一种不同的光亮照了进来，他就是师永亮现在的合伙人——内蒙古小伙儿李炜程。

李炜程不怕失败，不怕艰苦，坚毅地选择了师永亮和他的团队。李炜程的一句话："既然选择，我们彼此就要绝对信任，公司先把事做好，再去挣钱"让师永亮倍感惊讶，这个看上去刚步入社会的年轻人竟然有如此成熟的思想和见地。

共同的事业理想与价值观联系起两位年轻人，后来他们一起相继注册了木子页影视文化传媒有限公司和纽客映画（天津）数字科技有限公司，并肩作战熬过了许多个日夜，通过 3 个多月的技术攻关，公司员工的制作技术突飞猛进，公司的业务也很快有了起色。

2018 年被称为影视行业的严寒季，有限古令（所有卫视综合频道黄金时段每月以及年度播出古装剧总集数，不得超过当月和当年黄金时段所有播出剧目总集数的 15%），还有影视行业税务自查等，让刚刚步入正轨的公司开始面临一场严峻的考验。

怎么办？没有项目，就没有收入，房租，水电，员工的薪资等各种支出，公司如何能撑过去？山重水复疑无路，柳暗花明又一村。就在这个时候好政策来了，随着京津冀协同发展的不断推进，在天津也有了北京中关村的"孪生兄弟"——天津滨海中关村科技园。科技园的百度（滨海）创新中心向木子页影视文化传媒有限公司伸出了援手，中心给了 120 平方米办公区，给了装修补贴和产业扶持资金等，多项优惠政策的扶持如同雪中送炭一般，让木子页团队由衷地感受到了温暖。

在百度（滨海）中心，公司自主研发了数字美容技术，微电影摄影剪辑课程，影视制作后期处理管理软件等。再后来，核心团队不仅拥有多名业内顶级制作人员，而且吸引了领衔制作北京奥运会、世博会项目的艺术家们。公司的核心业务是为电影、电视剧、微电影等视频项目提供特效及专业的后期处理，后来业务不断拓展到电影、电视剧、专题、综艺、动画节目的制作、发行，互联网游戏开发、制作，工艺美术设计，影视技术开发、转让、咨询、服务，广告业务与文化艺术交流策划、咨询。还可以开展工作量相对繁复的专业抠像服务。

夜阑人静时，办公室里只听到鼠标和键盘敲击的声音。很多时候要在一周内赶制一部五六十集的古装剧项目。《楚乔传》《三生三世十里桃花》《扶摇》等多部热播影视剧的后期制作就是在这样的状态下完成的。将人物与场景画面完美的结合，丰富电影艺术的表现力，增强了电影艺术的感染力，带领人们进入一个奇幻的艺术殿堂，成了木子页不懈的追求。

很多热门影视作品如《镇魂街》《九州·海上牧云记》的制作，漫改小说《幻城》《秦时明月》《诛仙·青云志》，网络热剧作品《凤凰无双》《孤芳不自赏》的视频制作，广泛赢得业界的认可与褒扬，让团队获得了满满的成就感。

"对我们来说，创业是一种乐趣，更是一群志同道合的朋友为了共同的目标一起努力奋斗的过程！"

项目拓展，在鄂尔多斯开始创新实践

在展现光与影的高科技技术带来的视觉盛宴中，木子页团队投入了全情的努力与坚持，也活出了让人心花怒放的人生。两位创业合伙人又将项目复制到了鄂尔多斯。

2019 年 8 月，木子页的分公司鄂尔多斯市木子页影视文化传媒有限公司在鄂尔多斯科教文化创意产业园的大力支持下创立并成功入驻园区。为着力增强“造血”功能，助力东胜经济的振兴发展，园区全力拓宽对中小微企业的帮扶渠道，像木子页一样的许多初创公司成了最大的受益者。在文创园的帮扶下，公司的业务开展地越来越好，公司也希望能助力园区，让园区的未来更加开阔。

2020 年初突如其来的新冠感染，让公司又迎来了一次新的挑战。在新冠感染疫情的影响下，剧组无法正常开工，投资人大面积撤资，导致整个影视行业大面积瘫痪。公司依托天津市电子商务协会、天津市网络文化行业协会、天津市演出行业协会等相关行业协会开展网络主播的培训，又在积极布局快速打造网红孵化、网红直播、网红经济、网红电商以及短视频直播全产业链开发、KOL 网红孵化运营、商业价值挖掘变现等项目，面对新的挑战，公司也在不断丰满着逆风飞翔的羽翼。

遥想前景很光明，但过程会很曲折，这也是创业之路的真实写照。创业到现在，对于师永亮和李炜程两位创业者来说，虽然往日吃的百般苦早已变得风轻云淡了，但却留下了宝贵的精神财富：“跟对的人做对的事，就会事半功倍。有竞争对手不可怕，我们只需要比他们多思考些，做得更专注，更投入，最后胜利的还是我们。只要我们把工作当事业去做，结果肯定不一样。”

这些从艰难的创业过程中总结出来的经验，如同可以点亮内心的一座座灯塔。

“希望这些灯塔，也能照亮每位初创者通往理想的大门，指引他们一路前行。”师永亮说。

第一节　创业项目的选择

一、创业项目的选择原则

什么样的创业项目好，什么样的创业项目适合我做，我们究竟应该遵循什么样的创业项目选择原则，这些问题在我们的脑海里一直没有答案。其实，在选择创业项目时可以用到一个分析模型，我们把他这个模型叫作创业项目筛选原则模型，这个模型里面涉及 6 个选择项目的基本原则：即优势原则、政策原则、需求原则、价值原则、竞争性原则、投资性原则，如果通过模型分析，你的创业项目符合这 6 个原则，就表示这个创业项目基本上适合你，你就可以重点关注和跟进这个项目了，然后投入时间和精力围绕该项目做进一步的思考与策划。

1. 优势原则

优势原则指的是你选择创业项目时，要能突出你的优势，要做你最擅长的事，做你最熟悉的领域，做你自己资源最多和优势最明显的项目。也就是你做这个项目时，最能突出你在专业知识、专业技能、人脉关系、市场资源等方面的优势。例如，如果你是学计算机专业的，那么做 IT 项目或工业自动化项目就比较适合你；如果你是学设计专业的，那么文创设计类项目就比较适合你；如果你是学医学的，那么大健康的项目就比较适合你。通过专业知识、专业技能、社会经验和资源优势，统筹考虑你适合做什么创业项目（图 8-1）。

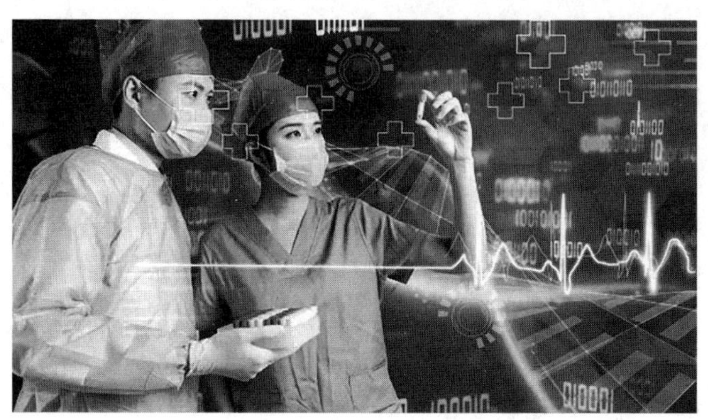

图 8-1 选择优势创业项目

2. 政策原则

政策原则指的是你选择的创业项目一定要符合国家政策、产业政策和地方政策。国家、产业和地方扶持政策背后有资金和税收等方面的支持，如果你选择的这个项目符合政策支持，就有机会获得政策的扶持和助力发展。如果你想做一个文化创意的主题公园项目，而国家有支持文化创意产业发展的政策，项目选择方向就没错；如果你想做一个共享物流的项目，而国家有扶持物流产业发展的政策，项目方向也没有问题。但是，如果你想做一个存在废气排放的冶金项目，而国家已经出台大气污染治理政策，这样你的项目和国家政策方向相违背，就不太适宜去做。

3. 需求原则

需求原则指的是你所选择的创业项目一定要有市场需求，最好是有刚性需求和紧迫性需求，同时还有一定的潜在服务需求。这个有需求的市场要足够大，市场容量在 10 亿元、20 亿元、50 亿元，甚至在 100 亿元以上。例如，我国现在大气污染比较严重，经常出现雾霾和沙尘暴天气，不仅一二线城市，甚至三四线城市也都经常有雾霾天气发生，如果你想做一个防范雾霾和沙尘暴的类似雾霾口罩和空气净化器项目，那么就一定存在庞大的市场需求，这个需求一定是紧迫和刚性的，只要研制生产的雾霾口罩产品物美价廉，性价比高，就一定会有市场。

4. 价值原则

价值原则指的是你所要选择的创业项目一定要有价值，要能挣钱，要能产生利润，并且产品的附加值高。价值原则要求创业项目所能创造的价值高，附加值高，产品销售后净利润和毛利润都要高。例如，你想做一个快递的项目，利润率只有 10%，而另一个旅游项目的利润率可以达到18%，很明显旅游项目比快递项目利润率高，附加值高，自然是选择旅游项目获取的利润会更高一些。

5. 竞争性原则

竞争性原则指的是你所选择的创业项目市场竞争对手数量不能太多，竞争对手的实力不要太强，这样你才有赢得市场份额的机会。如果你进入一个市场，竞争对手很多，而且竞争对手都很强，你就很难在市场竞争中获胜，你的创业项目做得会很吃力、很费劲，甚至被竞争对手打败；相反，如果你进入一个市场里，竞争者很少，竞争者的能力也不强，你就有机会迅速占领市场，获取一定的市场份额，让你的项目快速成长起来。例如，你想做一个网上代购项目，帮助客户代理购买国外的品牌化妆品，但是现在有很多人在做代购业务，大多数的进货通道和客户资源已经被别人抢走了，以你的资源和能力未必做得过别人，竞争优势不明显；相反，如果你做的是一个针对退役军人就业创业的培训项目，你能通过设置完整的创新创业培训课程体系、优质的教师队伍和有特色的培训形式，为自主择业的退役军人提供就业创业培训，市场竞争不是很大，说明你选对了项目，就有机会做大做强。

6. 投资性原则

投资性原则指的是你所要做的项目要满足投资规模小、投资周期短、投资回报率高、投资回收期短，而且投资风险较小的特点。其项目特点意味着创业项目容易启动、可以很快上手，以及项目投资收益比较理想且可以尽快收回项目投资成本，投资风险小意味着容易把控项目的风险。例如，很多人都觉得开养老院挣钱，那么你也想建个养老院，为这些老人提供养老服务。可是，建一家养老院除了需要办理一大堆手续外，项目建设投资也是一大笔钱，而且在短期内很难收回投资成本，投资金额大、投资周期长、投资利润不一定高，由于老年顾客对你的养老居住环境、养老设施质量、养老护理服务及住院价格也不一定满意，存在招收老人数量不足的风险，房间空置率高导致运营成本增高，盈利模式不理想导致经营利润下滑，启动这个项目的风险很大；相反，如果你选择的是一个亲子游项目，整合面对孩子益智和动手能力训练的培训项目及面对家长的专题讲座服务资源，利用周末，为孩子和父母提供一个集科技、文化、艺术于一体的温馨环境，帮助孩子和家长创造价值，其项目投资不大、投资回收期短、利润可观且风险也不大，此项目就比较适合我们进行创业开发。

二、创业项目的选择流程

一般来说，项目选择是有一定流程的，我们可以把项目选择分为7个步骤来进行分析。

1. 市场需求分析

选择创业项目时，第一步要从市场痛点入手，从市场服务需求入手。在思考和研判市场服务需求时，还要考虑这些需求是属于刚性需求还是一般需求，是属于紧迫需求还是属于潜在需求。如果确实存在刚性和紧迫的需求，那就有购买服务的市场机会，可能就是创业项目的一个点；如果是一般需求或潜在需求，可能市场还需要培育一段时间，那就可以多关注一下，不要急于马上启动这个项目。例如，现在我国很多人患有糖尿病，那么针对糖尿病患者的便捷检测仪器、治疗药物和饮食保健方法，就有刚性的且紧迫的市场需求。

2. 市场容量分析

第二步是要分析和研究项目的市场容量有多大，市场空间有多大。项目分析不仅要分析本地市场，还要分析国内市场以及国外市场。特别是针对互联网的项目，现在世界已经是万物互联，世界就是一个地球村，一定要用全球化的视野去考虑问题。一个项目的市场容量如果不能达到10亿元或50亿元以上，就算不上市场空间很大，做这样的项目就要慎重。例如，一个项目的市场容量只有1亿元，如果市场上有10家公司在做同一个项目，平均分配市场份额也只有每家1000万元，就算年利润率达到20%，也只有200万元利润，项目做不大，而投入的时间一点也不少；如果项目市场容量预估有50亿元，有10家公司同时做这个项目，平均分配市场份额就是每家占有5亿元，还是按照年收入20%的利润计算，就有1亿元利润，这样的项目对于公司发展空间还是蛮大的，也容易做大公司的估值，便于后期的项目融资。

3. 项目优势分析

第三步就是要评估一下做这个项目具备哪些优势。项目优势大，成功率就会高一些；项目优势小，成功率就会低一些。针对项目的优势分析可以围绕以下几个方面来进行。

（1）技术优势

首先评估一下我们如果做这个项目在技术方面是否具有优势。我们采用的技术较市场上竞争对手的技术水平如何，是高于他们还是和他们一样或是还不如人家。如果技术水平高于市场上的竞品，还有进一步技术升级的可能，并且有知识产权保护，那么在技术层面还是具备一定优势的。

（2）管理优势

创业公司一般成立时间不长，公司管理能力都较弱。我们需要评估一下如果实施这个项目，在项目管理、研发管理、生产管理、财务管理、人员管理等方面，我们是否具有管理优势。如果还有一定的管理优势，那么还可以考虑做这个项目；如果没有什么优势，那就要慎重考虑是否要启动这个项目。

（3）团队优势

创业项目能否顺利开展和实施，创业团队是关键。我们需要评估一下创业团队的能力是否足够强，是否具有优势。如果创业团队在专业性、互补性、协作性、执行力、学习力等方面还不错，说明具备一定的团队优势和团队能力；反之，如果各项指标都不太理想，说明团队能力较弱。

（4）渠道优势

服务产品是否能销售出去，销售渠道起到很关键的作用。我们需要评估一下在销售渠道方面我们是否具备一定的优势。如果有一些销售渠道可以帮助来销售项目产品，那么在渠道方面还有一定的优势；如果没有什么渠道，也没有什么人脉关系，那么渠道可能会成为市场销售的一个瓶颈。

（5）资金优势

创业公司一般最弱的就是创业资本不多，经营资金不足。我们需要评估一下我们有多少可以使用的创业资金，这些资金用于支撑产品研发、生产制造、包装物流、市场营销、房屋水电、人员工资等方面的支出可以维持多长时间，是6个月，还是12个月，或是24个月，如果我们的资金比较雄厚，后面还能源源不断地融到资金，那么我们就具有一定的资金优势。

（6）信息优势

市场信息也是企业竞争的要素之一，我们需要评估一下我们的信息优势如何。我们能掌握到多少市场信息，能了解到多少市场资讯，能拿到多少市场情报，对市场上已经存在的竞争对手有多少了解，包括竞争对手的技术水平、产品研发计划、生产加工能力、产品制造成本、知识产权情况、发展的瓶颈等。

4. 政策性分析

第四步就是要评估一下这个项目是否有政策优势，是否在国家政策、产业政策和地方政策的支持范围内。如果这个项目符合国家扶持方向，符合产业发展政策，符合地方重点发展规划，那么就有可能借政策之力来发展项目；反之，如果这个项目不符合国家产业发展政策，不属于地方发展的重点工作，那么在借助政策支持方面就会比较差，甚至还会受到政策的限制与治理。

5. 营利性分析

第五步就是要评估一下这个项目的营利性，看看是否能挣钱，在营利性方面是否具备优势。我们可以将项目所有可能的支出科目列出来，包括人工费用、房租费用、研发费用、材料费用、生产费用、营销费用等，计算出拟支出总和，另外再核算一下项目产品的年销售额、年净利润额、年利润率等主要财务指标，就大致可以判断出项目的盈利情况了。如果项目产品的年利润率可以达到25%以上，营利性还是不错的，如果项目产品的年利润率可以达到50%以上，甚至100%以上，那么这个项目的营利性就很好了，属于高附加值的项目。

6. 投资性分析

第六步就是要评估一下这个项目的投资性，看看这个项目的投资回报如何，如果能够达到投资少、回收快、附加值高，那么项目的投资性就比较好。我们可以用几个有代表性的财务指标去评估，如项目的投资额、投资回收期、投资收益率、内部收益率等。投资性除了评估财务指标外，还需要从项目风险的角度去评估。一般创业公司面临的风险有很多，常见的风险包括政策风险、技术风险、市场风险、管理风险、人才风险等，如果能分析清楚存在哪些项目风险，就可以综合评估投资性的优劣势了。

7. 竞争性分析

在执行了以上6个步骤后，被锁定的项目轮廓就基本出来了，但是市场竞争是残酷的，我们还要进行第七步来评估一下这个项目的市场竞争性是否具备优势。在分析项目的市场竞争态势时，重点是要了解目前市场做同类产品的竞争对手有多少，竞争对手的竞争产品情况是怎样的，竞争对手的实力如何。如果市场竞争不激烈，竞争对手不多，竞争实力不强，就给了我们一个抢夺市场的机会；反之，如果竞争对手很多，竞争实力还很强，可能还会冒出一些新的竞争对手，此时我们就要小心了。

第二节　创业计划

一、创业计划的定义

创业计划是一份全面说明创业构想以及如何实施创业构想的文件，是描述所要创立的企业是什么以及将成为什么的故事。创业计划需要阐明新企业在未来要达成的目标以及实现这些目标的具体途径；同时，需要随环境变化和执行情况而进行适当的调整和完善。具体来说，创业计划是创业者对新企业创业活动的整体规划，该规划描述了创建一个新创企业所需要的相关外部条件和内部要素，不仅要对市场状况、经营环境、消费者需求进行预测，而且还需要对新企业未来发展的销售、成本、利润和现金流量状况进行分析。

系统理解创业计划的内涵，应该把握以下几个要点：

1. 创业计划书的撰写或编制主体是创业者

创业计划应由创业者来准备。创业计划源于创业者的构想，但是这种构想往往是朦胧的、模糊的，特别是初期构想难以用清晰的商业语言或文字进行描述。因此，在创业计划书撰写过程中，创业者可以向其他相关人士进行咨询，如律师、会计、营销顾问、工程师等，有助于创业计划的不断丰富和完善。尽管如此，创业计划书的编制或撰写主体只能是由创业者本人或者创业团队成员完成，其他人难以替代。因此，创业计划是创业者必须亲力亲为的工作，完全将其交给他人完成的做法很不科学，也不现实，但是创业者对其技能进行评估后，可以雇佣能为创业计划提供合适的专业意见的人，来承担完善、补充和润色等工作（图 8-2）。

图 8-2　创业计划书的完善

2. 创业计划要描述创办新创企业所需的各种资源和要素

创业活动不是技术成果的简单转化，也不是初期产品的市场化实现，而是一个持续发展的过程。在新创企业创立及后续成长过程中，不仅需要多种资源和要素，而且其需要的时间、数量等均处于交替变化之中。首先，创业计划要对这些资源和要素进行系统盘点，包括企业内部资源及外部条件；其次，创业计划要对各种资源和要素的筹集、配置等进行筹划，既要保证创业活动的有效开展，也要保证各种资源和要素的使用经济有效。从这个意义上讲，创业计划书的编制或撰写过程也是创业诸要素或资源的筹划过程。

3. 创业计划要对创业实践活动进行系统规划

不论创业构想多么复杂，都是一种智力性思考活动，而创业实践即使再简单，也是多种类型活动的集合。一般来说，创业实践活动都要包括技术开发、市场开拓、财务预算、生产制造、人才配置等多种活动。创业计划不仅要对这些活动的时序进行筹划，也要对这些活动之间的关系做出安排；同时，也应具有较大弹性，以有效规避创业活动的盲目性，尽可能降低高度不确定性环境带来的风险。因此，创业者编制或撰写完整的创业计划书，需要聘请相关的专家、顾问或者中介机构，以增补创业所缺的各种知识和技能。

4. 创业计划要落实为一个综合性的书面文件

创业计划建立在创业构想基础之上，编制或撰写创业计划书的过程无疑是对创业构想的进一步深化、补充和完善，但创业计划一定要落实为一个综合性的书面文件。如果一个创意或构想不能用规范、符合逻辑的语言进行表达，很可能尚不成熟，或者从现有科学原理上难以成立，则这样的创意或构想就应该放弃。换句话说，如果不能将创业者的创业构想表达为综合性的书面文件，这个创业构想或活动就应该终止了。

需要强调的是，商业模式和创业计划不同，商业模式探讨一种生意的可能性，创业计划阐述一个项目的执行细节。准备创业一定要多思考商业模式，做什么、怎么去做以及如何做得更快、更好。如果创业者（团队）要去找投资人，就应写出创业计划书，投资人更要看你如何能够确保创业成功。

二、创业计划的内容

“壹张”的蝶变之旅

——壹张设计　张鹏

我是独立设计师张鹏，2017 年创办了壹张设计工作室，理想就是成长为一名多面手的品牌设计师。今年是我大学毕业的第 7 年，也是我来到鄂尔多斯创业的第 4 年。

缘起

女朋友在看到她的同学回到家乡创业小有成就后，也萌生出回家乡鄂尔多斯创业的想法，年底放假她和我交流了回家乡创业的想法，此时的我已经非常确定，她就是我想要共度一生的人，于是到鄂尔多斯创业在我们两人心中渐渐扎了根。

2017 新年后我来到鄂尔多斯做最后的考察，正值冬天寒风刺骨，眼前这片湛蓝的天空与丰袤的土地，让喜欢探索陌生世界和向往自由生活的我心里十分激动。了解到鄂尔多斯强劲的发展势头，文化产业与设计界的未来必将前景无限。征得了父母的理解和支持，加上对爱情的坚定，有了内心最强大的后盾力量，我终于决定在这片土地上开启新生活旅程。鄂尔多斯——我来了！

初到鄂尔多斯

来到鄂尔多斯后，我就开始找“组织”，2017 年 3 月，在考察了多个创业园后，我申请入驻当时的大学生创业园，当时创业园正在多园合并，在园区领导的支持下，壹张设计工作室有幸成为最后一个入园企业并在 3·15 那天正式注册成立了。

初期工作室缺少人手，自己做文案、写材料，包括做账、税务社保申报都要自己去办，刚开始办理手续非常生疏，经常因为材料准备不全跑了一趟又一趟，之后完成了工作室初步建设，事业也进入正轨。

创业之初，面对一个完全陌生的城市，没有朋友、没有资金、没有客户，甚至都不知道如何去拓展业务，这些问题都让我这个创业小白感到十分沮丧。在最困难的初创时期园区给了许多帮助，不仅提供免费的办公室场地，而且园区的领导也给予了我支持和鼓励，让我挺过了艰难的创业之初。

蝶变

慢慢地，在客户的互相引荐之下，工作室接到了一些公司和政府的业务，接触到的人也越越来多，做的项目也从零零散散的小项目变成了一个个完整的项目。

但工作室的运营状况与预想中的依然相差甚远。在与同行、前辈和各类客户的交流中，我开始审视工作室的现状，挖掘客户的潜在需求、调整自己的业务板块，对未来的发展方向做出了一个新的规划。工作室的业务不再局限于单纯的平面设计，在设计的基础上融入了运营的思维，如何做好一个企业的形象设计，如何运用营销的思维做好一款包装的设计，如何能让客户的产品吸引到更多消费者，我在不停地探索和总结。

我开始在业余时间学习充电，在线上听网课，与朋友交流设计经验，对一线成熟品牌案例进行分析研究，让设计思路与方案更加成熟起来。2017 年我亲手实践，为中科院的学校建设了一个非常有影响的科普项目——“见蝶”交互系统，系统建设的目的就是收录目前发现的所有蝴蝶的种类。每个学生，每个人都可以将自己看到的蝴蝶拍摄下来，研究好，将资料数据填写完备，上传到系统库里实现共享。

在创业园的 4 年，结识了许多志同道合的创业朋友，也深深感受到了园区领导的关怀与助力，在这样的发展机遇下，壹张不断得到了园区和社会的认可，荣获了文创园 2018 年度创业之星、2019 年度优秀个人与优秀中小企业等荣誉以及 2019 年区工商联卓越成长奖，并且加入了东胜区工商联、鄂尔多斯市中小企业联合会等组织。

在这条曲折而又充实的创业路上，实现抱负是最大的动力。心怀感恩，努力奔跑，奋力追梦，这是一个奋斗者的姿态。幸福都是奋斗出来的，因为奋斗本身就是一种幸福。

创业计划的主要内容一般包括企业描述、产品或服务、环境分析、市场营销分析、生产运营管理、财务分析、风险分析、退出策略以及人力资源管理九个方面。

1. 企业描述

企业描述是对新企业相关各项事宜的总体介绍，包括企业概述、企业目标、产品或服务介绍、进度安排。企业概述主要是指新企业成立时间、形式与创立者，以及创业团队简介、企业发展概述等；企业目标是指新企业奋斗的方向和所要实现的理想；产品或服务介绍是指对产业环境发展情况，产品或服务的开发过程与产品或服务的特性、优势、不足等方面的阐述；进度安排的主要内容包括收入、市场份额、产品开发介绍、主要合作伙伴、融资计划等领域的重要事件。

"企业描述"部分的作用不是描述整个计划，也不是提供另一个概要，而是对新企业进行介绍，其重点是新企业的理念、定位以及战略目标。

2. 产品或服务

产品或服务是指产品或服务描述、产品特性与竞争力、产品技术与开发、产品或服务的未来发展规划等。具体如下：

（1）产品或服务描述需要对产品或服务进行详细的解释和说明，例如进行产品介绍时，需要描述产品的名称与功能、产品的技术特性、工艺流程、技术壁垒、产品的品牌、专利保护、产品的市场前景预测、产品研发过程及其升级成本等。为确保产品的介绍更通俗易懂，并让不具备专业知识的投资者也能明白，一般可以在计划书上附上产品的原型、照片，以及产品的质量检测、专利认证、产品使用说明书或其他与产品相关的介绍。

（2）产品特性与竞争力需要对产品特征与质量、技术优势、产品差异化（功能创新、性能改良和量身定制）、成本优势、产品的社会效益、可持续发展、知识产权和社会认证等方面进行重点描述，这些内容是消费者和投资者共同关注的问题。

（3）产品技术与开发需要以一种通俗易懂的方式将产品的技术原理与生产工艺原理进行分解，尤其是对复杂的技术与工艺，并配以图解进行说明，以此解开关心产品的投资者对产品技术的疑惑；同时，着重介绍新企业的研发力量与未来技术的发展趋势、新产品的研发成本预算以及时间进度。

（4）产品未来展望与服务规划需要明确未来几年重点开发哪些产品，高、中、低档产品有哪些，过渡产品有哪些，以及在所有的产品中首推何种产品等；同时在开发的不同阶段，尽可能收集关于市场发展动态、消费者需求、行业技术创新情况、社会时尚潮流走向、国家政策等方面的信息，以及时完善产品的未来规划。

"产品与服务"部分需要创业者对产品或服务做出详细的说明，而且说明要准确、通俗易懂，即使非专业人士的投资者也能明白，因此，本部分的内容需要附上产品、服务原型、照片或其他介绍进行补充。

3. 环境分析

环境分析主要是对新企业所面临的内、外部环境进行全面的分析与总结，以此确定新企业的发展战略。具体如下：

（1）外部环境分析

外部环境分析包括宏观环境分析、行业分析、竞争分析以及消费者分析。

宏观环境也称一般环境，是指一切影响行业和企业的各种宏观力量，主要包括政治、经济、社会文化、技术等外部环境要素，从中分析这些要素可能给新企业带来的机会和威胁。此外，受自然环境大的影响，还可以增加自然环境或者生态环境（表 8-1）。

表 8-1 企业外部宏观环境分析

政治环境	指一个国家的社会制度，执政党的性质，政府的方针、政策、法令以及理念等，具体要素包括政治体制、经济体制、政府管制、税法改变、各种政治行动、环境保护法、产业政策、投资政策、国防开支水平、政府补贴水平、反垄断法规以及与重要大国或地区间关系
经济环境	指一个国家的经济制度、经济结构、产业布局、资源状况、经济发展水平以及未来的经济走势，宏观要素包括国家人口数量及其增长趋势、国民收入总值及其变化情况、国民经济发展水平和速度；微观要素包括消费者的收入水平、消费偏好、储蓄情况和就业程度等
社会文化环境	是指一个国家或地区的民族特征、文化传统、价值观念、宗教信仰、教育水平以及风俗习惯等，具体要素包括人口规模、年龄结构、种族结构、收入分布、消费结构与水平、人口流动性等
技术环境	是指与本行业有关的科学技术状况及其发展趋势，具体要素包括国家对科技开发的投资和支持重点，研发开发费用总额，技术转移和技术商品化速度，专利及其保护情况以及新技术、新工艺、新材料的出现和发展趋势与应用前景
自然生态环境	是指企业经营所处的地理位置、气候条件和资源禀赋等，具体要素包括空气、水、其他物种、土壤、岩石矿物、太阳辐射，以及森林、草原、荒漠、海洋生态系统

（2）内部环境分析

内部环境分析主要包括企业素质分析、企业资源分析、企业能力分析、企业价值量分析、企业核心能力分析五个方面（表 8-2）。

表 8-2 企业内部环境分析

企业素质	企业资源	企业能力	企业价值量	企业核心能力
技术设备、企业规模、资金力量、组织结构、人员组成、企业创业者经营管理能力、企业具体管理水平等	技术资源、人力资源、财务资源、组织资源等	营销能力、财务能力、管理能力、研发能力、制造生产能力等	供应、生产、销售、发送、售后以及包括采购、技术开发、人力资源管理与开发、企业基础管理等	洞察与遇见并抓住机遇的能力、战略规划能力、由技术创新引导市场的能力、融资与理财能力、品牌与企业形象、政治与社会资源等

企业资源中，技术资源介绍新企业拥有的核心技术，以及技术的优势和来源；人力资源主要介绍团队的组成结构、团队成员的专业特长以及团队目标；财务资源主要分析新企业财务关系的管理、现金流的管理和风险的储备等；组织资源主要包括组织结构、企业文化等。

4. **市场营销**

市场营销主要包括两部分内容，即确定适宜的目标市场并制定合适的营销策略。

(1) 目标市场营销需要对市场细分、目标市场的选择、市场定位进行深入的分析。

市场细分就是根据产品特性、经营模式、公司战略明确自己的市场范畴和目标以及服务对象，以在市场竞争中求得生存与发展；选择目标市场就是在市场细分的基础上，通过评估细分市场的规模和潜力、分析新企业在细分市场的竞争能力、考虑新企业的目标和资源等，决定新企业要进入的市场；市场定位是指塑造与传播新企业及其产品、服务、品牌在目标市场顾客心目中的特定形象，使其与竞争者及其产品、服务、品牌区别开来，更好地满足顾客的一定需求和偏好，从而在目标市场上确立和保持富有竞争力的优势地位。

(2) 市场营销策略通常采用4P组合策略，即产品（Product）、价格（Price）、渠道（Place）、促销（Promotion）。

新企业的市场营销策略绝不能只是花拳绣腿，而应根据目标消费者的特点，为其量身定做一系列的营销策略。具体内容如下：

①产品策略是在明确产品不同层次，即核心产品、有形产品、期望产品、附加产品及潜在产品等五个层次（图8-3）及其内容的基础上，制定符合新企业实际的产品组合策略、产品包装策略以及品牌策略；

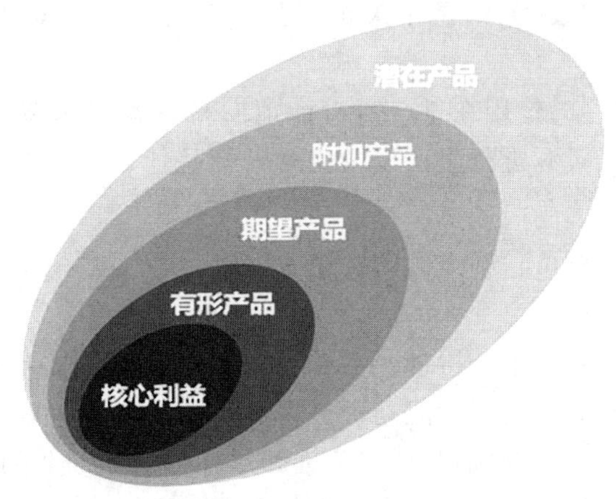

图8-3 产品层次示意图

②价格策略是在产品成本分析、竞争对手分析、消费者分析的基础上，运用产品定价法、市场竞争定价法和心理定价法，以此得出各种方法计算下的价格区间，进而采用各区间的合理交集，作为最终产品的价格。这是决定顾客是否愿意接受企业定价的基础；

③渠道策略是通过渠道分析（如目标市场特性、产品特性、企业特性、环境特性、竞争特性等）、渠道设计（如确定渠道目标、明确渠道方案、评估渠道方案）以及渠道管理，实现新企业的产品或服务价值并创造利润；

④促销策略需要根据促销目标、促销沟通对象、促销预算以及竞争状况，选择合适的促销工具（如新产品发布会、宣传册、样本赠送、折扣、订货会、促销手册、营销人员销售竞赛等）和方式（如人员推销、广告、营业推广和公关关系）来向新企业的顾客展示产品形象，吸引顾客注意力，通过积极宣传来激发和增强消费者对企业的信任。

"市场营销"部分的作用在于，让投资者相信新企业的盈利能力，同时还可以为新企业未来的营销活动提供指导和依据。

5. 生产运营管理

生产运营管理主要包括厂房设施、生产、库存控制、供给与分销、订单的执行与客户服务五个方面。

(1) 厂房设施主要考虑地点（如企业总部、零售店、分支机构以及分销中心）、租赁合同、水电设施改善与维护等问题，以确保新企业的持续扩张。

(2) 生产方面主要涉及生产方式（如委托加工、自行生产）、生产过程（如生产技术与设备、工艺流程）、生产能力（如劳动力、生产率等）以及质量控制等问题，以创造具有更高使用价值和更适用的产品。

(3) 库存控制是常被现有企业忽略的问题，在编制或撰写创业计划书时，库存控制工作表可以帮助创业者清楚地了解库存控制方法，实现较高的企业销售额和提升企业的盈利能力。

(4) 供给与分销应对现有的供应和需求进行客观的分析和评价，帮助企业寻找和确定产品的供应商和所采用的销售、分销方法，从而促进新企业的持续健康发展。

(5) 订单的执行与客户服务也很少受到企业更多的关注，实际上，订单的执行是当前销售的一部分，而客户服务则是未来销售的一部分，它们对于维持企业的正常运转至关重要。

"生产运营管理"的作用在于，尽可能地向投资者展示新企业拥有的和需要的生产资源、将怎样安排这些资源进行生产以及生产目标是什么。

6. 财务分析

财务分析部分主要包括资源需求分析、融资计划、预计财务报表和投资回报四个方面的内容。

(1) 资源需求分析着重分析创业需要的物质资源，一般表现为有形资产，按照流动性可分为流动资产和非流动资产。流动资产是在一年或者一年以上的一个营业周期中可以变现的资产，如原材料、库存商品等；流动资产外的有形资产或无形资产均属于非流动资产，如机器设备、家具、商标权、专利权等。购置资产需要支付资金，从而影响企业的融资计划。通过编制主要设备表，可以对固定资产支出进行预估，再结合对流动资产资金需求的判断，可以计算出物质资源需要的资金数量；如果新企业需要购买专利或商标等无形资产，也要在这里估出需要的资金支出。

(2) 融资计划是新企业根据资源需求的分析，结合管理团队的构成及分工，计算出总的资金需求。此后，需要编制资金明细表，以对资金的来源和运用情况进行系统分析；同时，还需要合理阐明新企业的资本结构、获取风险投资的条件、企业投资收益和未来再投资的安排、双方对企业所有权的比例安排等。

(3) 预计财务报表和投资回报部分包括编制预计利润表、预计资产负债表和预计现金流量表等内容，计算并提供有关的投资回报指标，以此增强对投资者的吸引力，帮助企业更容易获得资金。

在编制预计财务报表之前，还需要编制基本假设表，如对未来经济形势的判断、对销售变化趋势的分析、假定的企业信用政策、利润分配方案以及固定资产折旧的计提等。

(4) 投资回报包括企业的盈亏平衡点、投资回收期、投资报酬率、敏感性分析、销售利润率以及销售净利率等。

7. 风险分析

风险分析主要包括风险识别、风险评估以及风险管理措施三个方面的内容。

(1) 风险识别，需要从宏观环境、行业环境和企业内部三个方面进行考虑，其中，宏观环境决定的风险包括国家政策风险、经济周期风险以及经济环境风险；行业环境决定的风险包括市场风险和竞争风险；企业内部因素决定的风险包括技术风险、管理风险、产品风险、执行风险以及资本化风险。

(2) 风险评估，是指在识别了新企业可能面临的各种风险以后，创业者还需要在创业计划书中对各种风险进行描述，形成风险详细解释表；具体来说，风险评估就是运用风险图法，结合部门、过程、关键性业绩指标和主要风险类别来编制短期、中期以及长期风险图。

(3) 风险管理措施，是指创业者通过对开展类似业务的企业进行深度访谈，获取实际企业防范风险的经验，以此为新企业提出具体的风险防范措施，从而对项目风险进行有效的管理。

"风险分析"部分的作用在于，向投资者描述风险的客观存在及其合理的防范措施，以成功消除或减轻投资者的顾虑，将有助于获得投资者的青睐。

8. 退出策略

退出策略就是描述新企业获得成功以后，投资者最终以现金的形式收回投资的主要途径和方式，包括股票公开上市（IPO）、股权协议转让、股权回购、利润分红等。

(1) 股票公开上市依据创业计划的分析，对企业上市的可能性做出分析，对上市的前提条件做出说明；在企业上市后，公众会购买企业股份，风险投资者持有的部分或全部股份就可以售出。

(2) 股权协议转让是指按照协议的要求，投资者可以通过股权转让的方式收回投资。

(3) 股权回购是指依据创业计划的分析，企业对实施股权回购计划向投资者说明；然后，投资者就可要求企业根据预定的条件回购其所有持有的权益。

(4) 利润分红按照创业计划的分析，企业对实施股权利润分红计划应向投资者说明；然后，投资者可以通过企业利润分红收回投资。

"退出策略"部分的作用在于，让投资者确信他们将能收获资助新企业所带来的利益，从而增强其对创业项目的信心和对创业者及其团队的信任。

9. 人力资源管理

人力资源管理需要根据战略规划和发展目标，充分考虑企业规模、产品特点、生产技术条件和市场环境等因素来设计组织结构（如内涵及种类），阐明组织各部门的任务设置（如董事会、总经理、市场营销经理、财务经理、技术研发经理等）、创业者与团队成员基本情况（如姓名、岗位头衔、岗位职务和责任、业绩、先前工作和相关经历等）和所有权结构及其分配情况；同时，根据内外部环境的变化，预测企业未来发展对人力资源的需求，并制订招聘计划（如招聘职位、招聘方式、职位要求和上岗时间等）和薪酬计划，以保证企业的人才供给。

“人力资源管理”部分的作用性在于，帮助投资者评估创业者及其创业团队的实力以及创业成功率，从而做出是否投资的决策。

三、创业计划的产生过程

1. 研讨创业构想

创业构想是针对特定的新技术和创意，在明确个人创业目的、正确评价个人创业意愿和创业能力的基础上，谋划自身创业投入、创业目标的过程。实际上，创业构想就是创业者在创业想法形成及实施过程中，对创业计划的思考、论证与分析。创业构想往往涵盖了创业的多个方面，为让创业构想在以后发挥良好的作用，创业者需要发挥群体智慧，请教有关专家学者、成功创业者等，现从以下几个方面进行深入的研讨和分析：

（1）树立正确的创业目标

赚钱是重要的目标，但并不是唯一的目标，因为创业本身应该有理念，理念会带动很多新的产品创意和实践冲动。因此，研讨创业构想的时候，创业者一定要确定创业的目的。

（2）选择合适的创业模式

选择合适的创业模式，是创业成功的关键。准确判断自己的优势和劣势，选择最适合自己的创业模式，可以化解很多的不利因素。创业模式是指创业者为保障自身的创业理想与权益，而对各种创业要素的合理搭配。对一个创业者来说，一个真正好的模式，应该是适合自己的，即其有能力操作而且能把现有的资源有效整合。一个合适的创业模式，未必需要投资一大笔资金、具有很大的规模，甚至未必需要一间办公场所或店面。因此，在研讨创业构想阶段，创业者的重要选择就是寻找一个适合的创业模式。

（3）规划合理的创业步骤

研讨创业构想实际上是一个循环的过程。先要看创意从哪里来？怎么会有这个创意？资金怎么找？怎么组织一个团队？产品的市场营销怎么做？对这些问题的考虑是一个周而复始的修正、完善和论证的过程。

（4）制订清晰的创业原则

在研讨创业构想时，创业者及其团队要从实际出发，制订适合创业者及其团队和项目的创业原则。清晰简洁的创业原则若能得到创业者及其团队认可，将有助于形成团队的凝聚力，促进创业团队在艰苦的条件下坚持工作。

（5）创造有利的创业条件

创业不一定要有一个很重大的发明或全新的技术，重要的是新企业提供的产品或服务是否具有一定的市场需求、创业者及其团队的能力怎样。在研讨创业构想时，创业者及其团队应努力创造有利于创业成功的外部条件。

（6）确定明确的创业期限

由于市场的不断变化和发展，将会给新企业带来很大的不确定性和风险，因此，在研讨创业构想时，创业者及其团队应确定一个合理的创业期限，包括开始创业活动的时间、产品或服务推向市场的时间、争取实现盈亏平衡点的时间等，尽可能在短时间内把产品或服务做到最好。

（7）建立良好的投资关系

寻找合适的外部投资者并与其建立何种关系是研讨创业构想阶段必须思考的问题：第一要选择能够与自己一起同甘共苦的投资者；第二要找具有很大影响力的投资者，借助他们的经验和力量；第三要依据合理的股份构成和分配机制确定好双方的股份所占比例，从而建立长久、互利的合作关系。

（8）组织高效的创业团队

高效的创业团队有助于实现创业目标，因此，组建高效的创业团队是研讨创业构想阶段需要完成的一项重要内容。只要遵循创业团队的组建原则，能够做到集体创新、协作进取、分享认知、共担风险，始终凝聚在核心创业者的周围，为共同的目标而努力，就可以称得上是一支优秀的团队。

2. 分析创业可能遇到的问题和困难

创业是一个系统工程，在创业过程中遇到问题和困难在所难免。一般来说，创业启动后可能遇到的问题与困难在于以下几个方面：

（1）选项问题与困难

事实上，创业应当选择既适合自己又符合市场需求，同时启动资金少、进入门槛低、符合大众消费观念等特点的项目。然而，许多创业者在作选项时往往存在着一个共同的缺点：只关注市场，而忽视了自身的能力与优势的分析，他们一旦看中一个觉得很有机会，创意也很好的市场，就急于进入这个领域创业，导致创业很容易夭折。建议创业者有了好的创意后，一定要先分析自身的特点和优势，然后再寻找与自身素质相匹配的创业项目。

（2）资金问题与困难

融资难是创业过程中面临的最普遍的问题，但新企业如果选择了错误的投资者，创业之路就会难上加难。起步阶段天使投资人可能是最好的选择，因为天使投资人往往带有较强的感情色彩，更容易被说服，尽管他们投下的钱不足以支持较大规模的资金需求；同时，天使投资的融资程序简单、迅捷，并且还能在他们的建议和经验中获益。生存及成长阶段与风险投资家建立良好的合作关系，可能会满足新企业的多轮融资需求，但也可能会丧失很大一部分控制权。现实中很多企业因现金流中断或资金链断裂而死亡，因此，创业者及其团队必须充分考虑这个问题，并且在融资上要有预案。

（3）经验问题与困难

经验不足，缺乏从职业角度整合资源、开拓市场、实施管理的能力与知识，这也是创业面临的主要问题与困难之一。比如，20 世纪末引人注目的大学生新创企业：视美乐、易得方舟、天行健科技等，不但创业项目好，而且科技含量高，却都因为创业者缺乏经验和人脉而以失败告终。因此，创业者需要不断地参与创业实践，积累创业经验和知识，提升创业能力，更多地向成功创业者、有经验的企业家和专家请教，以降低创业风险。

（4）团队问题与困难

因团队分裂导致创业失败的例子数不胜数。因此，团队问题是创业计划产生过程中创业者需要尤为引起重视的。一般来说，新企业因为不能提供优厚的薪酬待遇，很难找到某方面的优秀人才，也不要寄希望于通过招聘的形式弥补人才短缺问题。最直接的解决办法就是创业者通过不断学习提升自我，或从内部培养优秀人才，抑或寻找创业合作伙伴，前提是新企业必须制订明确的利益分享计划和人才激励机制，形成团队的共识，最终以文字形式落实到企业章程中。

3. 凝练创业计划的执行概要

执行概要是从创业计划的核心内容中提炼出来的，但并非创业计划的引言或者前言，它是篇幅为 1～2 页、对整个创业计划的高度精练的概括。执行概要不仅要表达创业构想的丰富信息，而且还要传递创业者的愿景与激情，以此激发战略伙伴和投资者的兴趣，能让他们快速对创业计划书有一个简短和全面的了解。因此，创业者及其团队要反复推敲、深思熟虑，务必使执行概要结构完美、条理清晰、语言精练且富有感染力。

执行概要作为整份创业计划书的精华和灵魂，并不要求涵盖创业计划书的所有内容，但是要确保涉及每一个关键问题。基于此，凝练创业计划的执行概要需要注意以下问题：

（1）问题和解决方案

新企业提供的产品、服务能否解决当前或者未来出现的重大问题或者还未满足的用户需求，这是投资者关注的焦点。陈述项目的价值定位，并描述创意的合理性；在这部分不要给出缩写词、公司历史以及方案中用到的技术术语。

（2）市场大小和增长机会

投资者们都在寻找巨大的、处在增长期的市场。应用几句话描述新企业所在的行业、细分市场、市场规模、增长情况和市场动态等，但尽可能不用空洞的语言描述市场机会以及驱动市场细分的因素。一般来说，处于规模小、成长速度快的市场会比相对较大、稳定的市场更有吸引力。

（3）竞争优势

简要概括新企业的持续竞争优势，如独特的资源优势、成本节约或行业关系等，至少要体现出新企业相比直接竞争者的方案的优越性。投资者更看重这一点，因为他们很可能已经看过很多与之类似的创业计划书。

（4）商业模式

清晰描述新企业的商业模式，即一个新企业怎么赚钱的故事。一般来说，商业模式需要描述三个基本问题：价值主张，新企业可以提供怎样的产品与服务；目标客户，新企业的产品或服务提供给谁；价值链，从新企业生产出这些产品或服务到客户手中的所有环节，即如何把企业的价值主张传递到目标客户。

（5）执行团队

要记住投资的是人而不是创意。需要思考创业团队是否有能力成功；团队成员以前做过什么等。因此，需要简要描述每个人的背景、角色、工作经历。如果创业者的创业导师或顾问拥有相关的行业经验，也可以写在团队介绍里。

（6）财务预测和融资

可用一个表格展示新企业未来 3～5 年的收入和花费预测。投资者想知道项目所需要的投资额，以及投资项目后，他们能获得怎样的回报。融资需求通常是为了实现创业计划书所需要的最小现金量，最好能匹配收入的驱动因素，如客户增长等。财务预测不能太离谱，如果难以让投资者信服的话，所有的努力都将前功尽弃。

4. 把创业构想变成文字方案

在创业构想研讨的基础上，就可以按照创业计划书的基本结构，从企业描述、产品或服务、环境分析、市场营销分析、生产运营管理、财务分析、风险分析、退出策略、人力资源管理等方面将创业构想细化为创业计划，并形成文字方案。具体内容参见本章的“创业计划的内容”部分。

无论计划书里面阐述了什么，创业者都要设身处地地想一想，是否真的在制定新企业创建与发展规划，还是仅仅在畅想未来？所阐述的思路在后期的计划执行中是否切实可行，是否有足够的能力将想法变成现实？因此，创业计划书一般首先应将重点放在主体内容的分层次阐述上；然后着手提炼执行概要；最后，考虑必要的附件材料。

四、创业计划中的信息搜集与市场调查

准备创业计划的过程实质上就是信息的搜集过程，是分析并预测环境进而化解未来不确定性的过程。搜集并获取准确、到位的市场信息和行业信息有助于创业者了解市场行情，知晓客户需求，洞悉对手状况，从而明确竞争对手的优势和自身的不足，确定市场发展方向和企业发展定位。

市场调查是创业者搜集信息最主要的途径之一，是决定创业计划书的论证是否有理有据、检查创业计划是否切实可行的主要工具。大量的事实表明，详尽的市场调查有助于创业者做出更好的市场细分、市场定位以及营销决策，减少创业过程中的失误，增加创业成功的概率。

1. 创业计划中的信息搜集

创业计划中的信息搜集是以企业发展为目的，通过相关的信息媒介和渠道，采取相应的方法，有计划、有目的地获取市场信息的过程。因此，创业者需要了解信息的搜集渠道、搜集方法和搜集步骤。

（1）信息搜集渠道

信息搜集渠道就是指信息的来源。通常获取创业计划中涉及的市场、客户、竞争对手、融资方式、创业资源等方面的信息可以通过互联网、公开出版物、竞争对手企业、关联方、会议展览等渠道。

①互联网

互联网的巨大优势在于信息含量大而广、种类繁多、内容丰富，输入一个关键词就会搜出浩如烟海的信息，但并不是所有的信息都与创业者的项目非常贴合，因此，需要创业者掌握一定的搜索技巧，并能清晰地界定所需内容的关键词，不断调整搜索范围，从而实现搜寻的目的。目前，关于创业、创业计划信息的中国网站有：创业投资在线、大学生创业网、创业教育网、学校创业联盟网、科技创业咨询网、阳光巴士创业网、中国大学生在线、中国大学生创业培训网、全国大学生创业服务网、创业家网站、《创业邦》杂志网等（图 8-4）。

图 8-4 创业计划信息类网站

②公开出版物

公开出版物也是创业者搜集信息的主要渠道之一，其类型主要包括。

第一类，企业名录和企业年鉴，能提供有关企业规模、产品、产量、销量等方面的信息；

第二类，报纸、杂志、图书以及音像制品、电子出版物和互联网出版物，主要集中了行业方面的企业动态、竞争态势、市场状况等方面的信息；

第三类，产品样本，通常包括产品说明书、产品数据手册、产品目录等，主要是对产品的型号、技术规格、原理性能、用途、使用方法等方面的介绍和说明；

第四类，上市公司年报，即上市公司一年一度对其报告期内的生产经营概况、财务状况、人事、客户等信息进行披露的报告，具体包括公司简介、会计数据和业务数据摘要、股东变动及股东情况、股东大会简介、董事会报告等，也包括审计报告、会计报表和会计报表附注以及公司的其他有关资料；

第五类，专利文献，包含已经申请或被确认为发现、发明、实用新型和工业品外观设计的研究、设计、开发、试验成果的有关资料，以及保护发明人、专利所有人及工业品外观设计和实用新型注册证书持有人权利等有关资料的已出版或未出版的文件（或其摘要）的总称，可为新企业的产品开发提供重要信息。

③竞争对手企业

通常可以利用竞争对手企业出版的简报、报刊，获取创业计划中所需要的信息；另外，通过员工个人人际关系从竞争对手企业研发、市场等部门获取有价值信息，特别是零次信息，即信息直接获取者获取并形成原始记录的信息或通过信息直接获取者的表象形态（口头语言和肢体语言等）传递的原始信息。

④关联方

在经济全球化和高度不确定环境下，新企业日益重视与自身存在利益关系的人和机构（包括用户、律师、银行、会计师事务所、市场调查机构、广告公司、咨询机构、经销商、供应商、行业协会、媒体、质量检验部门、储运部门等）建立战略合作伙伴关系，从而获取创业计划所需的相关信息资源，以此增强企业竞争力。

⑤会议展览

新企业通过参与各种会议或者参加各种产品展销会、博览会、交易会、订货会、洽谈会等，可以获得参展公司有关产品说明和技术参数等具有重要参考价值的信息，从而为创业者提供了获取市场信息、技术信息和人才信息的最好时机。

（2）信息搜集步骤

创业者在获取撰写或编制创业计划的大量、准确的创业信息前，需要了解信息搜集的基本步骤，从而能够大幅节省时间，有效提高工作效率。一般来说，信息搜集可分为如下几个步骤：

①制订信息搜集计划

做好信息搜集工作，需要创业者做好充分的准备，并且目标清晰，以此制订信息搜集计划。计划制订的周密与否将决定整个信息搜集工作的成败，因此，制订计划要立足创业项目的实际需要。如果以竞争对手为搜集对象，就要依据不同竞争对手的地理位置、周边环境、技术研发、产品生产、销售策略等方面制订有针对性的计划；如果以市场需求为考察方向，就应该从消费趋势和走向两个方面加以区分。

②设计搜集提纲和表格

在信息搜集计划制订之后，创业者接着就要按照信息搜集的目的和要求设计出合理的搜集提纲和相关表格，从而便于对搜集到的信息进行分析、加工、贮存和传递，提高创业计划撰写或编制的效率和质量。

③明确信息搜集的方式和方法

在创业计划撰写或者编制的过程中，需要创业者详细了解和充分利用创业计划中不同层面的信息搜集渠道与方法，其中渠道主要包括互联网、公开出版物、竞争对手企业、关联方等，以此拓宽创业所需信息的来源；方法主要包括调查法、提问法、观察法、比较法等，以此提高信息搜集的效率。

④提供信息成果

信息成果就是在感性信息的基础上经过整理分析和归纳得出的信息结果，这些结果通常要以调查报告、资料摘编、数据图表等形式把获得的信息整理出来，并要将这些信息资料与搜集计划进行对比分析，如不符合要求，还要进行补充搜集。之后，创业者可以对这些成果进行有效的评估和判断，以此决定能否去创业。

（3）信息搜集方法

面对来自不同渠道的大量信息，创业者需要全面掌握基本的信息搜集方法，以此便利地获取创业计划所需要的资料。常用的信息搜集方法有观察法、提问法、比较法等。

2. 创业计划中的市场调查

行之有效的创业计划一定程度上取决于市场调查。市场调查就是指运用科学的方法，有目的地、有系统地搜集、记录、整理有关市场营销的信息和资料，分析市场情况、了解市场现状及其发展趋势，为创业计划提供客观可靠的数据资料的过程。对于创业者而言，编制或撰写创业计划需要了解市场调查的功能与作用、内容、步骤及方法。

（1）市场调查的功能与作用

通过详尽的市场调查，创业者可以了解与市场相关的各种宏观环境、行业环境、竞争对手以及消费者需求等信息，从而有助于创业者做出准确的营销决策，减少创业过程中出现的失误，增强创业成功的可能性。具体体现在以下几个方面：

①市场调查有助于创业者获取准确的市场信息，对创业项目进行可行性分析。通过市场调查，创业者可以大致了解有关创业项目提供的产品或者服务潜在的市场需求量、可能的顾客群体、市场的增长潜力、市场的发展方向、顾客消费习惯变化的趋势、市场的竞争状况、获取创业所需资源的难易程度等方面的信息，据此可以对项目可行性进行有效的分析，对项目运作的可能性做出合理的分析与判断；同时，依据调查信息对创业计划做出适当的调整以保持项目的持续性开展。

②了解行业信息，做出科学的市场定位。通过市场调查，创业者可以对所在行业、技术、产品的生命周期阶段、行业的机会窗口大小、行业的竞争状况、同行产品的功能及优势、行业的进入和退出障碍以及消费者需求等方面的信息进行分析与判断，在此基础上进行市场细分明确对应的目标市场，并结合新企业的实际情况尽可能做出科学的市场定位，包括产品与服务的最终选择（产品定位），拟确立的产品品牌形象（品牌定位）、拟占领的区域市场（区域定位）、拟选择的产品或服务的目标消费群体（客户定位）以及价格定位策略（价格定位）等。

③进行科学决策，制订相应的营销计划。通过市场调查，新企业可以了解有关宏观环境（对营销前景有某种联系的客观环境的主要趋势，如政治、法律、经济、科技、社会文化、自然等因素）、市场（市场规模与增长状况、各细分市场的销售情况、顾客需求和购买行为的变化趋势等）、竞争（主要竞争者的规模、目标、市场占有率、产品质量、市场营销策略以及意图和行为等）、分销（各分销渠道上产品的销售量和每个渠道重要地位的变化等）以及产品或服务（近年来各主要产品品种的销量、价格、利润率、产品组合效果等）等方面的基本现状，据此可运用科学的方法进行决策，并制订切实可行的营销计划。

（2）市场调查的内容

为了获取创业计划书编制或撰写所需要的信息，需要对创业环境、竞争对手、消费者需求等方面展开调查。

①创业环境调查

创业环境调查主要从宏观环境和行业环境两个方面展开调查。宏观环境是指一切影响行业和企业的政治、经济、社会文化、技术以及自然等外部环境因素，通过对这些要素的分析，从中挖掘宏观环境带给企业的机会和威胁；行业环境主要包括决定企业盈利能力的潜在进入者、替代品、现有竞争者、供应商议价能力、顾客议价能力等因素，以此用来分析企业所在行业的竞争特征和产业的吸引力。

②竞争对手调查

竞争对手调查作为市场调查的主要内容之一，是根据企业定位确定竞争对手的类型，通过获取不同来源的竞争信息，进而与竞争对手的战略与行为等方面进行比较分析的过程。竞争信息的来源主要包括年度报告、内部报纸和杂志、广告、行业出版物、竞争对手的历史、竞争产品的文献资料、企业官员的论文与演讲、销售人员的报告、供应商意见、顾客意见、专家意见、证券经纪人报告以及雇用的高级顾问的意见等。

③消费者需求调查

消费者需求调查与分析是编制或撰写创业计划书的重要工作，决定企业经营的成败。消费者需求调查要求在消费者需求量、消费者收入、消费结构、消费者行为等方面进行全面、深入的了解，掌握消费者对行业的认知程度，探讨消费者的购买习惯，最终形成消费者需求分析结论，以此让投资者确信，新企业的调研方法科学、调研工作到位以及调研结果准确，能制定合理的营销策略。

（3）市场调查的步骤

新企业开展市场调查可以采用两种方式：一是委托专业市场调查公司来做；二是新企业自己来做，可以设立市场研究部门，负责此项工作。一般来说，市场调查的基本过程包括：明确调查目标、设计调查方案、制订调查工作计划、组织实地调查、整理和分析调查资料、撰写调查报告。

①明确调查目标

进行市场调查首先要明确市场调查的目标，按照企业的不同需要，市场调查的目标有所不同。企业实施经营战略时，必须调查宏观市场环境的发展变化趋势，尤其要调查所处行业未来的发展状况；企业制定市场营销策略时，要调查市场需求状况、市场竞争状况、消费者购买行为和营销要素情况；当企业在经营中遇到了问题，这时应针对存在的问题和产生的原因进行市场调查。

②设计调查方案

一个完善的市场调查方案一般包括七个方面的内容：第一，根据市场调查目标，在调查方案中列出每次市场调查的具体要求；第二，确定调查对象，一般为消费者（使用该产品的消费群体）、零售商、批发商（经销调查产品的商家）等；第三，确定具体的调查内容，应做到既要全面、具体，又要条理清晰、简练，避免面面俱到；第四，设计调查表，应与调查主题密切相关，容易让被调查者接受，内容要简明、符合逻辑顺序等；第五，确定调查地区范围，应与企业产品销售范围相一致，一般可根据城市的人口分布情况在城市中划定若干个小范围调查区域，据此实施访问调查；第六，制订样本抽取方案，应根据市场调查的准确程度和用途情况确定适宜的样本数量；第七，选择合适的资料收集方法（调查法、观察法和实验法等）和整理方法（统计学方法）。

③制订调查工作计划

调查工作计划的制订包括：组织领导及人员配备、访问人员的招聘及培训、各阶段的工作内容及所需时间的确定、调查费用预算的确定等内容。

④组织实地调查

组织实地调查需要做好两个方面的工作：一方面做好实地调查的组织领导工作，明确调查人员及访问人员的工作任务和工作职责；另一方面做好实地调查的协调、控制工作，及时掌握实地调查的工作进度完成情况及其存在的问题。

⑤整理和分析调查资料

整理和分析调查资料过程是由调查人员对调查表进行逐份检查，剔除不合格的调查表，然后将合格调查表统一编号，以便于调查数据的统计。调查数据的统计可利用 Excel 电子表格软件完成；将调查数据输入计算机，经 Excel 软件运行后，即可获得已列成表格的大量的统计数据，利用上述统计结果，就可以按照调查目的的要求，针对调查内容进行全面的分析工作。

⑥撰写调查报告

撰写调查报告是市场调查的最后一项工作内容，市场调查工作的成果将体现在最后的调查报告中，调查报告将提交给企业决策者，作为企业制订市场营销策略的依据。市场调查报告要按规范的格式撰写，一个完整的市场调查报告格式由题目、目录、概要、正文、结论和建议、附件等组成。

（4）市场调查的方法

常用的市场调查方法主要有：观察法、提问法、比较法、文献检索法、问卷调查法、抽样调查法、焦点小组访谈法、实验法等。

①观察法

在市场调查中，观察法是指直接或通过仪器在现场观察调查对象的行为动态并加以记录而获取信息的一种方法。这种方法比对现成信息资料的解读或汇总更为鲜活、有效。因此，它成为创业者获得直接经验的主要方法。创业者可以通过观察消费者的行为来测定品牌偏好和促销的效果，但还需借助某些现代技术，比如摄像机、照相机来记录现场状况。

尽管观察法可以观察到消费者的真实行为特征，但是只能观察到外部现象，无法观察到调查对象的一些动机、意向及态度等内在因素。为了尽可能地避免调查偏差，在采用观察法收集资料时应注意四点：第一，要努力做到采取不偏不倚的态度，即不带有任何看法或偏见进行调查；第二，应注意选择具有代表性的调查对象和最合适的调查时间和地点，应尽量避免只观察表面的现象；第三，在观察过程中，应随时作好记录并且尽量详细；第四，除了在实验室等特定的环境下和在借助各种仪器进行观察时，应尽量使观察环境保持平常自然的状态，同时要注意被调查者的隐私权问题。

②提问法

提问法实际上就是设问法，即创业者先质疑自己发现的创业机会或创意，提出相关疑惑，然后通过现场调查、电话询问或面对面地交流来搜集信息，并以信息搜集的结果来论证创业机会和创业计划的可行性。

③比较法

比较法是认识事物本质和规律的一种基本方法，创业者通过对比同行其他创业者的创业计划书，并分析这些创业计划书的可行性，从中总结经验，结合自身实际获取有价值的信息。

④文献检索法

文献检索法有广义和狭义之分，前者是指将信息按一定的方式组织和存储起来，并根据信息用户的需要找出有关的信息过程；后者是指该过程的后半部分，即从信息集合中找出所需要的信息的过程，相当于人们通常所说的信息查寻。

文献检索法的具体方法包括：直接法、追溯法、综合法等，其中直接法是指直接利用检索系统（工具）检索文献信息的方法；追溯法是指不利用一般的检索系统，而是利用文献后面所列的参考文献，逐一追查原文（被引用文献），然后再从这些原文后所列的参考文献目录逐一扩大文献信息范围，一环扣一环地追查下去的方法；综合法是指分期分批交替使用直接法和追溯法，以期取长补短，相互配合，获得更好的检索结果的方法。

文献检索法的基本途径主要包括著者途径、题名途径、分类途径、主题途径、引文途径、代码途径、专门项目途径等。

⑤问卷调查法

问卷调查法作为市场调查最普遍采用的方法之一，是运用统一设计的问卷向被选取的调查对象了解情况或征询意见的调查方法。问卷调查法的关键内容在于设计问卷，涉及问卷的结构、种类、设计原则以及注意事项。

问卷一般由标题、卷首语、问题与回答方式、编码和其他资料五个部分组成。

问卷调查法分为传真问卷、信函问卷、网络问卷、报刊问卷和实地问卷五种。

调查问卷的设计原则包括可信原则、有效原则、数量适度原则等。

调查问卷设计应先易后难、先简后繁，将被调查者熟悉的问题放在前；提出的问题要具体，避免提一般性的问题；一个问题只能有一个问题点；要避免带有倾向性或暗示性的问题；先一般问题后敏感性问题，先泛指问题后特定问题，先封闭式问题后开放式问题；要考虑问题的相关性，注意问题之间内在的逻辑性；提问中使用的概念要明确，要避免使用有多种解释而没有明确界定的概念；避免提出断定性的问题；一些问题不要放在问卷之首；一定注意保护被访者的信息安全等问题。

⑥抽样调查法

抽样调查法指从研究对象的全部单位中抽取一部分单位进行考察和分析，并用这部分单位的数量特征去推断总体的数量特征的一种调查方法。其中，被研究对象的全部单位称为“总体”；从总体中抽取出来，实际进行调查研究的那部分对象所构成的群体称为“样本”。一般来说，抽样调查法包括简单随机抽样法、系统抽样法、分层抽样法、整群抽样法、多阶段抽样法等方法。

⑦焦点小组访谈法

焦点小组访谈法也称小组座谈法，就是采用小型座谈会的形式，由一个经过训练的主持人以一种无结构、自然的形式与一个小组的具有代表性的消费者或客户交谈的一种调查方式。与问卷调查相比，焦点小组访谈是了解消费者内心想法最有效的工具。因此，在调研产品概念、产品测试、顾客满意度等方面应用率极高。

⑧实验法

实验法是将自然科学中的实验求证理论移植到市场调查中来，在给定的条件下，对市场经济活动的某些内容及其变化，通过实际验证与调查分析，从而获得市场信息和资料的一种调查方法。实验法应用范围较广，一般来讲，企业改变产品品质、变换产品包装、调整产品价格、推出新产品、广告形式内容变动、产品陈列变动等，都可以采用实验法测试其效果。

第三节　创业计划书

一、创业计划书的定义

创业计划书是创业者创建新企业的共同纲领和行动指南，是使创业团队及员工团结一致的方式和途径，可以为新企业向潜在的投资者、供应商、重要的职位候选人和其他人介绍创业项目，从而对外界产生很重要的宣传作用。

二、创业计划书的基本结构

每一份创业计划书都包含了一个不同商业色彩和商业主题的创业故事，“万变不离其宗”，构成创业计划书的基本结构是不变的，一般由封面、目录、执行概要、正文和附录五部分构成。

1. 封面

封面上应明确创业项目的名称，体现新企业的经营范围；同时，应以醒目的字体标示出创业计划书的标题，比如，《×××创业计划书》。

封面上还应有新企业的项目名称、通信地址、电子邮件、电话号码、日期、联系人的姓名，以及可能建立的企业网址，这些信息应放在封面的上半部分；如果企业设计了徽标或者注册了商标，应将其置于靠近封面顶部的正中间；封面下部都应有一句话，告知读者对创业计划书的内容保密。还需要注意的是，封面上最重要的一项内容是留下创业者的联系方式，以便感兴趣的投资者很容易找到创业者进行沟通。

2. 目录

目录是正文的索引，一般是按照章节先后顺序逐一排列每章大标题、每节小标题以及章节对应的页码。目录也可以自动生成，章节标题需要显示到二级或三级标题为宜。

3. 执行概要

执行概要作为创业计划书的提纲，浓缩了整本计划书精华的部分。执行概要囊括了项目背景、公司介绍、产品介绍、公司战略、营销策略、生产运营、风险管理、财务分析、退出策略与团队介绍等内容。同时，必须能清晰地回答下列问题：

（1）企业所处的行业以及企业经营的性质和范围；

（2）企业主要产品的内容；

（3）企业的市场在哪里，谁是企业的顾客，他们有哪些需求；

（4）企业的合伙人、投资人是谁；

（5）企业的竞争对手是谁，竞争对手对企业的发展有何影响。

撰写执行概要时，较为普遍的做法是省略后面各章的分析过程，直接呈现各部分的结论。如介绍营销策略时，不必把采用哪种策略的原因进行详细阐述，只需直接介绍公司采用的营销策略是什么。

4. 正文

正文是创业计划书的主要内容，一般包括主体和结论两部分。主体实际上就是对执行概要的具体展开，一般采取章节式、标题式的方式逐一描述，但是只要能够保证条分缕析，各章节的具体顺序可以适当地进行调整；结论是对整个创业计划书的内容的总结式概括，要和执行概要首尾呼应，体现文本的完整性。

5. 附录

附录作为创业计划中的一部分，是对主体部分很好的补充，包括企业专利技术、各种许可证、产品展示与鉴定、相关统计数据、市场调查问卷、审计报告、相关荣誉证书等。

这些材料有时不适合在正文内出现，抑或受篇幅限制不宜在主体部分过多描述。因为对理解创业计划书却有很大的作用，所以作为附录放在最后一部分，以供参考。

三、创业计划书撰写与展示

饰品店创业计划书

据我国权威机构对中国女性饰品市场的调查显示，目前，我国女性饰品市场人均占有率不足5%，而发达国家一般在45%左右，其中最高的是日本，为98%。据专家预计，我国女性用品消费率正按每年19%的年增长率递增；但是，目前使消费者满意的产品不多，市场中的产品和店铺形式也参差不齐、良莠不分。期待的巨大市场空间和可怜的市场占有率形成鲜明的对比。因此，饰品行业的市场发展空间是很大的。

1. 项目概述

现如今，个性是店铺的灵魂与生命。为了突出个性，我们将以壁挂、藤编容器等家居小饰品作为经营项目，以专业化和个性化为主导理念，采用网上经营的模式，构建自己的饰品店网站，采用“一站式”销售实现经营利润的最大化。以电子互动平台来全面提高产品供销链的上市速度，及时补货，与客户进行交流。经营饰品店的想法源于我们对个性饰品、家居装饰的浓厚兴趣，以及饰品行业中潜在的巨大发展空间。我们希望我们的产品，比如，一个藤编花瓶、一副泰式壁挂、一盏贝壳灯具，都能为您的小家增光添彩，营造出温馨浪漫的氛围。

2. 公司介绍

(1) 公司经营宗旨及目标

本公司坚持诚信为本，顾客利益至上的经营宗旨。我们会时刻关注顾客需求，留意客户反馈信息，为客户提供各种咨询服务；以市场为导向，加快产品更新速度，保证我们的家居饰品优质与时尚，满足人们追求个性、简洁、潮流的愿望。靠薄利多销，走经营流水；凭品质和设计，赚客户认可度，这就是我们的经营之道。也是我们的目标。

(2) 公司内容简介

①公司名称：猴哥淘艺；

②业务范围：家居小饰品——各式壁挂、藤编花瓶、布质靠垫、陶瓷画、陶瓷花瓶等。

3. 公司管理

(1) 管理思想：以质量管理理论为指导，要求人员和产品必须同步完善和成长，对经营过程进行再思考和再设计，以便在业绩衡量标准（如成本、质量、服务和速度等）上取得重大突破，完成企业再创造。公司采取网络化层级管理体制，实现集权和分权统一、稳定和变化统一、一元化和多元化统一。

(2) 管理决策：以总经理为核心召开公司会议，各部门主管参加，共同讨论公司相关事务。涉及公司战略方向选择以及不同工作单元自主性劳动的范围与边界确定等问题，总经理拥有最高决策权。公司管理在强调统一指挥和一定程度集权的同时，也注重分权。工作单元内的一线人员，也就是各部门主管，有权在公司战略参数的范围内，自主地处理可能出现的紧急情况。

（3）管理团队概述

管理队伍职位划分为以总经理为管理中枢，下设产品服务总监、市场营销总监、网站技术主管及财务主管。

公司创建者是四位在校女大学生，扎实的管理理论功底和深厚的友谊使我们共同设计出了一套严密且分工明确的管理体系，让大家能够各司其职，各尽其责。

公司四位成员职务简介，职务1：总经理兼网站技术主管；职务2：市场营销总监；职务3：财务主管；职务4：产品服务。

（4）目标市场

销售对象主要是有一定消费能力的白领阶层，以及对生活品质和格调有较高的需求和期望，喜欢休闲有情调，更加关注物质以外的生活质量的人群。因此，要锁定这类消费群体，也包括高中生和大学生。

（5）顾客的购买准则

遵守购买时自愿平等，诚实信用原则，用支付宝付款结算，遵守淘宝网的网上交易协议。

4. 产品简介

猴哥淘艺主要从事礼品、挂图、手工艺品等艺术产品销售，产品由xx公司生产，xx公司产品有什么系列，某系列有什么型号、颜色、规格等。

（1）承诺：

①凡在猴哥淘艺购买任一商品的顾客均是本商店的普通会员，普通会员的积分达到1500分（每花一元积一分）时即可上升为贵宾会员，贵宾会员积分达到3000分时，即可上升为钻石会员。普通会员可享受9～9.8折优惠，贵宾会员可享受8～9折优惠。钻石会员可享受7.5折优惠并提供免费邮寄或免费送货服务（成都市三环以内）。

②猴哥淘艺将根据客户自己选择的运输方式运输。邮寄费用（含保险费）将由客户承担。

③因邮寄而造成的货物损失，猴哥淘艺不承担责任。

（2）结算：

①猴哥陶艺将在客户订单到账后的当天或第二天邮出物品。

②客户2天内买下多件商品可一起邮寄。

③如果客户所购的礼品涉及特殊设计和印刷及其他方面的问题，猴哥陶艺在接到客户订单意向后，将与客户联系并最后商定价格。（附：所涉及的商标侵权责任应由客户承担）。

④猴哥陶艺将根据客户会员级别给予折扣优惠，最终价格将在接到订单意向后与客户具体商定。

（3）售后：

①客户在收到所定的商品时，发现质量问题，若因本店人员疏忽或商品本身质量与说明不相符的，自收货之日起7天内本店为客户无条件包换包修。

②客户再次收到商品后若不满意的可以包换，但必须未对该产品设计、材料等做任何改动，无损坏标志印刷、无质量问题不影响再次销售，因此产生的费用由客户承担。

③因客户行为造成的商品外观、包装、性能破坏并且影响再次销售的，请原谅本店将不予退换。

5. 资金需求、筹措方法及投资回报

因为公司为网上经验模式，货品占地不大，初期可以先根据市场需求作一分需求分析，根据此分析再逐步扩大购买规模，故起始资金的投入相对较小，公司预计需要3000元启动资金，主要用于库房购置、员工培训、市场宣传推广。资金的筹措方式是个人或者机构的风险资金，主要以投资入股的方式投入。公司预计在未来的一年内收回成本，按每月销售一件产品计算（平均销售利润率30%计算）。

（1）设备费用

①PC机（启动投入）：初期拟采用2台一般PC（现成），保证每天8小时有人在线，上网费用，在校期间平均每月投入20元，假期期间共投入60元；

②软件（启动投入）：100元；

③租用办公地点（每月投入）：拟租用办公室约20平方米，月租200元（按季付）。

设备的启动资金合计760元。

将来随着访问率的提高及购买队伍的扩大，将会在已有的淘宝网猴哥淘艺小店的基础上，把网络买卖重心转移至公司独立网站的构建上，就需要提高服务器的档次、增大专线带宽、增加PC机的台数、扩大办公面积等。预计将在一年后追加设备费用。

（2）行政费用

①人员工资：初期工资为0元，属于朋友间创业阶段，故以股份形式为个人所有。

②宣传费用：印发宣传单每次100份，初步范围为电子科大女生公寓（寓苑和15栋），宣传海报（成华区附近小区和八里小区附近）10份。

③通信费用：估计每月100元。

6. 盈利回报

网络时代，注意力即是经济，猴哥淘手工艺饰品网以指向性强并且相对忠实的注意力为基础，以便实现以下的盈利方式：

①在线一口价：以每年有约6000元交易额计算，收取5%劳务费用，年收入：3000元

②在线拍卖：（在小有盈利的基础上）以每年有约12件的交易量计算，减少部分劳务费用收取，提高产品美誉度和顾客吸引力。

由于采取的是网上经营的方法，因此省去了传统店铺所需的经营费用，我们的资金主要用于商品的采购和运输及仓储。

我们的进货渠道多种多样，有直接从厂家进货的，因为厂家没有设计能力，产品大多是来料加工，因此价格会比市场略低。有从批发市场批发来的，其拿货价格遵照了一般原则，给经营者留出了50%的空间；从设计公司进货则价格要高一点，但可以保证货品“新鲜度”。

实际上，将创业构想形成文字方案的过程就是撰写或编制创业计划书主要内容的过程。由于它是潜在投资者接触项目的第一步，因此，值得努力去做好。

1. 创业计划书的撰写原则

（1）创业计划书必须一开始就吸引人

风险投资家和其他潜在的资金提供者富有远见而且经验丰富，他们往往能够迅速做出投资决策，而且很少出现逆转情况。这就意味着，如果想成功，你的创业计划必须一开始就吸引人，并且能一直吸引他们。

创业计划书从概要开始，概要是创业计划书的第一个主要部分，从某种程度上，也是其最重要的部分。概要必须能够简洁而睿智地说明企业的价值（即独特资源将创造竞争优势）以及本企业为什么能够成功。具体来说，这一部分既要能够传达创业者高涨的创业热情，又要能充分说明新企业创意的价值及有效整合开发创意的创业团队。

（2）管理团队及市场机会的重要性

调查表明，风险投资家和天使投资都相信管理团队及市场机会是两项关键的投资标准。这并不是说产品特征、财务预期等不重要，而是在评审创业计划书的过程中，投资人注重对各自要素间的复杂作用关系进行考察。甚至在对产品和技术本身进行评价之前，由于管理团队或市场机会存在明显的问题，因而停止某项投资交易是很容易的。投资人似乎相信，管理团队、市场机会作为一种评价指示器，要比产品特征等更容易做出快速评价。

归根结底，创意的质量及整合创意的人及其素养才是至关重要的。如果创意不合理或没有什么经济上的潜力，那么不管创业计划书写得多么精彩、多么有说服力，有经验的投资者都会立刻识别出来。所以，在决定投入大量时间和精力，去准备一份令人印象深刻的创业计划书之前，创业者首先必须获得有关新企业创意的反馈。如果创意本身价值不大，创业者应立即停止，因为继续下去，肯定是在浪费时间。同样重要的是，创意及其开发必须与创业者或团队的追求和能力相匹配。

（3）创业计划要体现真实性

事实上，创业活动面临很多的不确定性，因此，创业者也应该努力确保创业计划信息的相对真实性。所谓真实性，是指市场预测必须建立在对目标市场的现有信息进行分析的基础上，现实情况是许多处于早期发展阶段的技术型企业最终将定位于完全不同的市场。具体来说，创业计划的真实性表现在以下几个方面：

①顾客分析的真实性

创业者应尽量根据潜在顾客反馈的信息来撰写创业计划书。人们往往忽略了对潜在顾客的研究，并与市场研究混淆。市场研究是指对市场规模大小的分析，顾客研究则是对真正的顾客需求是什么以及特定的产品或服务能否满足这些需求的分析。

进行顾客研究时，创业者至少需要与10位潜在顾客进行沟通，以此满足了解顾客如何应用新技术的需求。在访谈中可能涉及的问题主要包括：第一类是你们在生产产品或提供服务的过程中，尚未解决的最大问题是什么？第二类是你们现在使用的技术是否受到很大的限制？第三类是如果你们拥有这种新技术，将会如何使用它？第四类是什么样的新技术能够满足你们的价值需求？

②市场分析的真实性

对一项新颖且具有市场变革意义的新技术来说，进行市场分析存在很大的难度。创业者往往相信未经证明的市场，而投资家却确信创业者容易对事情过度乐观。持有怀疑态度的投资家从来都不会相信创业者对市场的预测，无论提供多少研究细节。市场分析的真实性将有助于投资家个人进行相关决策。

一些公开的市场调研信息以及网络搜索都能提供这种快速的市场规模评价。与行业人士以及顾客就真正目标市场进行讨论的时候，创业者需要集中在目标市场的特征方面，如这种技术的具体应用是什么？能为使用者创造什么价值？依据这些方面的信息，基本可以推断出市场的规模。

③竞争者分析的真实性

一般来说，竞争者分析会面临两方面的困境：一方面，现有竞争者不可能与新技术进行竞争；另一方面，由于保密或规避竞争的原因，真正的竞争者不可能轻易地被识别出来。但是，优秀的创业计划既要识别明显的竞争者，又要识别潜在的竞争者。以此提醒创业者不应开发存在过度竞争的市场，同时使得投资者相信创业者为评估竞争环境做出了相应努力。

快速识别竞争者的过程如下：

第一步，利用网站搜索特定产品或服务的关键词；

第二步，利用国家专利数据库搜索相关专利；

第三步，邀请著名的行业专家进行探讨。

④收入计划的真实性

在创业计划中，创业者很容易忽视将技术投放市场的定价因素，回避顾客购买决策的过程以及只有5%的顾客转向接受新技术的原因等问题，因此，在创业计划中，经常看到这样的描述：根据××，××市场规模是××亿元。如果能够捕捉到5%的市场，那么我们的年收入将达到××亿元。问题是如果新企业的技术比其他现有技术更有优势，那么新企业为什么不努力占有50%或者更大比例的市场份额呢？

研究表明，建立在潜在顾客信息基础上的收入计划要好于基于市场的分析计划，因此，了解顾客如何购买产品是进行合理收入规划的第一步。一种更有效的评估需求的方法叫“自上而下”的方法：首先，需要识别具体的可能接受新技术的顾客；其次，给出基于当前市场评估的价值范围和顾客目标数量。

2. 创业计划书的撰写技巧

撰写或者编制创业计划书时，创业者如果能对以下9个问题有清晰地认识，不仅可以提高创业计划书的易读性，还能提高新企业融资成功的概率。

（1）五分钟考试

一般来说，风险投资家或者评审专家阅读一份创业计划书需要5分钟左右的时间，重点关注业务和行业性质、项目性质（借钱还是风投）、资产负债表、团队、吸引人的地方（如商业模式等）等内容，因此，创业者需要在以上这些方面下苦功夫。

（2）内容要完整

一份好的创业计划书起码要囊括如下内容：执行概要、产品或服务、环境分析（企业战略制订)、市场营销、生产运营管理、财务分析、风险分析以及创业者与团队管理等。

(3) 投资项目最重要的因素是人

风险投资领域有句行话“一流的人才，二流的项目”，强调了创业团队的重要性。因此，需要对创业团队组建原则和优秀特征进行如实描述，对团队成员的构成、分工、背景等基本情况进行重点介绍。

(4) 多阅读他人的创业计划书

阅读他人的创业计划书有助于帮助创业者快速提升自己的写作能力，因此，在编制或撰写创业计划书之前，创业者应通过各种途径，寻找优秀的创业计划书，进行阅读。

(5) 熟悉吸引投资家的方法

取得风险投资家名录是一种事半功倍的吸引投资者的方法。通过风险投资家名录提供的联系方式和地址等信息，可以帮助创业者增进对风险投资家的认识和了解，以便有针对性地开展融资活动。

(6) 如实回答最刁钻的问题

对于创业者而言，也许“你的创业计划书给其他风险投资家看过么?”是一个很难回答的问题，建议创业者遵循诚实守信的原则，如实回答。

(7) 对待被拒绝

审阅创业计划书是风险投资家日常工作的一部分，拒绝大多数的创业计划也是风险投资家的工作常态。创业者没必要因为创业计划被拒绝而伤心欲绝，而应把其作为不断完善和优化创业计划书的重要手段。

(8) 创业计划书最重要内容

对于投资者来说，创业计划书中最重要的内容是资产负债表和团队介绍。前者说明新企业的财务状况，能否及时偿债以及有多少尚未分配的利润归属于投资者；后者则是创业项目能否成功的关键要素。

(9) 把本金收回来

任何人进行投资，其最低的要求都是把本金收回来，因此，在融资时，创业者若能够基于这条原则进行阐述，使投资者能在最短时间内将本金收回，则大幅增加融资的成功率。

3. 创业计划书的展示技巧

如前所述，创业计划书的主要目的之一是获得资金支持。创业计划书定稿之后，创业者及其团队面临的主要挑战就是如何将创业计划书推介给投资者。如果为了参加全国性及各地区举办的创业计划大赛，或者为了争取政府部门或社会部门设立的创业基金，那么创业计划书的展示与推介则更加重要。据此，创业者需要在展示计划书时掌握以下几个方面的技巧。

(1) 展示计划书时，必须加入宣传片、PPT

在正式介绍创业计划书之前，播放一段激动人心的创业计划宣传片是非常必要的，能提前调动现场所有人员的注意力和好奇心；同时，创业者还必须做到：一方面，展示的创业计划 PPT 一定要制作精美，内容不烦琐；另一方面，要突出项目的新颖独特性、良好的市场前景以及优势互补且高素质的创业团队。此外，展示的 PPT 以 5～10 张幻灯片为宜，播放时间不宜超过20分钟。

（2）发挥激情的重要作用

创业需要激情。缺乏创业激情的创业计划，很难激发投资者对创业项目的认同，因此，在创业计划书的展示过程中，应将自己的创业激情融入其中。风险投资者进行投资决策时，除了考虑项目本身的优劣势外，更看重的是创业者及其团队成员的个人魅力与能力，而展示创业计划书中所体现的这种激情，将是打动风险投资者的有效途径，从而极大地增加创业者获得资金支持的概率。

（3）努力创设与投资者的互动沟通

展示创业计划书之前，应事先声明，允许和鼓励在场的投资者提问或打断，以实现良好的互动与沟通。首先，创业计划书的展示切忌照本宣科、自顾自话，而应始终保持与投资者的目光交流；其次，展示过程中，应保持开放的姿势，而不宜双手抱肘或双手在胸前交叉，以减少与投资者互动的障碍；再次，建议展示时，可恰到好处地运用手势，有助于创业者更好地理顺自己的思路，清晰表达自己的思想；最后，可运用生动的语言，以不断活跃现场气氛，带动投资者的参与积极性。

（4）应当注意商业机密的保护

为了引起投资者的强烈兴趣和足够关注，展示创业计划书时应努力展现项目自身的优势和亮点，比如，展示产品或服务的新颖性、先进的技术以及优秀的创业团队等，展现这些优势和亮点固然重要，但是恰当地保护创业项目的核心技术和商业机密也很重要。因此，撰写或编制创业计划书时，可在封面下部附上“保密”字样的语句，或在展示创业计划书前，签订一份保密协议，以此来保护自己的利益。

第四节　创业计划书之项目路演

路演源自英文“Roadshow”，是国际上广泛采用的证券发行推广方式，指证券发行商发行证券前针对机构投资者的推介活动，是在投、融资双方充分交流的条件下促进股票成功发行的重要推介、宣传手段，通过投资银行家或者支付承诺商的帮助，在初级市场上出售股票，以便有助于提高股票潜在的价值。

路演不仅被企业成功地运用，其概念和内涵也在发生改变和延伸，成为包括新闻发布会、产品发布会、产品展示、产品试用、优惠热卖、以旧换新、现场咨询、填表抽奖、礼品派送、有奖问答、卡拉OK比赛、文艺表演、游戏比赛等多项内容的现场活动。如今很多企业的产品或服务都开始积极采用路演的形式，通过和消费者面对面的交流来宣传推广产品。

一、项目路演PPT制作

2021年8月9日至10日，第七届中国国际“互联网+”大学生创新创业大赛重庆赛

区选拔赛决赛在重庆大学A区举行。根据疫情防控相关要求，本次大赛采取线上路演答辩形式，评委专家分组线上进行项目评审，各参赛团队在学校的组织安排下完成线上路演答辩。经过金奖争夺赛和金奖复活赛，各团队围绕自己产品/服务介绍、市场定位及分析、产品核心竞争力、财务分析、风险控制等方面进行项目展示。

为深入推进大众创业万众创新，加快孵化创新创业项目，搭建项目与投融资机构沟通的桥梁，大赛同期举办了重庆第三届青年大学生创客秀活动，共有来自15所高校的15支团队入围，经过团队线上路演答辩、评委专家线上评审，最终评选出了最佳创意奖、最具商业价值奖、最具人气奖各两项。

PPT演示是向评委展示大赛成果的重要环节。有创意、有新颖的PPT不仅可以对在场的观众造成视觉冲击，吸引在座者的目光，还可以拉近展示人员与评委的距离，使评委更加真切地感受到创业者的努力（图8-5）。

图8-5　项目路演

1. 制作有说服力的PPT

如果想使PPT更具备说服力。除了注重内容的专业性以外，外在形式也必须给人以专业感。因此，在设计的过程中，创业团队的美工人员不仅要充分地运用有限的PPT空间表达出整个创业团队的团队理念、产品特色等，还要考虑到整个设计工作要符合专业的审美，并且想办法第一时间抓住评委的目光。

（1）PPT要显示项目特色与产品特点

PPT的展示过程就是将团队的创业成果展示给评委，因而，如果能够将PPT的美化与项目特色、产品特色结合起来，那么评委就会更容易深入到展示环节过程中，更容易融入这种氛围之中。

（2）重点列举评委关注点

在陈述过程中，参赛人员的陈述是配合PPT一起进行的。在短时间内要对整个项目的内容进行讲解，那么在PPT制作过程中，就必须将评委对整个项目的关注点浓缩在PPT上，即围绕着“为什么能赚钱”“能赚多少钱”“为什么是我们”“能赚多长时间”这四个评委关注点展开。

（3）有条理地展示陈述内容

拥有一个制作的框架，为整个展示环节理清脉络，可以使评委与观众更清晰直观地了解演讲内容，从而获得良好的展示效果。

在PPT美化过程中，在适当的位置插入适当的超级链接，将更多的信息浓缩到PPT中，可以取得更加良好的效果。

（4）符合专业的审美要求

PPT应充分考虑PPT的受众，即评委、老师和观众，符合其审美要求。在有条理地介绍整个创业计划的同时，还应当充分展示其专业性。随着大学生各类创业大赛竞争的日益激烈，比赛不仅对参赛人员提出了更高的要求，对PPT的专业性也提出了更高的要求。

（5）设定一个主基调

在制作PPT的过程中，应设定一个反映主题的主基调，最好与项目计划书的风格协调起来，从而保持前后风格的一致，共同突出产品的某种风格或者团队的某种精神风貌。这样的方式既是展现项目的良好时机，也是展现一个团队风貌的良好时机。

（6）增强PPT的视觉冲击性

增强视觉冲击性不是指将PPT做得五颜六色、色彩缤纷，而是将PPT做得更能使受众接受展示人员的观点，并且使评委与展示人员产生共鸣，从而强化了观众对PPT所展示出来的观点的认同感。达到这些都需要增强PPT的视觉冲击性。

2. PPT制作常见问题

（1）PPT只求多、不求精

在创新创业大赛中，有些团队在制作PPT时盲目追求PPT数量。这是一种错误的思路。PPT应包含几位展示者所讲解内容的所有重点信息，在短短的几分钟内要完成这项浩大的工程是不容易的。很多制作者虽然将所有重要信息分门别类地放在每一张幻灯片上，但却造成了PPT的操作人员在台上一直不停地按动鼠标，屏幕上的幻灯片一晃而过，以致台下观众“神经紧张”，无法在短暂的几十秒内领会陈述人员所要表达的意思的效果，到头来整个展示与其预期效果相去甚远。

（2）动画效果过于夸张

在陈述环节，PPT的动画不是越多、越夸张越好。合理运用动画效果指PPT动画效果的运用要配合前后幻灯片的内容、形式。有时为了突出某一张幻灯片的视觉冲击性，可能要添加一些较为夸张的动画效果或背景音乐。但如果整份PPT都千篇一律地采用很震撼的动画效果，那么PPT中很有视觉冲击性的动画效果在众多效果中，也会变得非常平淡而失去了应有的作用。

（3）图过少，字过多

PPT图少字多将导致在陈述时按PPT照读的现象。然而，创新创业大赛陈述环节可以看成是一场介于比赛和表演之间的展示。因此，团队成员应该当众把团队项目的重点“表演”出来，而不是读出来。同时，如果一张幻灯片上的字数过多，势必挤占了图片的空间，这明显降低了整个PPT的可观赏性，从而在整体上影响展示效果。

（4）未注意计算机屏幕色彩的差异性

在各类创业大赛比赛现场，PPT的屏幕放映色彩与实际在计算机上放映的色彩是存在差异的。事实上，由于光线的原因，现场PPT在放映时，其色彩在很大程度上会被淡化，这一极为重要的因素被很多 PPT 制作者忽略。因此，制作人员在实际美化的过程中一定要考虑到现场展示色彩要被淡化的因素。如果有条件，制作人员最好将准备好的模板事先在大屏幕上放映，以观其实际展示效果，最终决定是否需要对 PPT 的色彩做进一步的加强处理。

在实际 PPT 制作的过程中，还需要美工人员结合自身技术、项目的特点做出符合实际的美化效果，美工人员的付出与努力才是取得最好效果的根本保证。

二、项目路演技巧

1. 路演关键要素

进入路演阶段，计划书、创业理念、团队实力将得到综合的展示，这时，将要面对的问题是如何以外在形式，将项目计划书的内容更直观、准确地展现出来，接受评委的评估。如果要达成路演目标，给评委或投资方期待的结果，有以下四个关键要素（8—6）。

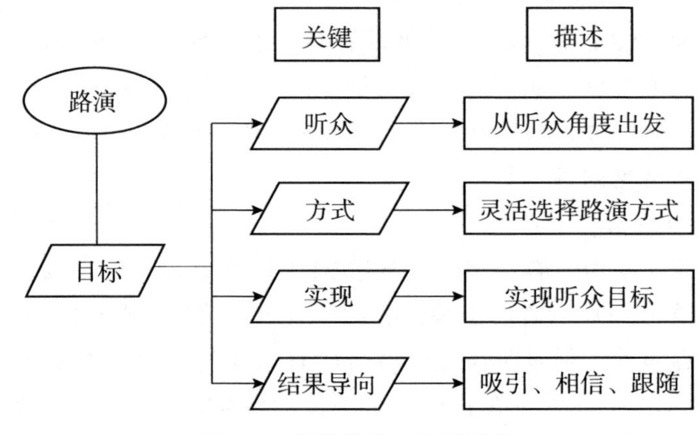

图 8-6 路演的四个关键要素

2. 路演人员选择

如何以一种积极的心态向评委与观众展示，将团队的创业理念、产品特性、营销策略和财务状况等一系列问题深刻、自然地陈述出来，对整个比赛环节是至关重要的。如何选择能够有效表达项目意图的团队成员，引导评委来了解整个项目的内容是整个路演环节的前导。展示效果是人员选择的标准。如果创业团队在比赛之初能够选择出最合适的展示人员，那么在展示环节之后的答辩环节即可取得事半功倍的效果。所以要选择出最合适的人来进行陈述及答辩。通过对历届创新创业大赛分析总结，陈述及答辩人员应做到以下几点：表达清楚、专业知识熟练、台风优秀、应变能力强、整体形象协调。

3. 路演 VCR 制作

首先打开“PowerPoint”软件，新建并插入空白幻灯片，确认主题（大学生创业项目——汽车配件开发与销售）找到其相关的文案，运用文字转语音软件将“大学生创业项目——汽车配件开发与销售”转换成语音，将语音插入到幻灯片中（图 8-7）。

图 8-7　插入主题

插入相关的素材（文字、图片、视频均可），点击插入并选择进入动画，打开动画窗格，然后将动画出现时间按照文案（语音）来进行排序。

再新建幻灯片，将其文案转换成语音并插入第二张幻灯片中，在第二张幻灯片中加入视频，视频添加动画（出现），如图 8-8 所示。

图 8-8　视频添加动画效果

调整视频出现的时间，按照语音时长确认视频时长（时长过长可剪切视频），插入创业项目图片素材，将素材插入到幻灯片中并添加动画（8－9 所示）。

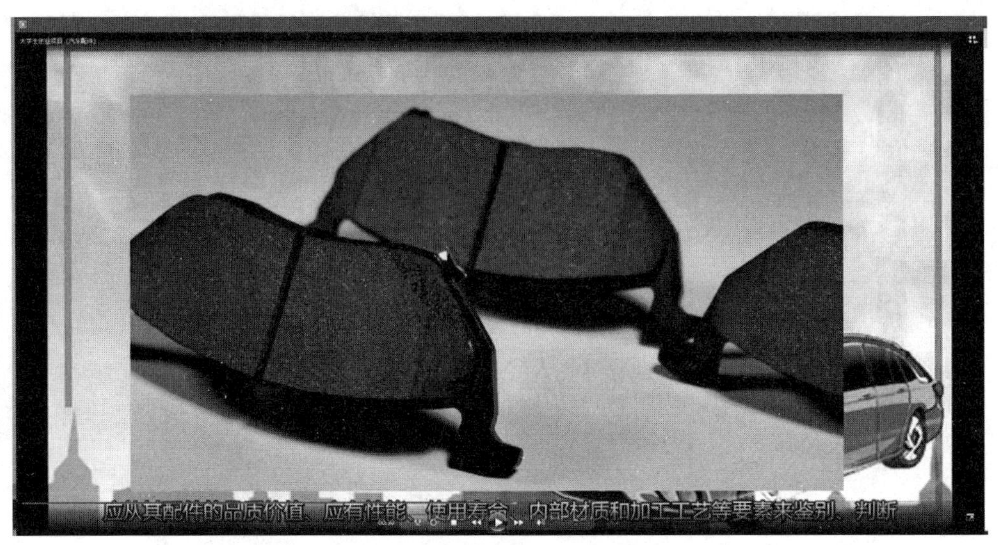

图 8-9　插入创业项目图片素材

插入第三张幻灯片，将“大学生创业项目”“谢谢观看”转换成语音并插入到幻灯片中，选择适当的图片素材背景，将图片插入幻灯片中，并添加文字“大学生创业项目”“谢谢观看”添加适当的动画，编辑出现时间（图 8-10）。（注：添加动画之后需选择从上一项开始）

图 8-10　编辑语音时间

4. 路演前的注意事项

（1）准确聚焦。要清楚自己在跟谁路演，要达成什么样的结果，自己的核心竞争力在哪，有的放矢地展开路演。

（2）路演工具。要事先准备好一份精练的演讲稿、一份美观的路演 PPT，一段 3～5 分钟的路演视频。

（3）根据要求和内容，选择适合自己的演说风格。

5. 路演中的技巧

（1）充分展示。对路演对象关注的问题要进行充分展示，包括产品优势、市场前景、团队、商业模式等。

（2）精神面貌。在演讲过程中要注意精神饱满、自信，向路演对象展示出你的信心和决心。

（3）把握时间节点，在规定的时间内演说完毕。

（4）采用简洁的语言，告诉评审人项目的主营业务、产品亮点、盈利模式。

（5）演示应保持条理清晰的风格，突出市场前景，刺激评审人的兴奋点。

（6）用讲故事的方式，把市场需求和解决方案形象生动地讲出来，比反复论证那些所谓的事实更加具有说服力。

（7）用自己的语言进行演讲，而不是念 PPT 上的内容。

（8）面对评审人，而不是大屏幕。就算再紧张，也要面对着评审人讲解项目。

（9）诚实。以诚相待，不要试图欺瞒评审人。

知识链接

项目路演的忌讳

在做创业项目路演汇报时，常用的形式是用 PPT 做项目汇报，PPT 制作质量的好坏与汇报者临场发挥的效果，直接影响到项目汇报效果，对能否获得好的成绩至关重要。

忌讳一：PPT 背景颜色昏暗

在项目路演评审时经常看到很多项目汇报的 PPT 背景颜色昏暗，这是很忌讳的。如果参赛者用于项目汇报的 PPT 背景制作得很昏暗，字体和背景颜色很接近，字体不突出，评委观看 PPT 时会因字体模糊而产生视觉疲劳。所以，在制作 PPT 时，第一个要注意的就是 PPT 文字与背景鲜明突出，千万不要采用与文字颜色相近的背景颜色，要让评委看得很舒服、很清楚、很真切。

忌讳二：PPT 字体太小

在项目路演评审时经常看到很多项目汇报的 PPT 内容字体很小，这也是很忌讳的。在项目路演时一定要明确 PPT 汇报是给评委看的，要让评委看得清楚、看得明白、看得舒服。一般项目路演时 PPT 屏幕距离评委会有一定的距离，如果你的 PPT 里面的文字很小，评委会不容易看清楚 PPT 里面的文字内容。如果你在项目文字内容描述时使用的字号大小一致，就看不到醒目的标题；如果你在文字描述时不仅字体大小一致还使用同一个颜色，就更不易一眼看出哪里是重点内容。所以，在制作 PPT 时，一定要用黑体字或大号字来突出标题，用颜色来突出重点部分，让评委在最短的时间内了解 PPT 所介绍的项目内容。

忌讳三：PPT 文字描述太多

项目路演汇报都是有时间限制的，如果 PPT 文字太多，汇报时需要逐字去念，汇报时间肯定是不够的。为了避免这类现象的发生，在项目路演制作 PPT 时，每一页项目内容的文字千万不要写得太多，文字表述千万不要啰唆，要尽可能提炼出项目亮点，突出项目的重点，最好能用关键词、提示符号和一些图标来表述清楚你本页项目的重点内容。

忌讳四：PPT 插图太多

由于 PPT 空间有限，为了更好地提升项目汇报效果，可以采用一些插图来提高 PPT 的生动性和展示性，但是切记不要弄巧成拙，要由繁至简，通过有限的插图和图标，尽可能的完美地展示出 PPT 的效果，突出想要介绍的项目重点内容，特别是项目的亮点之处。

忌讳五：PPT 页数太多

一般来讲，大赛组委会给每个项目路演汇报时间要求控制在 8 分钟内或 10 分钟内，回答评委提问时间要求控制在 3 分钟内、5 分钟内或 7 分钟内，时间十分有限。为了能够控制好汇报时间，完整地汇报项目，一定要控制好 PPT 的汇报页数，如果是 8 分钟汇报，建议 PPT 的页数在 14 页左右；如果是 10 分钟汇报，建议 PPT 的页数控制在 18 页以内，路演汇报时应重点介绍项目的主要内容和核心内容，突出项目亮点。

忌讳六：PPT 内容不全

由于项目路演的时间十分有限，学生不可能将创业计划书的内容全部复制进 PPT，这就要求需要把创业计划书中主要的模块尽可能呈现在 PPT 里面。一方面通过 PPT 的展示来介绍项目，另一方面通过口述来补充介绍 PPT 上面没有提到的内容。一般来说，做项目路演用的 PPT，最起码要包括创业团队、产品与服务、市场痛点、市场空间、竞品分析、商业模式、市场策略、发展规划、资金筹措、财务分析、风控分析、创新点、知识产权等模块内容。

忌讳七：PPT 亮点不突出

在参加创业大赛项目路演时，比的就是项目特色，比的就是项目优势，比的就是项目的创新性，比的就是项目的营利性，比的就是项目的成长性。所以，在制作 PPT 时，一定要围绕创业计划书的主要模块内容，梳理和提炼出有项目亮点的内容，复制到 PPT 中来，并尽可能有条理性地、完整地汇报清楚项目的特色与优势，无论是产品的特色与优势，还是团队的特色与优势；无论是市场的竞争策略，还是项目的发展规划；无论是市场空间，还是融资计划，都要尽可能地表述完整、汇报清楚、突出重点。

忌讳八：汇报人没有激情与自信

在项目路演汇报时，一上场就要充满创业的激情，语气要抑扬顿挫，要正视评委，要放松身心，要把你自己的项目最好、最有亮点的内容告诉评委，最好能增加一些肢体语言来提高汇报的效果，尽快形成与专家评委的互动，增加评审现场的气场能量，以争取评委对你的好感。

忌讳九：汇报人语速太快

汇报项目时一定要让评委听清楚听明白，如果评委听不清楚听不明白，即使你认为自己的项目很好，那评委给出的评分也不可能太高。所以，在项目路演汇报时，一定不要紧张，要有自信，要完整清楚地向评委介绍自己的创业项目，语速千万不能过快，吐字要清晰，要让评委尽可能地了解你的项目。

思政之窗

由教育部主办的第十届全国大学生创新创业年会在大连海事大学举行。来自全国各地的学生、教师、企业家等代表齐聚一堂，展示交流创新创业新成果，探索创新创业教育新路径。

开幕式上，“国创计划”专家组组长、沈阳化工大学校长李志义宣读了《“国创计划”十年倡议》。“国创计划”专家组倡议：要不忘初心，育人为本，让更多大学生参与创新训练、创业训练和创业实践，增强社会责任感、创新精神和实践能力；要创新机制，改革育人，发挥创新创业教育改革“牵一发而动全身”的综合带动作用，有力推动高等教育全面改革创新；要汇聚合力，协同育人，完善科教结合、产教融合、校企合作协同培养双创人才的机制，将学校的智力、技术、项目资源与社会金融、市场、产业资源紧密对接，构建产学研全面合作、开放共享、深度融合的新格局；要双创思政，实践育人。坚持以学生全面发展为中心，通过专业教育、创新创业教育与思想政治教育的协调推进，努力造就理想信念坚定、专业知识扎实、具有创新创业能力，德才兼备的有为人才；要营造氛围，文化育人，培育创客文化，弘扬创新创业正能量，激发学生创新创业热情，营造大胆实践、敢为人先、敢冒风险、宽容失败的氛围环境；要充分认识和把握国内外发展大势，用创新和发展的眼光认识中国，了解世界，紧跟时代变化，厚植创新创业型人才培养的基础，鼓励大学生在创新基础上追逐创业梦想。

思考练习

1. 具体阐述创业项目的选择原则与流程。
2. 创业计划的具体内容有哪些？
3. 创业计划书的撰写原则与技巧分别是什么？

第九章

新企业的创立与管理

学习目标

了解新创企业的组织形式，学会区别不同组织形式的特点；

了解新创企业选址的原则和要点，学会理性分析如何进行创业选址；

熟悉新企业的注册条件，知道注册程序；

熟悉创办企业相关的法律知识，学会规避创办企业过程中可能遇到的风险。

案例导入

影像画梦者王高臣的“有趣现象”

——胜高臣影像工作室　王高臣

2018 年，一个名叫“鄂尔多斯有趣研究所”的公众平台吸引了很多年轻人的广泛关注。而它背后的 90 后青年——影像画梦者王高臣壮心上下勇求索，三年时间，他以刚毅、自信的步伐踩踏出了可圈可点的奋斗足迹。

起步，为自己规划一个未来

2013 年，西安翻译学院毕业后的王高臣辞掉了陕西电视台《多彩陕西》栏目组的工作，毅然决然回到自己的家乡鄂尔多斯市东胜准备创业。

“但创业这条路并不是只裹挟着“冲动”俩字就可以迈向成功的。”

王高臣是非常有自知之明的。在外地学习生活四年多的毛头小子，面对着东胜区日新月异的发展变化，王高臣深知应该冷静思考，他懂得只有行稳才能致远的道理。而寻求机会成长壮大，才是价值创造的本源，为此，他选择进入一家传媒公司打工历练。

因为创业的梦想在远方召唤，王高臣总是站在创业者的角度，想公司所想，急公司所急，以创业的姿态，创业者的勤奋，高质高效、尽善尽美地完成着每一项工作。

好运气背后拼的是硬实力

2014 年 6 月，鄂尔多斯开始迎来夏天的蓬勃。各级政府也出台了种种优惠政策，鼓励大学生创新创业。而此时，他通过朋友的介绍，得知东胜区大学生创业园成立，积极吸纳当地优秀大学生创业人才进驻园区。王高臣在他打工的传媒公司兢兢业业完成了最后一单任务，便开启了自己的创业旅程。

利用自己的积蓄，王高臣买回一台可以做流畅剪辑的电脑和一台高清摄像机，这就是他创业的全部家当。王高臣利用三天时间写好了创业计划书，走进了创业园的大门，一周后，他接到入驻通知，大学生创业园为他提供了一间 100 余平方米，免房租免水电的办公室——艺术工厂 315，王高臣的创业梦想由此温暖起航。

在东胜大学生创业园的三年里，王高臣的影像工作室分别给鄂尔多斯机场、东胜区教育局、东联现代中学、神东天隆集团、东胜区工商联、街道办事处、中国银行和电业局等企事业单位拍摄制作宣传片 30 余部，策划拍摄了爱情 MV、个人短片、公益广告和商业性广告 60 余部。而更多的时候，他成了他们“御”用的影像策划拍摄师。

在坚持不懈的追求下，王高臣先后荣获 2014 年度及 2015 年度的“优秀创客奖”，并在鄂尔多斯市首届创客大赛中取得“东胜青年创业之星”的称号。

撬动未来的温暖起点

园区的领导、老师，共同创业的伙伴和朋友，始终是王高臣快速成长的坚强支撑。培训是最大的福利。在创业园里，他还拥有了许多学习的机会，而随着一次次的学习，他的视野变得更为广阔。2016 年，由创业园选送，王高臣与鄂尔多斯市许多单位的领导和负责人共赴杭州，参加浙江大学与鄂尔多斯市政府共同举办的“鄂尔多斯创业人才暨企业高层管理人员培训班”，他与同行的创客们成了东胜区大学生创业园浙大国家科技园第一届学习班的学员。

文化赋能，延伸“有趣”的内涵

外面的世界很精彩，他要将这种种的精彩吸纳、转化、升级。

2017 年冬天，以工作室命名的公众平台开始试验性推广当地的青年文化，这是一个陌生的领域，意味着要从头开始，并且还要选择性地放弃之前一些获取经济来源的工作，以便于腾出时间细心钻研。这又是一个充满挑战与艰辛的过程。

目前，“鄂尔多斯有趣研究所”也已经在发展的路上变身为“宝藏录像厅”。在不断向前的路上，王高臣觉得，积极的思考和创新才是事物变得更加有趣的源泉。于是，后来又有了有趣的活动策划，成功地和万达，还有 COCO City 合作了墨潮市集和雷音唱片分享会，还有户外音乐节等。

有趣了就有了光，有了光，就有了成长的环境，而环境，终会造就新的气象。这气象，关乎发展。

第一节　新创企业的设立

一、新创企业的筹备

1. 确定目标市场

在市场经济条件下，企业的生产和经营必须围绕市场的需求来组织，创业者通过创办企业在市场交易中进行经营活动以获得利益。由于新创企业资源有限，所以多数新创企业是通过市场细分来选择和确定目标市场的。通过市场细分，有利于明确目标市场；通过市场营销策略的应用，有利于满足目标市场的需要。即目标市场就是通过市场细分后，企业准备以相应的产品和服务满足其需要的一个或几个子市场。一般来讲，用以进行市场细分的观测变量主要有以下四个方面。

（1）地理

主要包括区域，城市或主城区大小，人口密度，地形地貌（划分为平原、高原、丘陵、山区、沙漠地带等），气候（可分为热带、亚热带、温带、寒带等），交通条件（可分为公路、港口、轨道交通等）等（图 9-1）。

图 9-1　考察创业区域

（2）人口统计

主要包括年龄，家庭规模，家庭生命周期（可分为单身、新婚、满巢、空巢、孤寡等），性别，收入（可分为高收入、次高收入、中等收入、次低收入、低收入等），教育水平（可分为硕士及以上、本科、专科、中专、高中、高中以下等），职业，代系，民族，宗教，国籍，社会阶层等。

（3）心理

主要包括认知，生活方式，个性特征，购买动机（可分为追求时尚、追求实惠、追求新鲜、追求名牌、追求价廉等）等。

(4) 行为

主要包括购买时机（可分为节假日、日常、升学期、购房期、拆迁、搬家、结婚、离婚、促销打折日等），购买地点（可分为商场、超市、门店、网络商店等），购买数量（可分为大量、中量、少量等），购买频率（可分为经常购买、一般购买、不常购买、潜在购买等），利益，使用者情况、品牌忠诚情况（可分为单一品牌忠诚、多品牌忠诚、无品牌忠诚等），准备程度等。

当然，细分市场还要从战略、市场需求、竞争优势、资源和环境等几个方面对其可行性进行综合评估和分析，以帮助创业者全面了解产品或服务未来进入细分市场可能面临的优势、劣势、机会及威胁，从而准确判断开拓细分市场的可行性。表 9-1 提供了细分市场可行性分析角度。

表 9-1　细分市场可行性分析表

项目	问题阐述	细分市场（评级）		
		细分市场 A	细分市场 B	细分市场 C
战略	开发细分市场与总体目标是否一致			
市场需求	消费者分析			
	市场增长空间分析			
	细分市场客户			
	预计销售额			
	预计利润率			
	预计市场占有率			
竞争	竞争性分析（规模、价格、人才等）			
资源	资源分析（是否有营销、生产、资金、技术等支撑）			
环境	环境综合因素分析（包括宏观经济、技术水平、政治、文化和社会等因素）			
评级				

最后，企业应该确定细分市场的规模，以便在积极向前推进时知道潜在市场有多大。如果细分市场太小，即使细分市场上的顾客对其产品和服务很满意，企业成长很快也会出现停滞。

有些时候，企业会试图同时进入多个市场从而将自己延伸得太广，以至于不能精准把握好最适合自己的细分市场。有些企业则会选择某个市场后草率进入，没有充分了解市场行情和顾客需求。市场调查可以帮助企业了解市场的详尽情况，从而抓住机遇，做出正确的决策。

2. 市场调研

市场调研（market research）是一种把消费者及公共部门和市场联系起来的特定活动——通过调研所得信息来识别和界定企业市场营销机会和问题，产生、改进和评价营销活动，监控企业营销绩效，增进对营销过程的理解。企业通过市场调研寻求企业与市场之间的“共谐”。所谓市场调研，就是采用一定的技术手段和方法，有目的、系统地搜集、采集、记录、整理有关市场的供求情况、价格情况及未来的需求取向等的一种方法，为企业确定市场定位、制定营销决策提供客观、正确的资料和信息。

在一项对美国798家公司进行的市场营销调研活动的统计中表明，这些企业最普遍的市场营销调研活动是：市场特性的确认；市场潜量的衡量；市场份额的分析；销售分析；企业趋势分析；长期预测；短期预测；竞争产品研究；新产品的接受和潜量研究；价格研究。一般来讲，市场研究、产品研究、价格研究和消费者研究是企业市场调研的主要内容。

市场研究主要包括：市场特性，市场规模，市场需求（包括刚性需求、潜在需求、紧迫需求等），可能销量预测，市场动向及发展，市场增长率，市场对产品销售的反馈，市场占有率，市场竞争状况，市场细分研究和市场其他信息的研究。

产品研究主要包括：产品生命周期的研究、产品性能与特征研究、产品包装外观及品牌形象、新产品的开发和试销、产品的市场占有率和认知度、产品的顾客层、消费者对产品的态度和建议、竞争产品研究等。

价格研究主要包括：价格需求弹性分析、价格敏感度分析（包括新产品价格制定和老产品价格调整产生的效果）、定价决策、竞争对手的价格变化情况、价格优惠策略的时机和实施效果评价、赊销条件和付款条件。

消费者研究主要包括：消费者的结构，消费者的购买动机，消费者的购买习惯（时间，地点），消费者的购买能力和频率，消费者的品牌态度，消费者的品牌偏好，消费者的品牌忠诚度，以及消费者对产品和服务满意度。

企业如何开展市场调研？一般来讲，企业进行市场调研的流程主要有以下步骤：

（1）确定市场调研的必要性；

（2）定义问题；

（3）确立调研目标；

（4）确定调研设计方案；

（5）确定信息的类型和来源；

（6）收集资料；

（7）问卷设计；

（8）确定抽样方案及样本容量；

（9）开展调研；

（10）统计数据、分析资料；

（11）撰写调研报告。

3. 竞争对手分析

做好市场定位还要掌握竞争对手状态。商场上企业之间的竞争也如战场般激烈。在竞争性市场条件下，企业通过培育自身资源和能力，获取外部可寻资源，并加以综合利用。在为顾客创造价值的基础上，实现自身价值的综合性能力是一个企业的竞争力。不同于体育竞技的直接竞争，商场上的竞争往往属于间接竞争，竞争对手不用直接碰面而是通过其产品和服务在市场上决胜负。商场中不仅要注意已有的竞争对手，还需要识别和防范潜在的竞争对手。例如，“柯达”公司一直将同在胶卷市场的“富士”公司视为自己的头号竞争对手，却没有想到被生产数码产品的公司抢占了其胶片产品市场。

一般来讲，企业的竞争力分为三个层面：第一层面是产品层，包括企业产品生产及质量控制能力、企业的服务、成本控制、营销、研发能力等；第二层面是制度层，包括各经营管理要素组成的结构平台、企业内外部环境、资源关系、企业运行机制、企业规模、品牌、企业产权制度等；第三层面是核心层，包括以企业理念、企业价值观为核心的企业文化、内外一致的企业形象、企业创新能力、差异化个性化的企业特色、稳健的财务、拥有卓越的远见和长远的全球化发展目标。第一层面是表层的竞争力，第二层面是支持平台的竞争力，第三层面是最核心的竞争力。

对竞争者概况进行准确描述，为企业决策者提供一份详细的评估分析报告，对于他们了解主要竞争对手的特点和状况，对其施行重点关注和监控，分析其下一步发展动向或应对竞争会采取的市场策略非常有帮助。竞争信息的获取渠道主要如下。

（1）竞争对手的各种文献、资料

① 公司公开出版的书籍或者发表的重要文件、资料等。如公司年鉴、财务数据报告、年度报告等。

② 公司内部人员公开发表的信息。如公司领导发表的文章或公开演讲内容、销售经理发布的销售报告等。

③ 公司宣传材料。如产品宣传手册、公司介绍、促销资料等。

④ 企业内刊。包括报纸、杂志、网络刊物等各类自媒体。

（2）行业内文献、资料

① 行业内公开出版物或者发布的重要文件、资料。如行业年鉴、行业年度报告、行业组织机构发表的各类重要资料与信息等。

② 行业内自媒体。如行业刊物、行业组织机构官方网站等。

③ 供应商的有关报告和资讯。如供应商与竞争对手的战略合作意图、已经开展的重要合作项目信息等。

④ 行业权威的数据分析报告或有关信息。如行业分析师或权威人士发表的研究报告、文章及评论等。

（3）媒体发表的数据、资料

媒体发表的数据、资料等，如新闻报道、专题报道、人物专访、评论文章等。

（4）促销广告资讯

促销广告资讯类，如硬广告、软文宣传、大型活动、促销品、宣传单、邮件、短信等（图 9-2）。

图 9-2　促销广告资讯——企业宣传

（5）特殊渠道的数据、资料

① 图书馆、社会研究机构的历史数据、研究文献等。

② 专业数据提供商或者咨询机构。

（6）调查研究获取的数据、资料

① 人员访谈或者问卷调查。调查对象包括同行业人员、非同行业人员、供应商、渠道商、合作机构、消费者、社会大众等。

② 实地考察调研。主要调研内容为产品信息、价格信息、销售情况、渠道分布、促销情况、运营情况等。

需要注意的是应该合法获取、利用这些材料和信息。

二、新创企业组织形式的选择

1. 企业的概念

企业是从事生产、流通或服务性活动的独立核算经济单位。它是依法设立的经济组织，是在商品经济范畴中，按照一定的组织规律，有机构成的经济实体，一般以盈利为目的，以实现投资人、客户、员工、社会大众的利益最大化为使命，通过提供产品或服务满足社会需求，以换取收入和盈利。企业是社会发展的产物，因社会分工的发展而成长壮大。

2. 新创企业的组成形式

新创企业的组织形式不同，对创业者的要求也不同。只有对新创企业的概念、组织形式有了深入的了解后，创业者才能做出正确的选择，使新创企业得以生存和发展。

现代企业的组织形式按照财产的组织形式和所承担的法律责任不同，通常划分为不设立公司的企业和设立公司的企业。不设立公司的企业形式为个体工商户、个人独资企业、合伙企业。设立公司的企业通常称为“公司”，指依照《中华人民共和国公司法》（以下简称《公司法》）规定设立的企业，包括有限责任公司和股份有限公司两种。以下内容是现代企业的各种组织形式。

（1）个体工商户

个体工商户指在法律允许的范围内，依法经核准登记，从事工商业经营的自然人或家庭。个体工商户业主只需一个人或一个家庭，人数上没有过多限制，注册资本也无数量限制，开办手续比较简单。这类组织只需要业主有相应的经营资金和经营场所，到工商部门办理登记手续即可开业，个体工商户还可根据自己的需要起字号。

（2）个人独资企业

个人独资企业，简称独资企业，指由一个自然人投资，全部资产为投资者所有的营利性经济组织。独资企业是一种较为古老的企业组织形式，至今仍被广泛运用，其典型特征是个人出资、个人经营、个人自负盈亏和自担风险。

（3）合伙企业

合伙企业指由两个或两个以上的自然人通过订立合伙协议，共同出资经营、共负盈亏、共担风险的企业组织形式。

（4）有限责任公司

有限责任公司，又称为有限公司，指由符合法律规定的股东出资组建，每个股东以其出资额为限对公司承担责任，公司法人以其全部资产对公司的债务承担责任的经济组织。

（5）股份有限公司

股份有限公司，又称为股份公司，其注册资本由等额股份构成，股东通过发行股票筹集资本。我国《公司法》规定，股份有限公司的股东以其认购的股份为限对公司承担责任。

知识链接

选择企业组织形式需考虑的因素

创业者在选择企业组织形式时，要多咨询、多比较、多考虑。组织形式多种多样，有的组织形式对别人来说是一种优势，但对自己来说就是劣势。创业者要从自身的实际情况出发，选择适合自己的组织形式，争取以最小的投资获取最大的收益。

企业组织形式各有利弊，我们不能简单地说某种形式最好或最差，但总体而言，选择企业组织形式应当考虑以下因素：资本和信用的需求程度；投资者的责任；开办程序的繁简与费用；拟创办企业的规模；企业的控制和管理方式；组织正式化程度与运营成本；利润和亏损的承担方式；税负；权益转移的自由度；企业的行业性质；法律的限制。

在市场经济条件下，企业是法律上和经济上独立的经济实体。任何一个企业都要依法建立。创业者在创建一个企业时，都面临企业的法律形态选择问题。企业的组织形式，也称为企业的法律形态，成立新企业只能选择法律规定的企业组织形式，不能随心所欲地塑造任意的企业形态。选择一种合理合法的企业组织形式是一个复杂的问题，在企业经营过程中，如果创业者最初选择的企业组织形式不再适合企业的发展，也可以适时变更企业的组织形式。

三、新创企业注册流程

1. 企业核名

公司名称一般由四部分组成：行政区划、字号、行业（非必填项）、组织形式。

如：北京（行政区划）＋宇科（字号）＋企业管理（行业）＋有限责任公司（组织形式）

公司字号一般以2个字为最佳，多个字的核准难度较大，另外建议公司核名时多提交几个备选字号（5～10个），提高通过率。

需要时间：5个工作日左右（北京地区）。

2. 提交需要的材料

可选择线上和线下两种方式进行资料提交，线下提交前可提前在工商网上进行预约，需5个工作日左右（多数城市不需要提前预约）。

时间：5～10个工作日。

3. 领取公司证照

法定申请材料经审查核准通过后，可以携带准予设立登记通知书、本人身份证原件，到工商局领取营业执照。

时间：3～5个工作日。

4. 刻公司章

拿到营业执照后，需要携带营业执照原件、法定代表人身份证原件，到指定部门进行刻章备案。法定代表人不能亲自到场领取的，还需携带一份由法人亲自签字或盖章的“刻章委托书”前往领取。

公司印章包括：公章、财务章、合同章、发票章、法人代表人名章。

时间：1个工作日左右。

5. 银行开户

营业执照和印章办理完毕后，即可到银行开立基本户（与税务报到无先后顺序要求）。

6. 税务报到

营业执照和印章办理完毕后，方可到地税局和国税局进行税务报到。

注意：完成税务报到后，需要拿上银行开户许可证，营业执照副本原件和复印件，公章、财务章、法人章，及时与税务局签订三方协议，然后再拿上三方协议与银行基本户开户行签订三方协议，最后再递交给税务局，如此一轮下来，创业者就可以实现电子化缴税了。

7. 申请税控机及发票

如果企业要开发票，需要申办税控器，参加税控使用培训，核定申请发票。申请完成后，企业就具备开发票的资格了，然后再配备电脑和针式打印机就可以开发票了。

8. 社保开户

公司注册完成后，需要在30天内到所在区域管辖的社保局开设公司社保账户，办理

《社保登记证》及CA证书，并和社保、银行签订三方协议。之后，社保的相关费用会在缴纳社保时自动从银行基本户里扣除。

9. 代理记账

根据相关法律法规，领取营业执照后15天内要设置账本，企业必须要有一名专业会计，根据原始的票据凭证，为企业做账。

如果公司没有招聘专职会计，可以选择代理记账服务。

四、新创企业的选址

企业选址是关系到企业成败的一个至关重要的因素，也是创业初期涉及的几个问题之一。好的地理位置可以使一个普通的企业生存不息，企业位置决定了消费者是否愿意去购买此企业的产品或服务。不同类型的企业，选址时要考虑的问题与方式也各有差异，随着经济和技术的发展，空间上的差异对企业经营的影响逐渐减小，但是其依旧是影响企业发展的一个重要因素。因此，创业者有必要在选址时，做出正确的选择决策以及对影响其选择的各种因素考虑周全。

1. 不同类型企业的选址

（1）生产型企业选址

生产型企业选择的地址交通要方便，以便于产品对外运出，生产用电要能满足，生产用水要有保证。另外，企业选址应尽量靠近原料基地和劳动力资源，而且，恰当的选址还应考虑当地税收优惠政策等因素。

（2）商业型企业选址

商业型企业经营地点的选择与商业圈有着密切的关系。一般一个城市内有若干个商业圈，每个商业圈有一定的辐射范围。处于商业圈内的企业相对于圈外的，经营情况要更好。因此，商业型企业选址时最好选择商业圈核心地带，便于和客户的接触。但是，商业圈内店铺的房价或租金相对较贵，会对新创企业的经营支出构成压力。在新创企业资金有限的情况下，可以选择租柜台、委托代销等方式开展业务；也可以在商业圈边缘客流量较大的地方进行选址。

（3）服务型企业选址

服务型企业包括很多门类，每种类型的企业经营特点不一样，选址方式也不一样。但有一点是相同的，即必须有客流量。如果服务对象是居民，则要在居民区附近选址；服务对象是学生，则要在学校附近选址。

此外，全国大部分城市建有各种类型的企业孵化器，为不同类型的中小企业和新创企业提供减免租金的办公空间，同时为其发展提供支持性服务（如财务方面、技术方面和经营方面等）。例如鄂尔多斯文创园，为大学生提供“1＋5”服务，即免费场地服务、创业辅导、第三方服务、金融服务、宣传推广（图9-3）。公众、传媒和金融界也为企业孵化器中的企业提供很多支持，这些企业还可以享有税收优惠政策。企业的集聚效应营造出良好的创业氛围，使多个新创企业在同一屋檐下共同奋斗，较低的租金和共享现场服务增加了创业成功的机会。因此，企业孵化器也是新创企业选址时的一个很好的选择。

图 9-3　鄂尔多斯文创园活动现场

2. 影响企业选址的因素

（1）经济因素

在决定把一个企业设立在哪个区域时，主要考虑区域经济的情况。为什么人们居住在这个区域？他们的生活水平如何？其他企业为什么要设在这里？该区域各行业兴旺吗？该区域的企业活动具有季节性特点吗？分析一下这些问题，将会对新创企业选址产生有利的影响。人们的收入水平决定了其对商品（或服务）的需求。创业者要收集有关所选区域人们的收入信息，包括家庭平均收入是多少、收入水平如何、就业情况如何。另外，交通情况也是重要的经济因素。

（2）政治因素

政府对市场的规制也是值得创业者重视的一个方面。创业者评估现在已经存在的以及将来有可能出现的影响到产品或服务、分销渠道、价格及促销策略等的法律和法规问题，将企业建在政府支持该产业的地区。当投资者到国外设厂时，更应该考虑不同国家的政治环境，如国家政策是否稳定、有无歧视政策等。

（3）技术因素

新技术对高科技新创企业成功的作用是显而易见的，但技术本身的进步却更加难以预测。从某种意义上说，技术市场的变化是最为剧烈和最具不确定性的因素。因此，为了能够了解和把握技术变化的趋势，许多企业在选址时，常常考虑将企业建在技术研发中心、科技孵化器附近，或建在新技术信息传递比较迅速、频繁的地区。

（4）人口因素

创业者应该对可能成为其消费者的人群有所了解。例如，如果要开一家文具店，就要了解哪里学生最多，因为这个群体购买的文具最多。其他人口问题还包括人口稳定性怎么样，人口数量是上升还是下降。选址时，对这些问题都要予以考虑。

(5) 竞争因素

收集该区域竞争者的相关信息，对竞争者进行研究。要知道你有多少竞争者，他们都在哪里；还要知道附近过去几年内，有多少跟你业务相似的企业开张和关闭了。有三种情况有利于开一家新企业：选址附近没有竞争者；区域内竞争者的企业管理很糟糕；该区域消费者对该产品或服务的需求正在增加。

(6) 发展规划

企业地址的选择要搞清楚城市建设的规划，既包括短期规划，又包括长期规划。有的地点从当前分析是最佳位置，但随着市场的改造和发展将会出现新的变化而不适合开店；反之，有些地点从当前来看不理想，但从规划前景来看会成为有发展前途的新的商业中心区。因此，创业者必须从长远考虑，在了解地区内的交通、街道、绿化、公共设施、住宅及其他建设或改造项目规划的前提下，做出最佳地点的选择。除以上需要考虑的因素之外，自然因素、社会文化因素等都可能影响创业者选址。这需要创业者根据自身的条件和创业项目的具体情况来决定。

第二节　新创企业的成长管理

为“助梦”　塑造自己

——内蒙古助梦网络科技有限公司　武华云

谈及创业的经历，武华云说：“其实创业就跟人的成长一样。成长是一个否定自我、突破自我与重塑自我的循环往复的过程。所以，成长就是雕刻自己，过程会很痛，但你终将遇见更好的自己。因此，相对于‘创业青年’这个身份，我更倾向于自己是个人生经历的‘雕塑家’，在实现梦想的道路上历经无数次刀刻斧凿，直至成形。”

如果说刚开始的创业投入是因为一时兴起，那么接下来的五年坚持就是追梦之路了。如果说“若得青锋三尺剑，醉罢斩天落长虹”是每个创业者的梦想，那么“照亮别人的黑暗，实现共同的光明”就是武华云的“助梦”之梦，公司的名称“助梦”便应运而生，并深深地烙印在武华云的生命里，成为公司精进的座右铭。

之所以选择互联网科技行业，武华云基于两点考虑：从宏观经济大趋势来看，“互联网行业”是未来最顺应时代趋势和最有发展潜力的行业之一；从创业团队来看，“助梦”

拥有多方面的人才储备积累。

几个年轻人带着满腔的热情和闯劲儿，一个猛子扎进了创业的大海中。组建团队、规划发展、运营管理、项目策划、宣传推广、联系客户等，凭借着创新、吃苦与勇气，助梦团队开始赢得客户的认可，有了不错的业绩。当创业初期的热情渐渐退却，各种困难接踵而来，如人才招聘难、业务拓展难、资金回款难，面对重重压力，团队中甚至有人提出想要放弃的念头。于是“助梦团队”迈上了二次创业的征途。团队经过分析认为，当前公司发展的瓶颈是人才问题。互联网科技日新月异，当前公司的技术力量已远远不能满足行业的发展。唯有多渠道吸收优秀人才，才是公司继续前行的关键。

解决了人才问题后便是技术与产品的升级换代。助梦开启了升级业务技能的加速模式。他们彻夜研讨行业最新技术、市场新热点以及互联网新趋势，一股鲜活蓬勃的力量在每个人内心滋长。与此同时，他们与同行业抱团取暖，到全国顶级互联网公司培训，掌握行业最新动态最前沿技术。助梦团队还在西安成立分支技术团队，顺势解决了业务与人才方面的问题。

助梦团队敢想敢干、敢为市场先，他们坚持“助力中小企、共圆中国梦”的信念，致力于互联网＋实体运营研究，为实体企业提高品牌知名度，扩大受众面，提升工作效率，节约人力成本，为企业引流更多的客户，提升企业销售业绩；为政府部门开展党建学习、企业内部管理、外部营销设计开发先进的服务系统。助梦逐渐产生了不错的影响力，开始承接许多大中型项目。他们首度将 SEO 技术引入内蒙古地区。当其他竞争者意识到这项技术对于占领市场的关键性作用时，助梦已经牢牢地占据了有利的市场地位。

公司业务发展的同时，也不断加强知识产权建设，取得了互联网软件开发、计算机系统服务的“助梦”商标，取得软件著作权 22 个，还有 5 个软件著作权在审核中。公司 2020 年、2021 年均被认定为“全国科技型中小企业”，2021 年取得“国家高新技术企业”称号。

爱出者爱返，福往者福来。企业的生存发展离不开社会各界的支持，内蒙古助梦网络科技有限公司连续 6 年为鄂尔多斯东胜区、库布齐沙漠公园七星湖景区义务植树，为西藏贫困山区妇女、儿童捐赠衣物与书籍，广泛参与到社会各界公益事业中。

2020 年疫情期间，公司为鄂尔多斯地区防疫工作捐款，为内蒙古晨报开发防疫宣传软件，参与公园街道办事处助力商圈复工复产的行动，不辞辛苦走访调研、策划方案，进行互联网公益推广宣传。为入驻文创园的企业发展提供相应的支持与帮助，公司还为东胜区 100 多名企业家提供管理咨询、互联网＋建设咨询、营销策划咨询。免费组织线下资源对接、沙龙讨论会帮助 20 多家企业达成了合作意向。公司还开发了智慧企业服务平台，为鄂尔多斯企业提供免费宣传、人才交流、学习培训等服务。倾情帮扶解民困，惠及地方助发展。“助梦”实至名归。

创业从来就不是顺水推舟的事，创业之路必定披荆斩棘。但创业是和平时期最绚丽的一种生活方式。武华云和助梦团队热爱这种绚丽，愿意为这种绚丽奋力奔赴，愿意通过“助梦”而成就创业理想，在助梦路上塑造全新的自己，更好地成就他人，赢得美好未来！

一、新创企业管理的特点

1. 新创企业具有高成长性和高风险性

新创企业区别于成熟企业的重要特点之一，就在于成熟企业已经进入常规发展阶段，不再具有高成长性；而新企业则处于超常规发展阶段，极具成长潜力。新企业通常经营机制灵活，同时在产品、技术或业务的某些方面具有一定的独特性和领先性，对区域市场和细分行业的竞争能够保持良好的适应和应对状态，因而成长性较好。但与高成长性相对应的是：新企业的成长具有很大的不确定性和高风险性。由于技术环境的变化、商业模式的变革、竞争对手的打压等，新企业的业绩波动明显高于成熟企业，呈现出“易变”“不稳定”“高死亡率”等特点。也就是说，新企业的成长呈现出非线性的特征，可能爆发式增长，也可能突然衰退，甚至是彻底失败。

2. 新创企业管理是以生存为首要目标的“生存管理”

新企业在创立初期的首要任务是在市场竞争中生存下来，让消费者认识和接受自己的产品或服务。在这个阶段，生存是第一位的，一切围绕生存而运作，应避免一切危及生存的做法。要尽快找到客户，把自己的产品或服务卖出去，掘到第一桶金，只有这样新企业才能在市场上找到立足点，才有了生存的基础。企业里的大多数人，包括创业者在内，要出去销售产品，这就是所谓的“行动起来”。在这一阶段，企业是机会导向的，有机会就做出反应，而不是有计划、有组织地开发利用自己所创造的机会。

3. 新创企业管理具有较强的灵活性和创新性

活力是创新之源，是企业快速发展的核心动力。与大企业相比，新企业的突出优势就在于高层管理者更贴近客户，更容易感受到市场发生的变化，能够比大企业更迅速地做出反应，能够用小企业的反应速度来抗击大企业的规模经济。如果新企业机制灵活，那么就会以目标为导向，淡化分工，强化协作，老板与员工形成一体，这时企业的反应速度很快。与此同时，新企业管理通常也需要有较强的创新性。因为新企业会面临许多新问题，这些问题多数是管理者之前没有遇到过的，在书本和前人的经验中也找不到答案，只有敢于创新、善于创新，才能有效地解决这些问题。新企业和成熟企业管理特点的比较，如表9-2所示。

表9-2　新企业和成熟企业管理特点的比较

内　容	新企业	成熟企业
成长性	高增长、非线性成长	低增长、常规发展
风险程度	不确定性、高风险	经营稳健、低风险
主导策略	基于生存和发展的机会导向	基于强化内部控制的经营导向
驱动因素	商机驱动	资源驱动
关注焦点	销售收入和现金流	顾客维持与内部效率
管理团队	创业者个人或小规模的团队	职业化的管理团队替代企业家团队

续表

内　　容	新 企 业	成熟企业
管理模式	基于信任与合作的松散管理	建立完善的管理机制与控制系统
创新来源	依赖个人创新	系统的组织创新
风险承担	最大限度地规避风险	能够适度承担风险
外部环境	高度不确定，至少创业者感觉如此	不确定性基本在可控制的范围内

二、新创企业人力资源管理

1. 企业组织结构

所谓组织结构，就是组织内部对工作的正式安排。组织结构是指，对于工作任务如何进行分工、分组和协调合作。组织结构是表明组织各部分排列顺序、空间位置、聚散状态、联系方式以及各要素之间相互关系的一种模式，是整个管理系统的“框架”。企业组织结构的形式，应当与行业的特点、企业规模的大小、生产技术特点、市场需求变化等相适应。

2. 企业人力资源需求预测

人力资源预测是企业根据其战略目标，发展战略及内外部环境，以科学规范的方法进行人力资源需求和供给的分析预测，编制相应的吸引、留住、使用、激励方案，选择适当的预测技术，对人力资源需求的数量、质量和结构进行预测。以完成企业发展目标的过程，人力资源预测的实质是促进企业实现其目标，因此它必须具有战略性、前瞻性和目标性，要体现企业的发展要求。

（1）人力资源数量

人力资源规划中对人力资源数量的分析，重点在于探求现有的人力资源数量是否与企业的业务量相匹配，也就是检查现有的人力资源配置是否符合一个机构在一定业务量内的标准人力资源配置。人力资源数量是一项重要的分析指标。

（2）员工类别

通过对员工类别进行分析，可体现一个企业业务的重心所在。员工类别包括业务序列（如营销人员、生产人员、技术人员）和职能序列（如行政人员、财务人员）等。

（3）员工素质

对员工素质的分析就是分析现有工作人员的受教育程度及培训状况，如学历，一般受教育程度与培训状况在一定程度上能够反映员工工作知识和工作技能的情况。

（4）年龄结构

对员工的年龄结构进行分析，可以按年龄段统计出公司人员的年龄分布情况，得出公司人员的平均年龄，了解员工构成是日趋年轻化，还是日趋老龄化。员工吸收新知识、新技术的能力，员工的体能负荷、工作职位或职务的性质与年龄大小可能的匹配要求，这些都会影响组织内员工的工作效率和组织效能。企业员工的理想年龄分配应呈现金字塔形，顶端代表 50 岁以上的高龄员工；中间部位次多，代表 35～50 岁的中龄员工；底部人数最多，代表 20～35 岁的低龄员工。

（5）职位结构

根据管理幅度原理，主管职位与非主管职位应比例适当。通过分析人力结构中主管职位与非主管职位，可以显示组织中管理幅度的大小，以及部门与层次的多少。如果一个组织中主管职位太多，可能导致组织结构不合理，管理控制幅度太狭窄，部门与层次太多，工作程序繁杂。造成员工之间相互牵制，势必会降低工作效率。

另外，人力资源存量信息，如员工期初数、期末数；人力资源效率信息，如人均工资、利润；招聘效率信息等。这些信息既是人力资源管理的基础信息及运营信息，也是人力资源管理的决策依据。

3. 企业人力资源需求预测方法

（1）德尔菲法

德尔菲法的目标是通过综合专家们的意见来预测某一领域的发展。德尔菲法是一种特别的专家意见咨询方法，是一种能避免专家之间的相互影响及“从众行为”，并能逐步达成一致意见的结构化方法。专家们的选择依据是专家们对影响组织的内部因素的了解程度。专家可以是组织内部的专家，也可以是外聘专家。例如，在评估未来某公司对人力资源的需要时，可选出公司的计划、市场、生产和销售等部门的经理作为专家。

（2）经验预测法

经验预测法是企业根据以往的经验对人力资源进行预测的方法。采用经验预测法主要是根据以往的经验进行预测，预测效果受经验的影响较大。如果企业人员流动性较大，频繁地出现人员结构变动时，如晋升、降职、退休或调动等，则可以采用经验预测法与人力资源现状规划相结合的方法来制订规划。

（3）描述法

描述法是人力资源规划人员对本企业或组织在未来某一时，预期的有关因素的变化进行描述或假设，并从描述、假设、分析和综合中对将来人力资源的需求进行预测规划。

（4）工作负荷预测法

工作负荷预测法是指按照历史数据、工作分析的结果，先计算出某一特定工作每单位时间（如一天）内每人的工作负荷（如产量），再根据未来的生产量目标或劳务目标计算出所需要完成的总工作量，然后依据前一标准折算出所需要的人力资源数量。这种方法考虑的对象是企业工作总量和完成工作所需要的人力资源数量之间的关系，是每位员工的工作负荷和企业总体工作量之间的比率。可用公式表示：

未来每年所需员工数＝未来每年的总工作量/每年每位员工的工作负荷＝未来每年的总工作时数/每年每位员工的工作时数。

因此，工作负荷预测法的关键部分是准确预测出企业总的工作量和员工的工作负荷。当企业所处的环境，劳动生产率增长速度相对稳定的时候，这种预测方法比较方便，预测效果也比较好。

人力资源需求预测分为现实人力资源需求预测、未来人力资源需求预测和未来流失人力资源需求预测三部分。

具体步骤如下：①根据职务分析的结果，来确定职务编制和人员配置；②进行人力资源盘点，统计出人员的缺编、超编以及是否符合职务资格要求；③将上述统计结论与部门管理者进行讨论，修正统计结论；④该统计结论为现实人力资源需求；⑤根据工作量的增长情况，确定各部门还需增加的职务及人数，并进行汇总统计；⑥该统计结论为未来人力资源需求；⑦对预测期内退休的人员进行统计；⑧根据历史数据，对未来可能发生的离职情况进行预测；⑨将⑦和⑧统计和预测的结果进行汇总，得出未来流失人力资源需求；⑩将现实人力资源需求、未来人力资源需求和未来流失人力资源需求汇总，即得到企业整体人力资源需求预测。

4. 新员工的招聘与定岗

新员工的招聘与定岗一般要按以下四个步骤有序进行（表 9-3）：

表 9-3　创业者招聘新员工的具体流程

步　　骤	程　　序	内　　容
1	招聘	发布招聘广告；处理应聘者的申请材料；举行面试；选择新员工
2	定岗	带新员工参观企业；向新员工交代必须完成的工作任务，并对其进行监督；对新员工进行定期或不定期的技术培训等
3	对员工的考虑	制定公平合理的员工薪酬计划；设计一套包括所有员工额外福利的方案；促使创业者和新员工以及新员工与在职员工之间的人际关系良好发展等
4	员工薪酬管理	要明确岗位所需的技能与学历以及工作难度系数；制定公平合理的薪酬制度；判断岗位价值，如胜任该岗位需要的学历、工作经验等；根据各岗位的价值，来计算并发放各个岗位上员工应得的薪酬

（1）招聘程序

招聘新员工对应聘者和创业者来说都相当重要，它既可能是一种互利关系的开始，也可能是一系列错误的开端。影响员工流转的两个主要因素是招聘和选择程序。为了减少员工流失，创业者有必要发布招聘广告、处理应聘者的申请材料、举行面试、选择新员工，并为他们配置工作。

潜在的员工来源：企业内部提拔、招聘广告、就业中介、教育机构、以前员工及在职员工推荐。

选择员工的程序：接受申请材料；面试；核实应聘者的相关信息；应聘者的技能测试。

（2）定岗程序

按照惯例，新员工到来的第一天，应该带他们参观企业。在这期间，应该把新员工介绍给在职的其他员工，让新员工了解企业的整体运行情况，要求新员工适应企业的经营环境，并融入企业当中。这项工作并不需要花很多精力，但却十分有用。

最重要的是，要让新员工从进入企业的第一天开始就能找到自己的恰当位置。正确定岗有助于提高员工的工作效率，并有助于长期留住优秀员工。

员工定岗的四个原则：定人，确定要定岗的员工；定事，明确其必须完成的工作任务；试用，让员工在领导监督下进行尝试；转正，让合格者继续工作下去。

给新员工准备工作的六个要素：落实工作，让新员工了解他们所要从事的工作；进行监督，让在职员工对新员工进行指导和监督；设计障碍，设计简单的工作障碍；制订新员工培训时间表；划定范围，规定工作范围；绩效评估，对新员工工作进行评估。

（3）员工的考虑

①薪酬计划

对员工来说，工资是决定他们工作的一个重要因素。他们希望所得报酬能够反映其贡献给企业的各种技能以及所付出的辛勤劳动。

②额外福利

在所有额外福利中，病休和假期是最为重要的。创业者应该设计一整套包括各种额外福利的方案。

③人际关系

高工资报酬和优厚的福利待遇不一定能使员工们感到快乐。工作满意度对他们来说更重要。创业者对新员工工作的肯定与赞扬以及在职员工对新员工工作的指导与帮助都会促使创业者与新员工以及新员工与在职员工之间的人际关系向良好的方向发展，提高员工整体的工作积极性，从而为企业带来更多的效益。

④工作条件

良好的工作环境与员工的健康和安全都应该是创业者关心的事情，一个好的工作环境不仅可以防止发生意外事故，而且有助于提高员工的工作效率。

（4）员工薪酬管理

要明确工作岗位所需的技能和学历以及工作的难易程度等，从而判断每个工作岗位的价值。以此作为薪酬管理的依据，制订公平合理的薪酬制度。企业的薪酬管理制度一直是困扰很多企业领导的普遍性问题，如果没有一套适合本企业的薪酬管理制度，企业领导或人事负责人往往会遇到很多问题。初创企业必须学会建立一套实用的薪酬管理体系。公司成立之初，虽然规模小，但依然要明确每个岗位的要求，判断岗位价值，如胜任该岗位需要的学历、工作经验，技能要求等。然后根据各岗位的价值，来计算并发放各个岗位上员工应得的薪酬。

三、初创企业财务管理

企业创办及经营过程中资金匮乏和资金链断裂是导致企业失败的最主要因素。资金是一个企业的血液，对于初创企业来讲，拥有资金保障更是企业得以存续并获得成长发展的先决条件。而创业者识别机会并把机会转变为创业企业的能力，与资本的利用率密切相关。因此初创企业有必要重视财务管理。

1. 财务管理的基础理念

财务管理是企业管理的重要组成部分，是在一定的整体目标下，关于资产的购置、资本的融通和经营中现金流量，以及利润分配的管理。许多有经验的创业者都强调财务管理在企业中的首要地位。微软创始人比尔·盖茨曾言：企业的创办与倒闭，都与财务数据的严谨分析有关。无论你做什么事情，如果不了解企业的实际情况，而是根据传闻信息或天性直觉来进行企业决策，那你终将为此付出惨重代价。

初创企业创业者尤要树立财务管理理念，主要包括货币时间价值观察、收益观念和风险观念。

（1）货币时间价值观念

为什么说“时间就是金钱”？因为货币是有时间价值的，一定的量的货币在不同时点上具有不同的经济价值。一个目前看似可以盈利的项目，有可能会因为货币的时间价值而成为一个未来亏本的项目。创业者有必要重视由于时间差异而形成的货币价值差异因素，尤其是在通货膨胀或货币贬值的时期。

（2）效益观念

效益是指经济活动中投入的资源、费用与产出的有用成果的比率。如果产出高于投入而有盈利，就有效益；如果产出低于投入而出现亏损，就没有效益。效益观念是人们在经济活动中用降低投入、增加产出的方法对盈利的追求和态度。在市场经济条件下，只有树立强烈的效益观念，才能在竞争中立于不败之地。创业者更要树立效益观念，筹资时要计算资金成本，投资时首先要考虑资金安全，并要预测投资收益率。

（3）风险观念

风险是指企业在各项财务活动过程中，由于各种难以预料或控制的因素影响，财务状况具有不确定性，从而使企业有蒙受损失的可能性。按财务活动的主要环节可以分为流动性风险、信用风险、筹资风险、投资风险和收益分配风险等。

2. 初创企业财务管理过程

初创企业对财务管理的认识容易产生两种误区，一种认为企业成立初期财务管理简单，一个会计、一个出纳就够了；另一种认为财务管理要有完整的财务组织才能实现，需建立起规整的机构，制定各类章程和财务信息流动渠道。一般来讲，企业通过建立会计系统来描述企业财务活动情况的财务信息流，不考虑复杂程度，任何一个小企业的会计系统都可以实现以下功能。

- 提供一个精确完整的企业经营成果的概报；
- 可以实现目前的数据与先前年份的经营结果和预算、执行目标及时进行比较；
- 向管理者、银行和未来的投资人提供所需的财务报表；
- 及时填写政府的税务征收及有关部门索要的报告和税单。

当然，企业财务管理绝不仅仅是建立起一个会计系统而已。公司财务管理的起点是通过准备和分析财务报表了解企业过去的财务绩效以及自己与竞争对手和产业标准的对比情况；接下来，企业要进行未来两三年的预测，包括“收入”“支出”和“资本开支”等。然后，企业根据这些预测来准备预计财务报表，并与更加完善的预算一起构成企业财务计划；最后，企业要对财务结果进行连续分析。财务比率是显示企业财务报表各项目之间关系的比率，既可以用来辨别企业是否达到财务目标、如何与产业竞争对手开展竞争，还可以用来预测趋势。

虽然初创企业没有历史财务报表作为参考，只能从图 9-4 中的第二步“进行预测”开始。但是，初创企业把握整个财务管理过程仍然十分重要。通常情况下，初创企业每个季度都要准备财务报表，当前一个季度结束后，初创企业就会有历史财务报表用来进行预测，为后期的预计财务报表做出准备。如果企业只看到自己利润表上每年销售额的增长而没有考虑自身在产业中的相对位置，即没有参照历史的财务比率，就会容易给自身造成很大的欺骗性。例如，某企业拥有每年 10%的销售额增长率，却不见其所处产业正以 20%～30%的速度成长时，就不会意识到自己其实正在逐渐丧失市场份额。

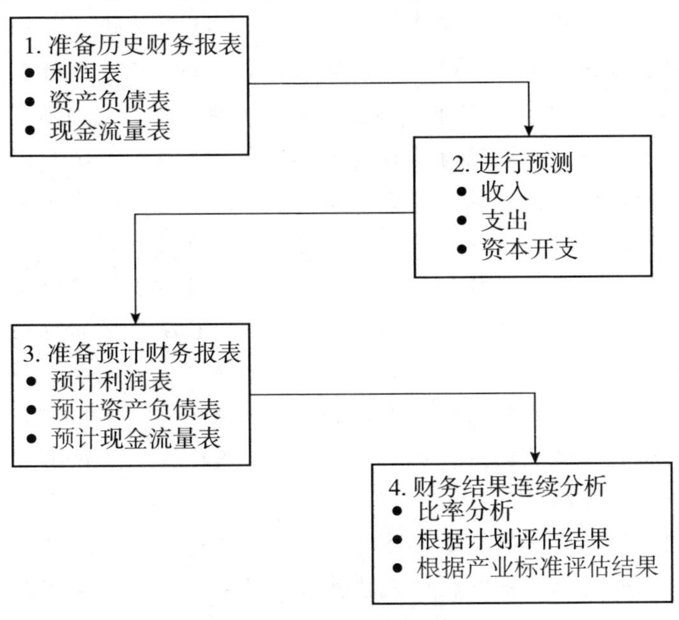

图 9-4　财务管理过程

四、初创企业风险管理

不迷信神话，选择后的笃行成就传奇

——鄂尔多斯市海瑞科技有限责任公司　王林海

从最初的 6 人团队，到如今业已形成了以“海瑞科技”为品牌，在鄂尔多斯、包头、呼和浩特市、赤峰市等地拥有 6 家子公司，与鄂尔多斯市范围内 90%以上的政府部门建立业务联系，以网站建设、公众号小程序等为纽带建立长期牢固的合作关系，在当地互联网市场占有率 70%以上的互联网集团，王林海始终笃信一句话：抛开创业的神话故事，唯有一双手和一双脚才是书写自己创业篇章的如椽巨笔。

海瑞科技以惠农、智农、利农为前提，积极响应国家乡村振兴政策，决定用信息化途径，通过平台搭建、农产品追溯管控、线上销售等手段实现农产品产业链闭环，拉动乡村发展，缩小城乡经济差距。海瑞自主研发了“海瑞优选农产品防伪追溯系统”。该系统主要以全流程追溯技术、物联网技术、大数据分析技术构建数字农业综合管理服务系统，达到农产品种植智能化、农事流程标准化、农产品追溯全流程化、物联网检测数据化、农产品检疫常态化、农业执法依据化、农产品监管大数据化、农场管理信息化的目的。

为了尽快推广新系统，使更多的农牧民享受到新技术带来的红利，海瑞将该项目申报为鄂尔多斯市科技计划项目中的“科技特派员成果转化推广项目”。

2021年4月份，鄂尔多斯市高新技术产业开发区管理委员会，科技和人才工作局局长冯翰翔、副局长皇海燕一行到海瑞科技调研参观，深入了解海瑞人才培养、团队建设、技术创新、产品研发、业务开展等经营管理情况，鼓励海瑞形成创新、科学、规范、诚信的良好运作机制，发挥本地互联网行业带头企业的示范性作用，并表示，对于海瑞公司申报的科技计划项目，高新区科技和人才工作局予以高度重视和强力的支持。

调研组的话无异于一剂强心针和一颗定心丸，让王林海和他的团队持续跟进和落实项目内容，争取让“科技兴蒙”的政策成为海瑞科技二次创业的重要基石。

历经三年的摸索与不断纠偏，王林海基本摸清了鄂尔多斯互联网市场的发展现状、市场资源及供需状况。时机成熟、瓜熟蒂落，“海瑞科技”应势而生，内蒙古互联网业界的一颗新星从此冉冉升起。

由于前期审慎而踏实的铺垫，公司顺理成章地进入了发展的快车道。三年内，由于对当地政府门户网站的设计与改版以及软件系统的成功研发，获得政府领导及广大市民的高度肯定，进而承接了更多鄂尔多斯市企事业单位、政府部门的业务；2015年，公司在包头成立子公司，正式迈开了走出鄂尔多斯的战略步伐；2020年，公司跻身国家级高新技术企业，并在内蒙古自治区交易中心科创板挂牌上市。

研发能力是互联网科技公司的硬实力。海瑞自主研发的原创能力是毋庸置疑的。当前，鄂尔多斯市政府部门共计35个门户网站中有33个单位均由海瑞服务，海瑞技术的竞争力可见一斑。目前海瑞独立研发产品近200款，产品分多个模块可自由组合，选择灵活，且根据不同地区的用户需求后台随时变动调整，也可以进行定制开发。这些都成为海瑞直面市场竞争的“杀手锏”。

技术研发是一种创新，引导市场、创造需求同样是一种不容忽视的创新。

海瑞研发的安全检查隐患整改管理系统就是市场需求与技术研发紧密结合、同步跟进的一款产品。在安全管理工作中对隐患的排查和整改一直是重点，安全生产事关国家和人民的利益，是经济发展和社会稳定的保障，消除、控制隐患，防止隐患扩大造成事故的发生就显得尤为重要。

在此背景下，海瑞助力创新安全检查工作方式，推出了安全检查隐患整改管理系统，通过网络进行工作流转，实现信息传递的零延误，打破了办公空间限制，用户可以随时随地开展隐患排查治理管理工作，大大提高了隐患管理信息获取和处理的及时性，在安全检查工作中实现隐患管理规范化、过程记录完整化、信息传递及时化、业务处理移动化、统计分析智能化。

1. 创业风险的特征

创业风险是企业在创业过程中存在的各种风险。创业环境的不确定性，创业机会与创业企业运营的复杂性，创业者、创业团队与创业投资者的能力和实力的有限性导致创业活动结果的不确定性，都可能成为创业风险的根本来源。一般来说，创业风险具有以下特征。

（1）不确定性

企业面临的外界环境是时时变化的，创业中企业的生产、技术、市场、人、财、物和信息等因素也是不断变化的。所以创业风险的不确定性主要表现在风险是否发生的不确定性、风险发生时间的不确定性和风险产生的结果的不确定性。

（2）两面性

创业风险能够造成企业的损失，甚至灭亡，但也有可能给企业带来契机，创造更大的财富，这就是创业风险的两面性。创业的风险有大有小，内容和类型有所不同，创业者可以从不同的创业风险中抓住有利的机会，巧妙地转危为安、化险为夷，甚至取得更大发展。

（3）可变性

创业风险会随着环境的变化、创业风险影响因素的变化和企业发展阶段的不同而发生改变，包括风险大小、风险类型和风险内容的转变。

（4）可控性

创业风险虽然是现实环境和企业变化的不确定性在未来事件中的一种反映。但是，是可以通过对现实环境因素的观察，初步加以预测的。并且，创业风险在一定程度上是可以控制的，即风险是在特定的条件下，不确定性的一种表现，当条件改变的话，引起风险事件的后果，可能也会改变。

2. 创业风险控制

对于初创企业来说，重视防范和化解企业风险，是其获得发展的前提条件。

一般来讲，企业危机和失败会对创业者产生很大的心理冲击。对于初创企业创业者而言，更要理性面对创业风险带来的危机，保持沉着冷静，处变不惊，并对创业风险有一个正确认识。风险的发生并不等于直接导致失败。风险发生后，如果创业企业能够沉着应对、果断采取有力措施控制局势的发展，那么风险有可能化解，危机可能转化为机会。即使有些失败是无可挽回的，创业者也要从中吸取教训、磨炼意志，从消极中看到积极的一面，为我所用。为此，创业者应该认真思考避免和解决企业风险危机的方法。

（1）积极预防

预防重在教育和培训。让企业员工明白风险管理的重要性和必要性，需要提升员工生产水平和技能，培育员工合作精神与风险意识，完善企业管理制度，创业者充分授权，规范企业决策过程。

（2）预警设置

设置一些预警指标，例如“资金周转速度”“现金流”等财务指标。建立企业危机预防机制，确保企业内部信息畅通和反馈及时，有应对危机反应的专门授权和措施。而风险一旦发生了，企业必须在第一时间分析风险发生的状况和可能带来的不利影响和损失后果，快速制定风险解决方案。

五、新企业的营销管理

1. 营销经典理论

(1) 引入的概念

①4P

4P 营销组合策略是美国学者麦卡锡教授提出，包括产品（Product）、价格（Price）、分销（Place）、促销（Promotion）。

• 产品组合

主要包括产品的实体、服务、品牌、包装。它是指企业提供给目标市场的货物、服务的集合，包括产品的效用、质量、外观、式样、品牌、包装和规格，还包括服务和保证等因素。

• 价格组合

主要包括基本价格、折扣价格、付款时间、借贷条件等。它是指企业出售产品所追求的经济回报。

• 分销组合

主要包括分销渠道、储存设施、运输设施、存货控制，它代表企业为使其产品进入和达到目标市场所组织，实施的各种活动，包括途径、环节、场所、仓储和运输等。

• 促销组合

促销组合是指企业利用各种信息载体与目标市场进行沟通的传播活动，包括广告、人员推销、营业推广与公共关系等。

②7P

指产品（Product）、价格（Price）、分销（Place）、促销（Promotion）、人员（People）、过程（Process）、有形展示（Physical Evidence）。

7P 营销组合在传统的 4P 基础上，学者们根据外部营销环境的变化又增加了 3P。它们分别是人员、过程、有形展示。

• 人员策略

这里的人员策略包括了企业的服务人员和消费者这两大类型。企业的服务人员是企业能够成功销售出产品的关键，他们的服务态度会对消费者是否进行购买产品产生影响；消费者包括了已经购买和还未购买的消费者，企业不仅要制定营销方案来吸引还未购买的消费者，而且还需要维护好已购买消费者的关系。

• 过程

这里指的是消费者在获得商品和服务的整个过程。换句话说，如果消费者在获得商品或服务之前需要排队等待，那么在这项服务传递到顾客手中的过程，时间成本是重要的考虑因素。

• 有形展示

产品与服务的展示能够帮助消费者去了解和购买产品。当消费者在购买产品之前，企业需要为消费者提供有形的商品和服务保障。

③4V

国内的学者（吴金明等）综合性地提出了 4V 的营销哲学观。所谓 4V 是指差异化

(Variation)、功能化（Versatility）、附加价值（Value）、共鸣（Vibration）的营销组合理论。

• 差异化

差异化营销就是企业凭借自身的技术优势和管理优势，生产出性能上、质量上优于市场上现有水平的产品，或是在销售方面，通过有特色的宣传活动、灵活的推销手段、周到的售后服务，在消费者心目中树立起不同一般的良好形象。

• 功能化

指根据消费者消费需求的不同，提供具有不同功能的系列化产品供给。

• 附加价值

从当代企业产品的价值构成来分析，其价值包括基本价值与附加价值两个组成部分，前者是由生产和销售某产品所付出物化劳动和活劳动的消耗所决定，即产品价值构成中的"C＋V＋M"。后者则由技术附加、营销或服务附加和企业文化与品牌附加三部分所构成。

• 共鸣

指企业持续占领市场并保持竞争力的价值创新给消费者或客户所带来的"价值最大化"，以及由此所带来的企业的"利润最大化"，强调的是将企业的创新能力与消费者所珍视的价值联系起来，通过为消费者提供价值创新使其获得最大程度的满足，强调的是将企业的创新能力与消费者所珍视的价值联系起来，通过为消费者提供价值创新使其获得最大程度的满足。

消费者是追求"效用最大化"者。"效用最大化"要求企业必须从价值层次的角度为顾客提供具有最大价值创新的产品和服务，使其能够更多地体验到产品和服务的实际价值效用。这里所强调的价值效用，实质上就是消费者追求"要求满足"的一种期望价值和满意程度，是企业对消费者基于价值层面上的一种"价值提供"，这种"价值提供"构成了价值创新的核心内容。

只有实现企业经营活动中各个构成要素的价值创新，才能最终实现消费者的"效用价值最大化"，而当消费者能稳定地得到这种"价值最大化"的满足之后，将顺理成章地成为该企业的忠诚顾客，从而使企业与消费者之间产生共鸣。

（2）顾客让渡价值

顾客让渡价值是指顾客总价值与顾客总成本之间的差额。顾客总价值是指顾客购买某一产品与服务所期望获得的一组利益，它包括产品价值、服务价值、人员价值和形象价值等。顾客总成本是指顾客为购买某一产品所耗费的时间、精神、体力以及所支付的货币资金等，顾客总成本包括货币成本、时间成本、精神成本和体力成本等，顾客在购买产品时，选择出价值最高、成本最低，即"顾客让渡价值"最大化的产品作为优先选购的对象。

（3）SWOT 分析模型

SWOT 分析模型即态势分析法，被用于企业战略制定、竞争对手分析等场合。战略规划报告里，SWOT 分析工具包括分析企业的优势（Strengths）、劣势（Weaknesses）、机会（Opportunities）、威胁（Threats），是对企业内外部条件各方面内容进行综合和概括，进而分析组织的优劣势、面临的机会和威胁的一种方法。

通过 SWOT 分析，可以帮助企业把资源和行动聚集在自己的强项和有最多机会的地方，并让企业的战略变得更加明朗。

(4) 制定目标的 SMART 原则

- 目标必须是具体的（Specific）；
- 目标必须是可以衡量的（Measurable）；
- 目标必须是可以达到的（Attainable）；
- 目标必须和其他目标具有相关性（Relevant）；
- 目标必须具有明确的截止期限（Time－based）；

以上五个原则缺一不可。

(5) TQM（Total Quality Management）全面质量管理/全面品质经营

综合质量管理专家的思想精髓，是一种全员、全过程、全企业的品质经营。它指一个组织以质量为中心，以全员参与为基础，目的在于通过让顾客满意和本组织所有成员及社会受益而达到永续经营的管理途径。TQM 是 1961 年美国质量管理专家费根鲍姆提出的。

(6) JIT 准时生产方式（Just In Time）

JIT 准时生产方式又称作无库存生产方式，零库存，一个流或者超级市场生产方式，是日本丰田汽车公司在 20 世纪 60 年代实行的一种生产方式。1973 年以后，这种方式对丰田公司渡过第一次能源危机起到了突出的作用，后引起其他国家生产企业的重视，并逐渐在欧洲和美国的日资企业及当地企业中推行开来，源自日本的其他生产、流通方式一起被西方企业称为“日本化模式”。

(7)“STP”营销三部曲

①市场细分

根据购买者对产品或营销组合的不同需要，将市场分为若干不同的顾客群体，并勾勒出细分市场的轮廓。

②确定目标市场

选择要进入的一个或多个细分市场。

③定位

建立与在市场上传播该产品的关键特征与利益。

(8) 1P 理论

企业可以找到愿意为产品支付费用的第三方，让第三方支付营销中的 3P（产品、促销、渠道），企业用低于其成本的价格（1P），甚至免费销售其产品或服务，把多花少收的竞争转化为多收少花的共赢，并且增加行业和企业的利润，从而创造自动营销。

1P 理论的根本目的是在增加顾客价值的同时，不减少甚至还有增加企业的价值，这就意味着价值的输入或创造。所以 1P 理论不是企业一定要采用低价营销策略，而是说因为第三方的引入可以为企业创造价值，带来收入或降低成本。为第三方利益有关企业创造价值是 1P 理论的关键所在，在企业为自己选定目标客户，进行市场或产品定位，制定产品、促销和渠道的战略时尽量与第三方利益有关企业相符，同步。以合作代替竞争，拓展了企业的营销范围，转变了企业的影响价值观，以价值创造代替价值瓜分，使红海营销变成真正的蓝海营销。

（9）5W1H 分析法（六何分析法）

SW1H 分析法是一种思考方法，也可以说是一种创造技法。是对选定的项目、工序或操作，都要从原因（何因 Why）、对象（何事 What）、地点（何地 Where）、时间（何时 When）、人员（何人 Who）、方法（何法 How）六个方面提出问题进行思考。这种看似很可笑、很天真的问话和思考办法，可使思考的内容深入化、科学化。

2. 构建营销渠道

产品制造商都会面临营销渠道的问题，但若企业本身是中间商或零售商，那么它自己就是渠道成员。创业企业的营销渠道建设需要从整体上来布局，对所有可能的渠道进行调研和综合评估，逐步构建渠道价值网络。创业企业的渠道是一张白纸，但白纸上画图比修改图画可能要容易。

（1）领悟渠道思维

创业企业的营销管理者必须建立正确的渠道管理思维。营销渠道不仅要解决客户买得到产品的问题，更重要的是要与品牌定位和产品特点相匹配，相得益彰，发挥协同效应。品牌所定位的层次也要与营销渠道层次相吻合，建设渠道和打造品牌双管齐下。

渠道是合作伙伴，而不是最终消费者，创业企业需要帮助渠道伙伴顺利分销产品，直至产品被最终客户购买和使用，这才算渠道工作的真正完成。以往有些新企业常常误以为把产品销售给渠道成员就行了，至于后期出售是否顺畅，不予考虑这种狭隘的做法是完全错误的，最终会导致渠道销售不能畅通运行。

渠道是独立的企业，就必然会因为利益上的分歧带来管理的冲突；对待渠道成员应该恩威并施，尽量成为渠道的领导者，通过建设品牌、掌握渠道核心工作和建立后备梯队等方式来获得渠道权力。

（2）渠道战略决策

企业要考虑营销渠道是自建还是借用现成渠道。绝大多数新企业都会考虑借用营销中介机构和零售机构的现成渠道，只有少数工业品企业会一开始就自建营销渠道。对几乎所有快速消费品和部分耐用消费品行业，企业都是借用外部渠道而不是自建渠道。工业品企业一般既有外部渠道也有自建的渠道，通常自建的销售队伍专门开发大客户，传统的代理或经销渠道则满足中小客户的需求或提供服务支持。因此，对于借助外部渠道资源的快速消费品企业，其自有销售人员主要开展渠道服务和促销工作；耐用消费品通常也借用外部渠道资源，但企业会有服务于渠道的销售队伍和外聘的终端促销人员队伍支持，品牌发展到一定程度可能会自建销售公司和品牌专卖店；工业品企业入市则可以先使用外部代理或经销商渠道，然后自建销售队伍。

（3）渠道系统设计

渠道系统设计分为三个步骤：

①分析顾客的服务需求，了解顾客对于批量大小、空间便利、产品品种、等候时间、服务支持等方面的需求水平；

②识别出主要的渠道选择方案；

③对渠道方案进行评估，从经济性、可控性和适应性三个方面来评价和选择最合适的方案。

案例

美国的露华浓公司就是渠道创新的典型代表。这家公司成立于1932年，此时正是美国的经济大萧条时期，露华浓公司最先开发出了指甲油这一新产品，聪明的创始人首先选择了美容院作为其渠道，并通过奖励和培训美容师这一化妆品领域的意见领袖来向顾客推广其品牌，等到露华浓品牌在美容院建立了影响力之后才将产品拓展到百货商场、化妆品专卖店和大型卖场，结果在美容院用过露华浓产品的顾客也到其他终端购买其产品，露华浓就是用这种高超的渠道创新在经济大萧条时期创业成功并发展壮大。

创业型企业需要设计一套适合自身情况的渠道方案，考虑的要点是渠道资源是否优质和渠道合作意愿如何。创业者常常会发现优质渠道商的合作意愿不强烈，不太愿意与新企业合作。新创企业的渠道设计应该把握品牌先行和渠道创新两个关键思想。

(4) 管理营销渠道

营销渠道建立之后需要进行长期的管理和维护，持续改进渠道绩效。

①渠道成员的选择上，需要对渠道成员的资源能力、合作意愿和行业口碑等方面进行综合评价，选择资源能力符合要求、合作意愿强烈和口碑不错的渠道合作伙伴。

②对渠道成员进行培训，包括产品知识和营销技巧的培训，这种培训能直接提高渠道成员的销售能力和意愿，是很有必要做的渠道服务工作。

③激励渠道成员，要制定一套激励措施，定期给予渠道成员一定的激励，如年终返点、销售竞赛等活动。

④对渠道成员的绩效进行评估，包括销售指标完成情况、合作水平、特别贡献等方面综合评估，对业绩优异的渠道成员进行奖励和经验推广，对于业绩不理想的渠道成员则寻找原因甚至更换渠道成员。

创业企业在稳定了现有渠道的基础上，要适时关注渠道的发展趋势，保持对新兴渠道形式的密切关注，努力向新兴渠道延伸市场，例如开辟网上渠道、增加专卖店等，扩大市场覆盖面。

思政之窗

新形势下，企业要重视思政建设的创新，在生活方式复杂多变的今天，企业面临着前所未有的挑战和机遇，因此，思政建设对企业的生存和发展起着至关重要的作用。

新创企业要用思政建设来稳定其内部环境，增强核心竞争力，企业文化的核心力量是企业思政建设，针对企业精神文化的多边性、差异性、独立性和选择性的特点，应加强对企业思政建设的创新。

新旧体制的交替激化了企业深层次问题和矛盾，企业干部不重视思政建设，很多企业还在采取旧有的经济体制和工作方法来管理企业，有的企业把思政建设认为是一种表面形式，使企业思政建设不能真正落到实处。各种拜金主义、享乐主义滋生蔓延，使艰苦奋斗的敬业精神逐渐淡化，严重影响了企业员工队伍的稳定性。

新时期的企业思政建设，要在发扬和继承传统的基础上对方式、内容和意识进行改革和创新，要坚持管理和教育、精神和物质鼓励及法制与行政手段相结合；要把思政建设感情渗透到广大员工中去，关心和体贴员工，解决员工的生活和在工作中的问题和困难；思政建设内容要包含中国特色的马克思主义理论的应用，并注入市场经济的新元素和新理念，不断推陈出新、解放思想、深化改革，以此来实现企业思政建设在新创企业中的核心作用与价值。

思考练习

1. 新创企业注册的流程具体包括哪些步骤和内容？
2. 不同的新创企业选址的类型有哪几种？影响其选址的因素包括哪几个方面？
3. 大学生新创企业财务管理存在的问题有哪些？解决这些问题的对策有哪些？

第十章

大学生创新创业赛事

了解大学生创新创业赛事举办的主题、目的及意义；

熟悉大学生创新创业大赛创办的过程；

掌握大学生创新创业大赛常见问题及解决方法。

第七届中国“互联网+”大学生创新创业大赛

2021 年 7 月 29 日，第七届中国国际“互联网＋”大学生创新创业大赛湖北省复赛在湖北工业大学成功举办，来自全省 140 所高校的 329 个项目团队进入省赛决赛争夺金、银奖（图 10-1）。

图 10-1　部分获奖团队现场合影

为学习贯彻习近平总书记“七一”重要讲话精神，总结推广湖北省“互联网＋”大赛“青年红色筑梦之旅”活动典型经验，展示湖北省青年学子奋发有为的精神风貌，深入推动湖北省高校创新创业教育改革，湖北省赛同期，省教育厅、湖北工业大学和中国国际“互联网＋”大赛展示交流中心共同举办了 2021 年湖北省“七个一百”系列活动。

中国国际“互联网+”大赛展示交流中心工作人员从活动内容、时间安排、开展方式及报名方式等方面详细介绍了“七个一百”系列活动具体安排。大赛中心将携手湖北省教育厅，从湖北省内9所学校24个红旅项目中，遴选10个优秀项目，10名创业导师，讲述10个助力脱贫攻坚和乡村振兴创业故事，打造10个红色筑梦创新创业案例。同时组织全国优秀创业导师、大赛金奖项目团队走进湖北高校，开展创新创业公益巡讲，帮助湖北省院校师生加速创新创业发展。湖北省“七个一百”相关活动成果、优秀项目、创新创业案例将汇编纳入《第七届中国国际“互联网+”大学生创新创业大赛项目成长力报告》，并有机会在第七届“互联网+”大赛全国总决赛期间进行展示。

大赛的主基调是“有广度、有高度、有深度、有温度”。重在把大赛作为深化创新创业教育改革的重要抓手，引导各地各学校主动服务国家战略和区域发展，积极开展教育教学改革探索，切实提高学校学生的创新精神、创业意识和创新创业能力。推动创新创业教育与思想政治教育紧密结合、与专业教育深度融合，促进学生全面发展，努力成为德才兼备的有为人才。推动赛事成果转化和产学研用紧密结合，促进“互联网+”新业态形成，服务经济高质量发展。

第一节　中国国际“互联网+”大学生创新创业大赛

一、“互联网+”大赛简介

“互联网+”大赛：全称为中国“互联网+”大学生创新创业大赛，首次举办于2015年，目前已经成为覆盖全国所有高校、面向全体高校学生、影响最大的赛事活动之一。2019年12月，在教育部召开的工作研讨会上第六届大赛正式更名为第六届中国国际“互联网+”大学生创新创业大赛。

大赛旨在深化高等教育综合改革，激发大学生的创造力，培养造就“大众创业、万众创新”的生力军；推动赛事成果转化，促进“互联网+”新业态形成，服务经济提质增效升级；以创新引领创业、创业带动就业，推动高校毕业生更高质量创业就业。

二、赛事举办的意义

1. 权威赛事

教育部认可，排在2021全国普通高校大学生竞赛项目名单第一位，国务院首次出台针对大学生创新创业文件，其中明确指出要办好“互联网+”大赛。

2. 奖励丰厚

很多高校会给予参赛获奖的同学奖励，最直接表现在资金与学分，用学分举例，在评奖学金时能用上，如果获得省级以上奖项，对专升本、保研、考研复试、就业面试等也有一定帮助。

3. 锻炼能力

通过材料搜集、团队协作、项目打磨等过程，很大程度能锻炼在校生发现问题、分析问题、解决问题的能力，可以写在简历上，是实际工作中很需要的能力，学校课程很难给予。

4. 开阔视野

通过比赛，能了解一个产品或项目的生命周期，学习优秀产品或项目的模型与运营等，只要用心参与了，在思维、视野上相比同龄人会有很大的提升。

三、第八届中国国际“互联网＋”大学生创新创业大赛

1. 背景

为了响应教育部深入贯彻落实习近平总书记关于教育的重要论述和给第三届中国“互联网＋”大学生创新创业大赛“青年红色筑梦之旅”大学生重要回信精神，落实《国务院办公厅关于深化高等学校创新创业教育改革的实施意见》《国务院办公厅关于进一步支持大学生创新创业的指导意见》等文件精神，全面深化高校创新创业创业教育改革、提升大学生创新创业能力、加快培养创新创业人才，纵深推进大众创业万众创新，定于2022年4月至10月举办第八届中国国际“互联网＋”大学生创新创业大赛（图10-2）。

图10-2 第八届中国国际互联网＋大学生创新创业大赛

北京津发科技股份有限公司（以下简称：津发科技）按照《教育部关于举办第八届中国国际“互联网＋”大学生创新创业大赛的通知》《第八届中国国际“互联网＋”大学生创新创业大赛产业命题赛道方案》要求，聚焦国家“十四五”规划战略新兴产业方向，提出“人因与工效学”专项命题其中成功入围20项。命题关注“人因与工效学”新技术、新产品、新业态、新模式，立足“人因与工效学”产业发展，深化新工科、新医科、新农科、新文科建设，打通高校智力资源和企业发展需求，引导高校将创新创业教育实践与产业发展有机结合，培养学生解决产业发展问题的能力，加深产学研深度融合。

2. 组织机构

主办单位：由教育部、中央统战部、中央网络安全和信息化委员会办公室、国家发展改革委、工业和信息化部、人力资源社会保障部、农业农村部、中国科学院、中国工程院、国家知识产权局、国家乡村振兴局、共青团中央和重庆市人民政府共同主办。

3. 大赛的专项命题

大赛的专项命题是人因与工效学。专项命题包含高端装备人因测试关键技术、适老化用户体验测试关键技术、元宇宙用户体验测试关键技术、智能座舱人机交互关键技术。其中，高端装备人因测试关键技术又包含非接触式人因数据采集系统、基于柔性传感器的肌肉电信号监测技术、基于毫米波雷达传感器的非接触式人员状态监测技术、连续血压监测与校正技术；适老化用户体验测试关键技术包括基于图像识别与AI技术的情绪识别技术；元宇宙用户体验测试关键技术包括基于虚拟现实用户体验测评系统；智能座舱人机交互关键技术包括面向人一车一路一环境的交通安全与驾驶行为预测、驾驶人头部与视线追踪系统智能座舱多通道人机交互系统、智能座舱语音交互测评方案、建立驾驶人状态监测的多模态信息互补模型、驾驶员情境意识测评系统、驾驶人疲劳状态识别与监测系统等方面。

4. 大赛报名方式及参赛要求

（1）报名方式如下：

①中国大陆和港澳台地区团队通过登录“全国大学生创业服务网”（网址：cy. ncss. cn）进行报名。

②国际团队通过登录全球青年创新领袖共同体促进会（PILC）官网（网址：www. pilcchina. org）进行报名。

③报名系统开放起止时间为北京时间2022年6月1日～7月31日。

（2）参赛要求如下：

①本赛道以团队为单位报名参赛，每支参赛团队只能选择一题参加比赛，允许跨校组建、师生共同组建参赛团队，每个团队的成员不少于3人，不多于15人（含团队负责人），须为揭榜答题的实际核心成员。

②项目负责人须为普通高等学校全日制在校生（包括本专科生、研究生，不含在职教育），或毕业5年以内的全日制学生（即2017年之后毕业的本专科生、研究生，不含在职教育）。参赛项目中的教师须为高校教师（2022年7月31日前正式入职）。

③参赛团队所提交的命题对策须符合所答企业命题要求。参赛团队须对提交的应答材料拥有自主知识产权，不得侵犯他人知识产权或物权。

④所有参赛材料和现场答辩原则上使用中文或英文，如有其他语言需求，请联系大赛组委会。

5. 大赛目的

中国“互联网+”大学生创新创业大赛重在把大赛作为深化创新创业教育改革的重要抓手，引导各地各学校主动服务国家战略和区域发展，积极开展教育教学改革探索，切实提高学校学生的创新精神、创业意识和创新创业能力。推动创新创业教育与思想政治教育紧密结合、与专业教育深度融合，激发学生的创造力，培养造就“大众创业、万众创新”生力军；鼓励广大青年在创新创业中增长智慧才干，把激昂的青春梦融入伟大的中国梦，努力成为德才兼备的有为人才。推动赛事成果转化和产学研用紧密结合，促进“互联网+”新业态形成，服务经济高质量发展。以创新引领创业、以创业带动就业，努力形成学校毕业生更高质量创业就业的新局面。

案例

创业，让你的青春更精彩

我叫陈若雯，来自广东汕头，是广东女子职业技术学院应用外语系商务英语专业在读学生，也是百香果综合休闲园创始人之一。作为一名离开家乡到广州求学的大学生，我对广州最深刻的印象便是快节奏的生活以及在这种生活节奏下人们所承受的巨大压力，无论是大学生，或是那些白领上班族，每个人每天都像是在赶时间。或许是因为身边的人也是处于这种生活状态下吧，于是，渐渐地，我便萌发了一个念头——去为他们提供一个可以减压的地方，一个可以让他们放松身心的地方。

自从有了这个想法以后，我便开始思考如何着手去干。我的设想是很简单的，就是提供一个可以给大家放松休闲的场地，然而，场地问题便是我遇到的第一个大难题了，没有场地，这个设想最终只会是空想。但是，这并不是我所想要的结果。可能是因为内心较为坚定，所以我并没有因此而放弃这个想法，我开始四处寻找适合的场地，但是多数场地的价格是我作为一名大学生所支付不起的。几经挫败，最后，很偶然地跟我的朋友聊起这件事情后，我朋友给我介绍了一位果农，恰好果农所拥有的果园正是我所想要的场地。果农所种的主要植物是百香果，众所周知，百香果是一种养生很好的水果，也与我的创业想法谋合。于是，很快地，我便与果农合作起来，打造百香果综合休闲园。

解决了场地问题以后，我便开始着手设计我们总体的营销模式。对于这个项目，我并不想只是传统的“农家乐”模式，于是，在看到我的同学玩电脑上“QQ农场”后，我顿时有了灵感，我想借助“互联网+”这个大背景下去推动我的创业。

在这种背景下，我们将“种植+休闲+旅游”为一体的新型综合园区与“互联网种养”相结合，互联网与优化改造后的传统农家乐模式融合起来，我们在传统农家乐提供亲身体验种植的基础上，优化了种植归属模式，每户家庭可现场“领养”自己种植的种苗，也可以通过网络领养，并增加了线上对植物成长状况的长期跟踪服务，定时将其作物生长状况以影像的形式向其归属者呈现，当作物可以收成时为“认领”的家庭提供现场收成或成果快递服务。弥补了传统“农家乐”无法达到长期、便利、完整地感受农作的不足之处，增加了农作物种植的娱乐性，提高了休闲园的用户体验，优化了作物收成及运输流程。当然，我们的果园还分成多个区域运作，形成一条自己的产业链。

对于百香果综合休闲园的建设，我们做了长期的规划，打算一边经营一边建设完善果园的设备设施，也考虑将果园通过多种途径推广出去，将果园建设得越来越完备。

我们的项目已经开始运作有些时日了，陆陆续续地，也渐渐开始有所收入，但是对于我而言，收入的多少不是我的全部关注点，我更希望的是能够真正地为生活在快节奏巨压下的人们提供一个放松身心的场所，以及希望可以借此拉动一下农产业的经济。

在这次创业中，收获是很多的，我开始学习到很多农业种养的技能以及更加了解了当今时代背景下农产业的发展情况。一路走来，我收获了很多创业经验，所有经验总结成一句话就是：创业的路上，你会遇到很多难题和瓶颈，但是，如果你愿意去尝试和坚持，你会收获不一。

知识链接

“互联网＋”商业模式创新设计

开展“互联网＋”商业模式创新设计，首先，要认识到“互联网＋”带给商业的影响，以及凸显出来商业思维的变革（图 10-3)，呈现“互联网＋”带给商业的新思维。

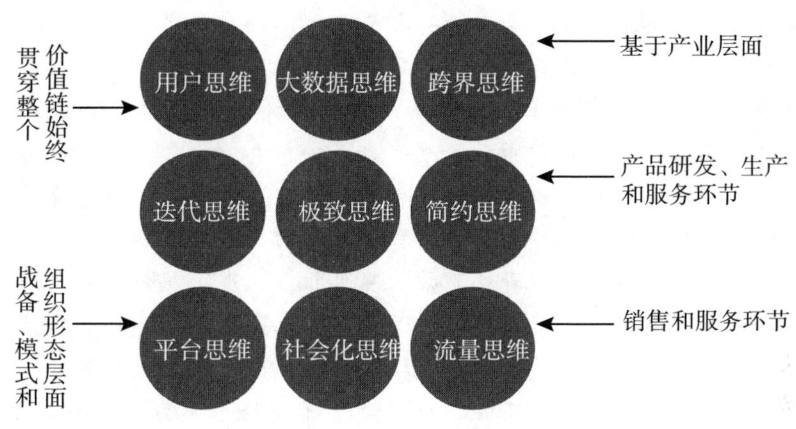

图 10-3　“互联网＋”商业新思维

图中显示用户思维在“互联网＋”时代下是企业运营的原点，互联网消除了工业时代的信息不对称，商业从企业主导变为消费者主导，因此在价值链的各个环节设计都要以用户为中心来考虑问题。

当互联网成为基础设施之后，数据的沉淀和利用变得更容易和自然，随之产生的大数据将会是企业的生产资料和核心资产，只有在价值链的各个环节充分利用大数据，企业才能创造更多价值。

简约思维、极致思维和迭代思维指向的是产品的研发、生产和服务环节，强调产品规划和定位，力求专注、少即是多，强调产品和服务的打造要远超用户的预期，强调持续创新、及时提供更优、更符合用户需求的产品和服务。

流量思维、社会化思维指向的是产品销售和服务环节，强调产品或服务的用户使用体量规模，强调企业利用社会化媒体和网络重塑企业和用户之间的关系。

平台思维在互联网背景下，强调的是共建、共享、共赢的思维，如企业外部的产业链上下游共建生态圈，企业相关人员，如员工、客户、合作伙伴的共享资源成为企业发动机，实现社会多方的共赢。

跨界思维指的是在互联网背景下，用户需求升级和各个产业边界变得模糊，强调行业之间的跨界融合，如阿里巴巴、腾讯等互联网企业利用用户数据、结合用户需求来相继跨界金融行业。

第二节 “中国创翼”创业创新大赛

为进一步营造创新创业良好氛围，促进创业带动就业，市人社局、市农业局、团市委联合组织举办了第五届“中国创翼”创业创新大赛龙岩市选拔赛暨2022年“创业龙岩”大中专毕业生创业市级项目评审。

本次大赛自2月份启动以来，各县（市、区）高度重视，努力克服新冠肺炎疫情带来的不利影响，积极宣传发动，大赛受到社会各界的广泛关注和创业青年的积极参与，全市共收到参赛项目110个，经过资格审核、项目初审、现场答辩等赛程，本次选拔赛共评选出主体赛一等奖2名，二等奖4名，三等奖6名，优胜奖8名；专项赛一等奖3名，二等奖6名，三等奖9名，优胜奖12名，具体获奖名单见附件。各赛道分别按一等奖1.5万元、二等奖1万元、三等奖5千元、优胜奖2千元给予奖励。其中，主体赛各组前3名、青年创意专项赛前2名和乡村振兴专项赛评分第1名还将代表我市参加第五届“中国创翼”创业创新大赛福建省选拔赛。

各县（市、区）人社、农业及团委部门要以此次大赛为契机，进一步落实创业扶持政策，营造有利于创业创新的良好氛围，持续做好获奖项目的跟踪服务工作，厚植创业沃土，努力提升全市创业活跃度。

一、大赛概述

1. 大赛目的

贯彻党的十九大和十九届历次全会精神，落实国家创新驱动发展战略、就业优先战略及人才强国战略，以创新引领创业、创业带动就业、推进乡村振兴为核心价值和重点评价指标，大力营造全社会鼓励支持创新创业的浓厚氛围和良好环境，推进“大众创业、万众创新”向高质量纵深发展。

2. 大赛主题

创响新时代　共圆中国梦

3. 组织架构

（1）主办及承办单位

主办单位：人力资源社会保障部、国家发改委、科技部、共青团中央、中国残联、国家乡村振兴局。

承办单位：人力资源社会保障部就业促进司、全国人才流动中心。

（2）大赛组委会

成立大赛全国组委会，负责大赛的组织领导。全国组委会下设办公室，具体负责大赛的方案设计、统筹协调、组织实施、宣传发动、赛事保障等工作。办公室设在人力资源社会保障部全国人才流动中心。

各省级人力资源社会保障部门可联合有关部门和群团组织设立省级组委会，负责大赛的宣传动员、报名审核、省级选拔赛的组织实施、全国选拔赛和全国总决赛的组织协调、创业典型的推荐宣传和政策（资金）奖励扶持等工作。

（3）专家委员会

为提升大赛层次，更好发挥创业服务效果，全国组委会将邀请部分热心公益、有一定社会影响力，在创新创业研究、指导和服务方面具有丰富经验的专家组成大赛专家委员会。专家委员会对全国组委会负责，对大赛方案策划设计、评审标准规则等方面提出意见建议，审核评委资格，监督评审过程。

（4）评审委员会

为确保大赛评选工作公开、公平、公正进行，全国组委会将邀请就业创业研究和指导专家、成功创业企业家及创投行业领军人士组成大赛评审委员会。评审委员会对全国组委会负责，并在专家委员会监督下独立开展评审工作。

二、赛事指导

1. 组织形式及赛制安排

大赛按照“1+3”模式，即1个主体赛加3个专项赛。其中，主体赛分为制造业和服务业2个项目组；3个专项赛分别为青年创意专项赛、劳务品牌专项赛和乡村振兴专项赛。

按照省级选拔赛（劳务品牌专项赛可直接推荐）、全国选拔赛、全国总决赛三个阶段实施。

（1）主体赛

主体赛制造业项目组，既包括采矿冶炼、纺织服装、机械制造、产品代工、小商品制造等传统产业的改进创新和升级迭代，也包括信息技术、生物技术、新能源、新材料、高端装备、新能源汽车、绿色环保、航空航天、海洋装备、互联网TMT等新兴产业。服务业项目组，既包括商贸、餐饮、住宿、家政、物业等传统服务业项目，也包括服务研发设计、电商物流、法律服务、教育培训、人力资源、健康医养、文体旅游等现代服务业。

年满16周岁的各类创业群体均可报名参赛，项目所在地位于中国大陆。

全国选拔赛200个项目参加，分2个组别，每个组别100个项目。60个项目晋级全国总决赛，每个组别30个项目。

（2）青年创意专项赛

面向16至35周岁的高校及技工院校在校生、毕业生等青年群体，项目类型不限，须有技术、产品、模式等方面的创新成果，有完整的创业计划书。

全国选拔赛每省3个项目、共96个项目参加，30个项目晋级全国总决赛。

（3）劳务品牌专项赛

面向各类依托、运用劳务品牌培育、开发和创业的项目。年满16周岁的各类创业群体均可报名参赛，项目所在地位于中国大陆。

全国选拔赛每省至多推荐 3 个项目参加，30 个项目晋级全国总决赛。

（4）乡村振兴专项赛

面向各类乡村创业项目，如农业科技、特色种养殖、农产品加工、农村电商物流、乡村旅游、传统手工艺、文化传承与创新、乡土人才培育开发等。

年满 16 周岁的各类创业群体均可报名参赛，项目所在地位于中国大陆，限于下辖乡镇农村的县域以内（包括市辖郊区、县级市、县、自治县、旗、自治旗、特区、林区）注册、生产与经营。

全国选拔赛 100 个项目参加，30 个项目晋级全国总决赛。

2. 报名参赛条件

报名参赛项目应符合国家法律法规和国家产业政策，经营规范，社会信誉良好，无不良记录，不侵犯任何第三方知识产权。往届“中国创翼”创业创新大赛全国决赛获一、二、三等奖的项目不能参加。

（1）主体赛、劳务品牌专项赛、乡村振兴专项赛报名参赛条件

截至 2022 年 5 月 31 日，在市场监督管理部门已登记注册且未满 5 年的企业或机构。

参赛项目具有创新性的技术、产品或经营服务模式，具有较高成长潜力，项目的产品、经营属于同一参赛主体，且对技术有合法使用权。

参赛项目须为原创性创新项目，不存在知识产权争议，不会侵犯第三方的知识产权、所有权、使用权和处置权。

参赛者须为该项目的第一创始人或核心团队成员。

（2）青年创意专项赛报名参赛条件

项目第一创始人须为截至 2022 年 5 月 31 日，已满 16 周岁、不超过 35 周岁的高校及技工院校在校生、毕业生等青年群体。

项目尚未在市场监督管理部门登记注册。

项目在技术、产品、模式等方面有创新，有完整的创业计划书，具备落地发展必要条件，未来成长潜力较大。

项目不存在知识产权争议，不会侵犯第三方的知识产权、所有权、使用权和处置权。

3. 赛事流程

第一阶段：大赛启动和组织发动

（1）大赛启动时间：2022 年 2 月中旬大赛启动，各省按要求成立省级组委会，制定本省大赛实施方案，广泛开展宣传发动。

（2）报名和审核

报名截止时间：2022 年 5 月 20 日；审核确认时间：截至 2022 年 5 月 31 日。

各省组织参赛项目在大赛官网统一报名，按主体赛 2 个组别、青年创意专项赛、劳务品牌专项赛、乡村振兴专项赛分类报名，不得兼报。

各省级组委会依据大赛报名参赛条件，对本省报名项目进行资格审核，并于 5 月 31 日前将审核结果上报至全国组委会。

第二阶段：省级选拔赛

（1）省级选拔赛

时间：截至2022年6月30日。

除劳务品牌专项赛外，各地原则上须采取项目路演方式举办省级选拔赛，情况允许可延伸到地市和区县，有困难或特殊情况不能举办的，需经全国组委会同意后，按照统一规则，采取专家集中评审等方式对本省参赛项目进行选拔。

（2）确定全国选拔赛参赛项目

时间：2022年7月5日前完成

各省按照全国组委会统一分配的名额，确定本省参加全国选拔赛的项目。名额分配方式为：

主体赛制造业项目组和服务业项目组确保每省每个组别不少于1个项目参赛，1个（不含）以上的名额，按前3年新增经济体数量权值分配。

乡村振兴专项赛100个比赛项目中，确保每省有2个项目参赛，剩余36个比赛项目的参赛名额，由涉及国家重点帮扶县的10个省，按国家重点帮扶县数量权值分配。

劳务品牌专项赛每省最多推荐3个项目（可少于3个或不推荐）参赛。

青年创意专项赛每省3个项目参赛。

各省于7月5日前将入围全国选拔赛的项目资料上传大赛官网，全国组委会进行复核。复核结果反馈后，由省级组委会以短信、电话或邮件方式告知本省参赛者。

第三阶段：全国选拔赛和全国总决赛

时间：2022年7月底前

全国选拔赛和全国总决赛由全国组委会统一组织实施，集中在同一城市举办，地点待定。

（1）全国选拔赛

各项赛事均分2个小组同时进行比赛。主体赛制造业项目组和服务业项目组、乡村振兴专项赛，每组50个项目；青年创意专项赛每组48个项目；劳务品牌专项赛每组最多48个项目。每个项目参赛不超过3人，采取现场路演方式2天时间完成。各组获得前15名的项目晋级全国总决赛，其他项目获得“创翼之星”奖。

（2）全国总决赛

每项赛事30个项目参加全国总决赛，每个项目参赛不超过3人，采取现场路演方式1天完成，各评出一等奖2名、二等奖6名、三等奖10名、优秀奖12名。

总决赛结果产生后，全国组委会将择期举办颁奖仪式和闭幕式。

（1）评审标准

突出“创新引领创业，创业带动就业”的导向，重点关注项目的创新性、示范性、引领性及带动就业、助力乡村振兴等社会价值。“创新”，主要围绕项目的产品、技术、商业模式、管理模式等评分；“创业带动就业”，主要围绕项目直接提供的就业岗位数量及质量、带动上下游产业就业规模、带动重点群体就业等方面进行打分；“助力乡村振兴”，主要围绕项目吸纳就近就地就业数量及质量，带动当地产业发展、资源利用、民族文化传承，以及对地区经济社会发展贡献等方面评分。

（2）评审规则

全国选拔赛和决赛项目评审采用现场路演方式进行。现场路演评分的组织规则及评定标准将在大赛组织实施细则中明确。

2022 年 6 月 23 日，第五届“中国创翼”创业创新大赛湖北省选拔赛暨 2022 年度“才聚荆楚·创立方”青年创意专项赛在湖北宜昌圆满落幕（图 10-4）。

图 10-4　赛事现场

大赛自今年 3 月份启动以来，得到了广大青年创业者的热烈响应和积极参与。经过各市州层层选拔、省级专家项目资格审查和初评程序，共有 30 个项目成功入围青年创意专项赛省级选拔赛，项目涉及生物技术、智能家装、信息技术、数字仿真、质量工程、高端装备、文化创意等多个领域。

本次大赛采用“现场路演＋网络直播”的形式进行。比赛现场，参赛选手在规定时间内从项目的成立背景、项目和团队介绍、运营现状、专利和获奖情况介绍、产品优势、行业分析等角度，展示项目的特色。此次大赛分为半决赛、总决赛两个阶段，第一阶段由现场 7 位评审专家对入围半决赛的 30 个青年创意赛参赛项目进行评审打分，评选出前 6 名项目参加总决赛；第二阶段成绩前 6 名的项目，再次进行激烈的决赛比拼，现场角逐出一等奖 1 名，二等奖 2 名，三等奖 3 名。

比赛现场特邀资深创业导师、知名投资人等 7 名专家评委，在公证处和大赛专家委员会的监督下，分别从项目的创新性、示范性、引领性、项目团队和发展现状及前景及带动就业等不同维度，对创业项目进行现场提问和打分，大赛现场创意之光频闪、青春风采尽展。

第三节　“创青春”大学生创新创业大赛

大学生成功创业的通道——创新创业大赛

大三学生王松一直是个“不安分”的学生，在他上大一的时候，就开始在大学里做买卖，卖过电话卡、零食、奶茶，甚至考试资料。他天性喜欢冒险，喜欢新奇的东西，也一直在寻找机会，一个创业的机会。

学院的一个就业指导教师李老师看中了王松的潜力。当时，同学院的一个研究生师哥手上有一个半成品的创业项目，正在寻找一个合伙人，于是，李老师便向他推荐了王松。王松和这位师兄谈了几个小时，欣然决定要加入这个项目。

李老师还告诉他们，今年的“互联网＋”大学生创新创业大赛已经开始报名了，参加这个比赛不仅可以锻炼个人的能力，还能获得知名度，甚至有可能直接被投资者看中。这样的好机会王松当然不会错过，于是他紧锣密鼓地开始准备起了参加本届“互联网＋”大学生创新创业大赛的工作。王松通过登录全国大学生创业服务网进行了报名，在对大赛章程进行简单了解后，他意识到，组建团队是当前的首要任务。于是，王松找到了本学院的其他几位同学一起来参加比赛。几个人加班加点地完善比赛项目，并准备相关材料。

在紧张的准备之后，学校初赛已经开始了，团队商议让王松代表团队进行上台展示。王松果然不负众望，通过路演，将项目重点向评委们进行了充分的展示，并从背景分析、市场需要、竞争对手、财务预测、未来规划等方面对项目进行了详细阐述，得到了评委们的一致好评。项目也顺利进入了省级复赛阶段，成功晋级之后，在指导老师的带领下，团队又开始为参加省级复赛做准备，并针对目前的项目可能存在的问题做出了改变，对创业计划书和PPT也进行了完善。有了初赛的经历，此次复赛王松团队显得格外自信，在答辩过程中，他们语言表达简明扼要、条理清晰。但由于项目本身具有投入大、盈利慢的特点，评委认为王松的项目可行性不够高，最终他们没能如愿，进入全国总决赛。

党的十八届三中全会对“健全促进就业创业体制机制”作出了专门部署，指出了明确方向。为贯彻落实习近平总书记系列重要讲话和党中央有关指示精神，适应大学生创业发展的形势需要，在原有“挑战杯”中国大学生创业计划竞赛的基础上，共青团中央、教育部、人力资源社会保障部、中国科协、全国学联决定，自2014年起共同组织开展“创青春”全国大学生创业大赛，每两年举办一次。

一、“创青春”中国青年创新创业大赛

1. 定义及宗旨

“创青春”中国青年创新创业大赛是由共青团中央联合相关部委及省级人民政府共同主办，面向广大青年创业者开展的一项具有导向性、示范性和群众性的大赛。

深入学习贯彻习近平新时代中国特色社会主义思想，围绕立足新发展阶段、贯彻新发展理念、构建新发展格局，引领广大青年为落实“十四五”规划和2035年远景目标努力奋斗，搭建支持青年创新创业的展示交流、导师辅导、投融资对接、项目孵化等服务平台，建设创业导师、创投机构、创业园区、创业孵化器、青年创者等服务联盟，促进广大青年弘扬创业精神、培养创业意识、提升创业能力、提高创业成功率，组织动员广大青年走在大众创业、万众创新前列，在全面建设社会主义现代化国家进程中健康成长、建功立业。

2. 大赛类型与组织机构

大赛聚焦科技创新、乡村振兴、数字经济、社会企业等4个领域举办专项赛。

组织机构设立如下：

（1）全国总决赛组织机构设立

大赛设立全国组织委员会，由主办单位、承办单位有关负责人组成，负责开展大赛筹备组织工作，制定、修订大赛章程，研究、议决大赛相关事项。全国组织委员会设主任、副主任、委员若干名。

全国组织委员会下设秘书处，设在中国青年创业就业基金会，团中央青年发展部、中国青年企业家协会等单位有关负责人共同参与，负责协调大赛筹备组织及日常工作。

（2）各专项赛组织机构设立

各专项赛分设专项组织委员会，设在相关承办单位，负责协调专项赛筹备组织及日常工作。

各专项赛分设专项评审委员会，由相关领域创业导师、专家学者、投资人、创业园区负责人等组成，负责制定专项赛评审规则及细则、评审参赛项目、确定项目获奖等次。

3. 参赛资格与申报

参赛项目须符合国家法律法规和国家产业政策；不得侵犯他人知识产权；具有良好的经济效益、社会效益，经营规范，社会信誉良好；具有较大投资价值的独特产品、技术或商业模式。参赛人员须为中国公民，年龄35周岁（含）以下。

参赛项目可由个人申报，也可由团队申报。由团队申报的参赛项目，团队总人数不多于5人，且团队中30周岁（含）以下的人数比例不低于50%。

根据参赛项目所处的创业阶段及企业创办年限（以企业登记注册时间为准）不同，一般划分为创新组、初创组、成长组等。创新组指未进行企业登记注册，尚处于商业计划书阶段的创业项目；初创组指企业登记注册时间不超过2年（含）的创业项目；成长组指企业登记注册时间在2至5年（含）之间的创业项目。

参赛项目根据自身情况，可参加不同届次的比赛，或在同一届次比赛中参加多个专项赛；但在任一专项赛中，只能根据规定的分组条件选择组别参赛，不得在多个组别中重复参赛。

4. 大赛组织

由全国组织委员会秘书处研究制定具体届次的大赛方案，形成大赛通知，启动大赛。

全国各级团组织广泛协调新闻媒体、团属媒体、新媒体平台，对大赛进行宣传，扩大大赛社会知晓度和影响力。在大赛的总体宣传中，规范使用名称，表述为："创青春"中国青年创新创业大赛。在各专项赛的宣传中，规范使用名称，表述为："创青春"中国青年创新创业大赛（××专项），"××"指"科技创新""乡村振兴""数字经济""社会企业"。

大赛面向社会公开征集优秀创业项目，接受自主报名和各级团组织、社会机构推荐。参赛项目须在报名时间内登录 cqc. casicloud. com 注册报名。报名项目经专项赛组织委员会进行资格审查、初步评定后方可入围参赛。

大赛原则上分为初赛、半决赛和决赛等环节。评审委员会依据评审标准，根据项目情况，确定获奖项目，评定获奖等次，给予相应奖励。

在参赛项目中，遴选设立创业项目库和青年人才库，协调各种资金资源，提供资金支持、培育孵化、融资服务、会员推荐、展示交流等各种帮助，促进青年创业项目成长成熟。

5. 奖励

评审委员会负责对入围参赛项目进行评审。根据创业项目所体现的产品服务、市场前景、财务运营、团队素质、社会效益等方面综合考察情况，按照入围项目总数的一定比例，分别评出金奖、银奖、铜奖及优秀奖若干名。

二、第九届"创青春"中国青年创新创业大赛

为全面贯彻落实党的十九大和十九届历次全会精神，围绕立足新发展阶段、贯彻新发展理念、构建新发展格局，推进科技自立自强，积极营造鼓励创新创业的社会氛围，在重点行业领域培育优秀青年创业项目，促进广大青年弘扬创业精神、培养创业意识、提升创业能力，组织动员广大青年走在大众创业、万众创新前列，团结引领广大青年建功"十四五"、奋进新征程，以实际行动迎接党的二十大胜利召开，共青团中央、人力资源社会保障部、农业农村部、商务部、国家乡村振兴局决定共同举办 2022 年中国青年创新创业交流营暨第九届"创青春"中国青年创新创业大赛。有关事宜通知如下。

1. 活动主题

青春喜迎二十大　创新创业赢未来（图 10-5）。

图 10-5　第九届“创青春”中国青年创新创业大赛海报

2. 主要安排

（1）专项交流活动暨专项赛

围绕科技创新、乡村振兴、数字经济、社会企业等 4 个领域分别举办专项交流营和创新创业赛事，为参赛创业青年和县级青年创业组织代表提供技能培训、展示交流、咨询辅导、资本对接等服务。

①科技创新专项。重点关注“十四五”规划明确鼓励发展的重点方向，尤其是人工智能、量子信息、集成电路、生命健康、脑科学、生物育种、空天科技、深地深海等领域具有前瞻性、战略性的项目。科技创新交流营暨专项赛在湖北省武汉市举办。

②乡村振兴专项。重点关注先进种植养殖技术、农产品加工及销售、农业社会化服务、乡村休闲旅游等领域相关产业，尤其是在巩固拓展脱贫攻坚成果、助力乡村振兴等方面模式成熟的项目。乡村振兴交流营暨专项赛在江苏省盐城市举办。

③数字经济专项。重点关注运用互联网、大数据、云计算、人工智能、区块链技术等推动数字经济和实体经济融合发展，运用数字经济手段改造发展传统行业的项目。数字经济专项交流营暨专项赛在江西省共青城市举办。

④社会企业专项。重点关注以协助解决社会问题、改善社会治理、服务特定群体或社区利益为宗旨和首要目标，以创新商业模式、市场化运作为主要手段，所得部分盈利按照其社会目标再投入自身业务、所在社区或公益事业，且社会目标持续稳定的项目。社会企业交流营暨专项赛在辽宁省大连市举办。

（2）综合交流活动暨大赛

面向各专项交流活动暨专项赛发掘培养的青年创新创业人才和县级青年创业组织代表，组织创业辅导、展示交流、资本对接、县级青年创业组织代表培训等活动。综合交流活动暨大赛在辽宁省大连市举办（具体安排另行发布）。

3. 组织机构

（1）组织委员会。全国组织委员会由各主办单位、承办单位有关负责人组成，负责活动组织工作。全国组织委员会下设秘书处，设在中国青年创业就业基金会，负责协调筹备组织及日常工作。各专项交流活动分别成立专项组织委员会。

（2）评审委员会。全国组织委员会提名设立评审委员会，按照相关办法，由创业导师、专家学者、投资人、创业园区负责人等组成，独立开展评审工作。

4. 活动规则

（1）活动名称

整体活动表述为："航天科工杯"2022 年中国青年创新创业交流营暨第九届"创青春"中国青年创新创业大赛。

专项交流活动表述为：2022 年中国青年创新创业交流营暨第九届"创青春"中国青年创新创业大赛（××专项），"××"指"科技创新""乡村振兴""数字经济""社会企业"。

（2）专项赛组别设置

根据参赛项目所处的创业阶段及企业创办年限（以企业登记注册时间为准）不同，分别设创新组、初创组、成长组；其中，乡村振兴专项赛另设电商组。企业创办年限划分以 2022 年 4 月 1 日为界。

①创新组指未进行企业登记注册，尚处于商业计划书阶段的创业项目。

②初创组指企业登记注册时间不超过 2 年［2020 年 4 月 1 日（含）以后登记注册］的创业项目。

③成长组指企业登记注册时间在 2 至 5 年之间［2017 年 4 月 1 日（含）至 2020 年 3 月 31 日（含）期间登记注册］的创业项目。

④电商组指企业登记注册时间不超过 5 年［2017 年 4 月 1 日（含）以后登记注册］的创业项目。

（3）参赛人员

①年龄 35 周岁（含）以下［1986 年 4 月 1 日（含）以后出生］的中国公民。

②参赛项目可由个人申报，也可由团队申报。

③由团队申报的参赛项目，团队总人数不多于 5 人，且团队中 30 周岁（含）以下［1991 年 4 月 1 日（含）以后出生］的人数比例不低于 50％。

（4）参赛项目

①符合国家法律法规和国家产业政策。

②不得侵犯他人知识产权。

③具有良好的经济效益、社会效益，经营规范，社会信誉良好。

④具有较大投资价值的独特产品、技术或商业模式。

（5）项目申报

①已进行企业［含个体工商户、农民专业合作社（联合社）］登记注册的参赛项目，须提交营业执照等相关文件，项目成长过程或生产流程相关介绍，项目发展构想及阶段性成果等资料。涉及国家限制行业和领域的，须有相关资质证明。第一申报人须为企业法定代表人，且持有该企业股份［个体工商户第一申报人应为经营者，农民专业合作社（联合社）第一申报人应为法定代表人］。

②未进行企业登记注册的参赛项目，须提交商业计划书，对市场调研、创业构想、项目发展等有详细介绍。可同时出具专利、获奖、技术等级等省级以上行业主管部门出具的证书或证明。第一申报人须为产品开发、项目设计主要负责人。

③参赛项目须在报名时间内登录“创青春”网站（cqc.casicloud.com）注册报名。

（6）奖励

各专项赛分别设置金奖、银奖、铜奖及优秀奖。获奖项目将获得全国组织委员会颁发的奖杯和证书，优秀项目可获得各主办单位给予的相关优惠政策。部分获奖项目将获邀参加综合交流营活动。

5. 支持服务

（1）资金支持。根据创业青年主体和创业项目类型，通过中国青年创业就业基金会“科技创新攀登计划”“乡村振兴头雁计划”“大学生创业金种子计划”等公益计划获得资金文持。

（2）培育孵化。可申请入驻中国青年创业社区，优先享受优惠的创业支持政策和优质的创业孵化服务。可优先接受中国青年创业导师团问诊帮扶服务。可获推在中国青年信用体系相关平台中享受激励措施。

（3）融资服务。可通过中国青年创业就业基金会金融扶持项目获得融资扶持，可获推与创投机构商谈融资合作。

（4）会员推荐。可申请加入中国青年创业联盟、中国青年电商联盟、中国青年企业家协会、中国农村青年致富带头人协会等。

（5）展示交流。可在“中国青年创新创业综合服务平台”对项目进行长期展示和宣传。可优先获推参加全国大众创业万众创新活动周等相关活动。

6. 工作要求

各省（自治区、直辖市）、副省级城市、省会城市、市（地、州、盟）团组织可结合地方发展状况和产业导向，举办本地“创青春”活动，积极动员、遴选、推荐优秀创业项目参加全国各相关活动。地方活动原则上应于 8 月底前完成，并将活动情况上报全国组织委员会秘书处。

各地在组织活动中，要严格落实属地防疫工作要求，制定工作方案，落实防疫责任。

第四节　创业大赛常见问题及解决方法

案例

2021年8月9日至10日，第七届中国国际“互联网+”大学生创新创业大赛重庆赛区选拔赛决赛在重庆大学A区举行。根据疫情防控相关要求，大赛采取线上路演答辩形式，评委专家分组线上进行项目评审，各参赛团队在学校的组织安排下完成线上路演答辩。经过金奖争夺赛和金奖复活赛，各团队围绕自己产品/服务介绍、市场定位及分析、产品核心竞争力、财务分析、风险控制等方面进行项目展示。为深入推进大众创业万众创新，加快孵化创新创业项目，搭建项目与投融资机构沟通的桥梁，大赛同期举办了重庆第三届青年大学生创客秀活动，共有来自15所高校的15支团队入围，经过团队线上路演答辩、评委专家线上评审，最终评选出了最佳创意奖、最具商业价值奖、最具人气奖各两项。

在许多创业大赛参赛作品中，参赛者提交的创业计划书普遍存在项目优势描述不清、项目特色不够突出、创业团队不擅于包装、市场计划规划不全等问题。这些问题的出现，使原本创意不错的创业项目，很难得到评委的高分，从而使参赛项目无缘大赛奖项。

一、项目优势描述不清

创业大赛中遇到的第一个问题就是参赛者提交的项目材料中项目优势描述不清晰。很多参赛者的项目还不错，创意新颖，技术先进，但是不注意描述项目的优势，不知道该如何完整地介绍和突出项目的优势。其实，项目的优势可以围绕以下几个方面去描述。

1. 技术优势

如果参赛项目属于科技类的，一定要从技术优势方面去考虑、挖掘和提炼。项目技术水平的高低可以按照国际领先、国际先进、国内领先、国内先进、填补空白五个等级去判断和描述。如果项目技术水平达到国际领先和国际先进，那这个项目的技术优势就很明显，就一定要在项目材料中注明，并表述清楚。为了提供占有技术优势的证据，最好把技术查新报告及已经申报或获得授权的专利和软件著作权等知识产权证书名称和编号写上，并在项目材料的附件中附上知识产权证书的复印件。

2. 质量优势

参赛项目的产品和服务都存在质量问题，质量优势是需要考虑的另一个维度。那么如何体现质量优势呢？可以从产品的质量精度、使用寿命和使用功能等角度去考虑。项目产品的质量和性能相对同类产品，在精度、寿命和功能方面是否具有优势，产品精度较其他同类产品精度高出多少等级，产品使用寿命较其他同类产品的寿命长出多少年限，产品的功能较其他同类产品增加了哪些，这些优势相对梯度有多大，哪些是绝对优势，哪些是相对优势，这些要好好地梳理和凝练一下。例如，你的团队研制了一款新型空调，在制冷、制热和除湿方面都比市面上见到的产品效果好很多；研制了一款扫地机器人，在清扫房屋死角、躲避障碍物和人机交互对话方面较市面上见到的产品具有更好的质量性能等。

3. 性能优势

如果参赛项目最终为客户提供的服务是一款产品，那么就离不开产品性能。可以围绕产品性能的好坏，产品性能的多少等方面加以详细描述和介绍。如你的产品性能处于哪个产品阶段，是属于高性能还是低性能，是属于多性能还是简单性能，这些内容都可以详细介绍。总之，要围绕你的项目产品性能，挖掘出性能优势。例如，你的团队研发了一款护理机器人，可以帮助住在家里或养老院的半自理和不能自理的老年人。老人通过与护理机器人语音交互，发出指令，就可以让机器人送水送饭，解决老人卧床吃饭、喝水的基本问题。

4. 环保优势

当今社会，企业提供的所有产品服务都十分注重环保，那么也要围绕环保方面分析一下项目的优势如何。比如，产品加工过程是否是绿色制造，产品包装材料是否是无毒、无害、无污染、可降解，如果产品在这些方面符合环保性，那就一定要重点描述一下，突出产品的环保优势。例如，你的团队研发生产的是一款塑料包装材料，这种材料对人无毒无害，对环境无污染，还可以很快降解，生产过程中也是采用绿色生产工艺，那么这个产品就具有明显的环保性；或者，你的团队研发的是一款可反复使用的快递包装盒，这种包装盒采用纸质和木制两种材料，具有防水、防潮、防压、防冲撞性能，可以多次使用，节省快递包装材料，因此，具有环保优势。

5. 安全优势

如果参赛项目涉及食品、玩具等与人民生活密切相关的产品，那么安全性的描述十分重要，要尽可能突出项目的安全性优势。比如，食品是入口的，是用来吃喝的，那么食品项目在食材选用、食品加工过程、食品包装上是否达到食品卫生安全指标就十分重要；玩具是用来玩的，会与人体肌肤接触，研发的玩具产品所采用的材料是否对人体无毒无害，是否对于儿童没有皮肤刺激感染；研发的电子产品是否防漏电，释放的电磁射线对人体辐射的伤害有多大？如果上述例子中的产品都能达到相关的安全与卫生要求，那么他们都具有一定的安全优势。

6. 成本优势

产品的制造成本低是需要重点考虑的成本优势。创业者在思考项目创意时，往往在技术和产品成本方面具有优势。为了更完整清晰地描述产品的成本优势，需要围绕设计方案、关键技术、加工工艺、生产流程、生产效率等方面去介绍项目的生产制造成本，最后再和现在市场上同类产品的成本做个对比分析，以进一步突出成本优势。例如，你的团队研发生产的是一款盲人用的导盲拐杖，通过使用先进的设计工艺和关键技术，采购性价比高的诸如传感器等关键部件，并通过 OEM 进行生产，产品的生产成本较市场上同类产品成本低 30%，那么你的项目产品就具有明显的成本优势。

7. 价格优势

很多创业项目由于技术先进，服务模式创新，人工成本低，采购成本低，使产品的制造成本很低，这样在销售时，就可以采用薄利多销的低价策略，价格优势就比较明显。如有些大学生做核桃、木耳和野榛子等土特产销售项目，进货时去农村乡下向农民直接采购土特产品，收购价格较低，在进行产品销售时，就可以用比市场同类产品价格低一些的策略去销售，用低价格优势获取市场客户。

8. 服务优势

服务优势也是需要我们考虑的一个维度。很多创业项目都是大学生的创业实践项目，大学生走向社会开展创业实践，都会以真诚、真心、热心和热情的态度，来为客户提供真挚的服务，不仅对客户笑脸相迎，还会态度真挚诚恳；不仅对客户真诚友善，还会为客户创造增值服务；不仅对客户在价格上让利，还会在交付周期上尽可能为客户提供快捷服务，最终赢取客户的信任。如果我们在为客户服务时，能够做到真心、诚心、热心、关心和爱心，能够给客户提供性价比高的快捷服务，能够时时想着为客户创造增值服务，那么我们就有一定的服务优势。

9. 团队优势

团队优势是我们一定要全面、认真思考的一个维度。创业项目开展得是否顺利，很重要的一点就是团队的能力。在团队能力优势方面，要尽可能围绕专业知识、专业技能、实践经验、团队成员曾经获得过的荣誉，以及团队之间的互补性去描述，要突出团队的研发能力、执行能力、协同能力、创新能力、项目规划能力、资源整合能力、拼搏精神和创新创业的毅力。

二、项目特色不够突出

创业大赛中遇到的第二个问题就是参赛者提交的项目材料中项目特色描述不清晰，项目特色不够突出。在参加大赛评审时，会出现许多项目都十分雷同的现象。很多参赛者在描述自己的创业项目时过于简单，没有突出项目的特色和特点，没有提炼出项目的亮点，这样很难让评委打出高分。曾经遇到很多参赛者提出不知道该如何描述项目的特色，不知道如何去写。其实，项目的特色可以围绕以下几个方面去描述。

1. 性能特色

项目特色的第一个维度是产品性能特色。在介绍项目产品时，千万不要简简单单地介绍产品，一带而过，而是要介绍产品都有哪些性能或功能，特别是围绕产品的性能特色去描述。要描述清楚这个产品的性能是怎样的，相比其他同类产品有哪些新的功能和更好的性能，这些功能和性能能给用户带来哪些新的体验，满足用户哪些服务需求。例如，你做的是一个大数据深度挖掘和使用的项目，在数据爬虫抓取、计算机算法、人工智能计算、数据可视化等方面要有你的技术特色。

2. 服务特色

项目特色的第二个维度是服务特色。在介绍项目服务时，不要只是简单地介绍怎样给客户提供服务，而要尽可能地描述清楚是采用哪些服务模式、采用哪种服务手段和采用哪种服务策略，这种服务模式是否具有创新性和颠覆性。如果服务模式具有创新性，要说清楚创新性表现在哪里，创新点是什么；如果服务模式具有颠覆性，要说清楚颠覆性是如何体现的。例如，你做的是一款360°全景“VR”相机，可以将演唱会和体育比赛的现场实况画面即时对外转播，全景和“VR”图像就是你的服务特色。

3. 技术特色

项目特色的第三个维度是技术特色。在介绍项目时，一定要清晰地描述是采用哪些关键技术来研制产品开展服务的，这些关键技术的技术水平如何，这些关键技术是否领先市场同类产品所使用的技术，这些技术是否具有迭代性，这些技术是否具有专利或软件著作权等自主知识产权。例如，你做的项目产品是一款多旋翼的无人机，这款无人机在航电技术、供电系统、旋翼结构等方面用到了独特的技术，并且已经申请了1项发明专利和2项实用新型专利。

4. 价格特色

项目特色的第四个维度是价格特色。在介绍项目时，除了从原辅材料采购成本，生产制造成本、设计成本等方面去分析描述外，还要尽可能地围绕大学生自主创业人工费用低、房租可以获得政策性补贴去描述，重点突出你的产品与服务价格较市场上同类产品与服务的价格低的价格优势。例如，你做的项目是研发生产一款室内空气净化器，由于人工成本和房租成本很低，项目产品制造成本只是市场同类产品成本的50%，售价比市场上同类产品的价格低20%，具有明显的价格优势。

5. 设计特色

项目特色的第五个维度是设计特色。在介绍项目时，要从产品设计的角度去描述产品：产品的形状是什么，规格是什么，产品有多大尺寸，有多少重量，产品都使用了哪些颜色，都选用了哪种材料，结构设计是怎样实现创新性的，能够带来哪些效果，起到什么作用。例如，你做的项目是设计生产一款壁灯，在壁灯的使用材料、声控系统、造型和颜色等方面都有比较独特的设计特色。

6. 环保特色

项目特色的第六个维度是环保特色。在介绍项目时，要从产品的环保性角度去考虑和描述项目产品是否具有环保特色。如项目产品是否具有节能环保的特点，对人身体是否无毒无害，对大气和环境是否安全，产品所用材料是否可降解，是否可回收再次利用。例如，你做的项目是一款快餐塑料盒，这款产品所用的材料符合食品卫生安全标准，废弃后对环境没有污染可以快速降解，还可以回收再利用，具有一定的环保特色，符合循环经济发展。

7. 安全特性

项目特色的第七个维度是安全特色。在介绍项目时，可以从产品使用的安全性角度去考虑。产品对用户是否安全，是否有防漏电措施，是否不会产生对身体接触的皮肤感染和划伤，是否做过了防霉防潮除菌的措施。特别是对儿童用品和老年人的用品，更是要考虑到对使用者的安全性。例如，你做的是一款智能脚环产品，该产品可以检测用户的运动轨迹与脉搏体征，产品的电磁辐射对人体不存在伤害，具有一定的安全性。

8. 便捷特色

项目特色的第八个维度是便捷特色。在介绍项目时，可以从产品使用的便捷性去描述。市场上很多产品，用户拿到后使用起来不是很方便，产品使用说明书描述地不够清晰不容易懂，用户完全掌握和使用需要花费很长的时间。还有些产品由于设计得不合理，用起来不太顺手，不是很方便。例如，你做的是一款擦玻璃机器人，产品包装中不仅有纸质产品使用说明书，还有产品使用介绍光盘，同时还有简易的使用指导图片。用户买到这款产品后，首次使用就极为方便，易学、易懂、易用。

三、项目团队不善包装

创业大赛中遇到的第三个问题就是参赛者提交的项目材料中不善于包装项目团队，不能突出创业团队的创新服务能力。在创业大赛中很多不错的创业项目，由于参赛者不善于包装团队，使团队的分打不上去，导致这些项目很可惜无缘比赛大奖。一般来说，创业团队的包装可以从团队成员画像及团队的专业性和互补性等方面去描述。

1. 攻读专业

团队的描述首先就是要描述清楚团队成员的专业技术背景情况。要描述每个成员学习或毕业的院校名称，是还在上学的大学生还是已经毕业的大学生，主修的专业是什么，选修的专业是什么，是本科生还是硕士或是博士。特别是对于科技型的参赛项目，团队的专业技术背景十分重要，一定要和项目领域相关。

2. 获奖荣誉

每个团队成员曾经获得过的荣誉十分重要，这是反映团队成员素质的保证。最好能在团队介绍时完整描述每个人所获得过的奖励和荣誉。比如，团队中有些成员曾经参加过创新创业大赛或某些技能竞赛获得过奖项，曾经参加过的省市级或校内学科竞赛获奖情况。

3. 社会实践

每个团队成员的社会实践情况也是评委十分关注的内容。参加过社会实践的同学肯定比没有参加过社会实践的同学有社会经验。在描述团队成员时，最好把每个人曾经参加社团组织情况，参加志愿者协会情况，参加社会企业实习情况，以及参加其他社会实践情况统统介绍清楚。如果团队中有已经毕业的同学，最好再将他曾经工作过的单位和从事过的岗位描述一下。

4. 创业经历

创业经历对于一个创业团队也十分重要。现在有很多参赛选手都是二次或多次创业，他们在创业实践中积累了一定的创业经验，锤炼了不怕创业失败的意志，这些经历对于一个创业团队十分重要。多次创业失败的同学在吸取以前创业失败经验教训的基础上，再次创业时更容易获得成功。

5. 工作经验

如果团队中的人有工作经验，那么这些经验对于创业团队也十分重要。如果团队中的成员有工作经验的，并且在一些大公司、大国企或 BATJ 工作过，就会了解一些公司的运作模式和管理模式，知道一些公司的规章制度建设和项目管理方法，这些工作经验对于创业公司的运作十分有用。

6. 双创精神

创新创业精神是创业团队不可缺少的动力，每个人投身到双创实践中，都需要具备创新的意识和创业拼搏的精神。创业活动不是一帆风顺的，创业路上困难重重，荆棘丛生。每个创业者都需要不断培养创新创业精神，才有可能在遇到困难时坚持下去，最后取得创业成功。

7. 互补性

创业团队除了需要具有专业性外，团队的互补性也十分重要。创业成员中的每个人不可能都是全才，不可能什么专业知识都懂，不可能什么能力都具备，不可能什么工作经验都有，这就需要成员之间在专业知识、专业技能、管理方法、性格脾气和经营资源等方面形成互补，以弥补创业团队中每个人的不足和短板。通过团队的互补性，可以实现创业团队能力的极大提升。

四、市场计划不全面

创业大赛中遇到的第四个问题就是参赛者提交的项目材料中市场计划描述得不完整。很多创业项目在介绍项目实施的市场计划时，描述得过于简单，公司制定的发展战略部分模糊或根本没有，公司采用的市场营销策略部分也过于简单很不完整，这就让评委觉得这个创业项目没有比较理想或完整的市场规划，这样的创业项目在实施中一定会遇到很多问题和困难，创业道路会很曲折，困难重重。参赛的选手如果能把以下几个方面的问题描述清楚，那么，评委就能大致了解你是如何操作和实施这个创业项目的。

1. 发展战略

公司发展战略是市场计划需要研究的重要内容。创业公司从创建成立起，就要围绕公司的发展愿景和服务宗旨及发展目标制定好公司的发展战略。企业的发展战略有很多，创业公司都可以拿来借鉴，如技术领先战略、技术模仿战略、差异化战略、成本领先战略、市场细分战略、兼并重组战略、多元化战略、知识产权战略、标准战略、股权战略、品牌战略等。由于人员规模少，资金不充裕，产品不成熟，品牌不健全，市场竞争能力很弱等因素。建议一个新成立的创业公司尽量不要进入竞争激烈的红海市场，而要在蓝海里寻找市场机会，采取差异化的市场战略比较合适。对于科技型项目，公司应注意自主知识产权保护，同时采用知识产权战略，及时申报自主知识产权，形成技术壁垒，修建技术的护城河。对于初创的小公司，还可以采用市场细分战略，切入某一细分领域去抢占商机。创业公司除了采用单一的公司发展战略外，还可以采用组合发展战略，即可以把差异化战略、知识产权战略和市场细分战略等组合应用。

2. 研发策略

研发策略是创业公司必须考虑的市场规划内容。初创企业的产品一般都不是很成熟，需要经过一段时间来不断改进和完善，从而制定出生产和研发的规范和标准，同时还需要完成样品样机的小试和中试。所以，一般产品的研发都有个产品和技术迭代升级的过程。为了更好地开展产品研发，从第一代产品 V1.0 版升级到第二代产品 V2.0 版，公司一定要围绕产品原材料使用、产品关键技术、产品功能和性能、产品的质量与标准、产品的尺寸重量和规格、产品的外形设计和机构设计、产品的研发成本和制造成本、产品的应用领域和范围等，制订产品的研发策略和研发计划。

3. 营销策略

营销策略是市场计划需要研究的重要内容。创业公司在做市场计划时，一定要考虑清楚采用什么样的营销策略来研发、生产和销售产品，要确定公司定位是什么，产品定位是什么，价格定位是什么，客户定位是什么。要考虑清楚线下营销怎么做，线上营销怎么做；要规划好垂直营销怎么做，整合营销怎么做；要思考清楚连锁营销怎么做，品牌营销怎么做；要设计好情感营销怎么做，馈赠营销怎么做。营销策略不是单一策略，而是一套组合策略，随着5G时代的到来，如何用好“互联网＋”市场营销策略更为关键，很多新的服务模式、新的服务业态将在“互联网＋”的基础上不断产生。在线支付、网络营销、虚拟设计、远程直播还只是互联网时代的开始，未来随着人工智能技术的升级与应用，“人工智能＋”市场营销将会在很多领域中展开，基于大数据的人工智能精准营销将是价值的发掘地。

4. 产品策略

产品策略是市场计划中需要研究的重要内容。公司要针对市场的竞争对手，在产品技术、产品性能、产品检测、产品质量、产品管控、产品包装、产品仓储、产品物流、产品创新等方面制定出公司的产品策略，从产品差异性的角度考虑切入市场。例如，计划研发的产品采用第一代技术还是第二代技术，产品性能是单一性能还是复合性能，产品质量是追求极致还是可以满足客户使用要求即可，产品包装是用普通材料还是用特殊材料，是采用低档包装还是高档包装，产品存储是自建仓库还是外面租赁仓储，产品物流是自建物流车队还是委托第三方物流，这些不同的环节都需要认真思考与描述清楚。

5. 价格策略

价格策略是市场计划需要研究的重要内容。通过成本定价、需求定价和竞争定价的原则，按照高端客户、中端客户和低端客户不同的目标客户群体，结合零售和团购的不同形式，制定有针对性的价格策略。比如，对于低端客户，由于购买力差，产品售价就可以低一些；对于高端客户，由于购买力强，产品售价就可以高一些，但是产品质量与服务要升级跟上才可以。再如，是做批发还是做零售，批发的价格可以便宜一些，零售的价格就可以贵一些。对于体验客户的产品价格也可以低一些，让客户在体验的欢愉中认可公司的产品与服务，从而成为你的黏性客户。

6. 渠道策略

渠道策略是市场计划需要研究的重要内容。人们常说“渠道为王”，就是谁拥有了销售渠道，谁就拥有了市场。你要考虑公司拟通过哪些销售渠道，拟借助哪些销售平台，拟发展哪些合作伙伴，来快速建设公司的销售网络，实现渠道为王的目标，落实渠道的策略。例如，你做的创业项目是开一个网店销售化妆品，那么能否借助天猫、淘宝、京东、苏宁易购等大型的电商平台渠道来扩大销售？如果你做的是一款养殖富硒鹅项目，能否通过二级、三级代理商渠道，来加强富硒鹅的销售？如果你做的是一款销售劳保用品项目，能否通过各省市、地区和企事业单位的工会渠道去销售劳保用品？今天的市场渠道建立过程，一定是线下与线上相结合的，一定要研究如何进行渠道织网。

7. 宣传策略

宣传策略是市场计划必须考虑的问题。目前，创业公司可以用到的宣传媒体主要有电视媒体、网络媒体、平面媒体和户外媒体，公司如何利用这些媒体开展产品宣传和公司形象宣传，需要加以完整描述。例如，你有一些省市、区县和乡镇电视媒体资源，怎么做产品宣传；如果你能找到一些网络媒体资源，怎么做产品宣传；如果你知道一些有影响力的纸媒资源，如何做产品宣传；如果你了解一些户外媒体资源，如何做产品宣传。

8. 品牌战略

品牌战略就是为了实现品牌竞争目的而对品牌建设手段的运用，并且品牌战略是一个持续的过程。制定品牌战略的第一步是战略分析，有了完整的分析，才能判断当下的情况和未来的趋势，才能确定品牌竞争的目的。战略分析是确定战略目标的最关键步骤，可将最终结果总结为一个战略分析结晶。第二步则是根据分析结果和目标，进行品牌定位。它是品牌战略的指向，上面说到了“对品牌建设手段的运用”，到底如何运用，得先看品牌定位，在品牌定位的框架下行事。第三步则是根据前面的两个关键信息，做品牌的组合和架构。它是品牌在竞争中，很重要的决策，也是品牌建设手段的核心决策。三个概念组成了品牌战略核心步骤。组合成一个品牌战略基本模型：战略分析结晶—品牌定位—品牌组合和架构（图 10-6）。

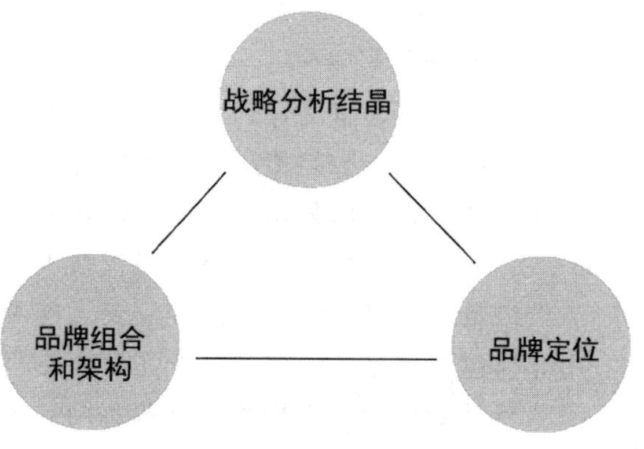

图 10-6　品牌战略三角模型

（1）战略分析结晶

战略分析结晶就是要通过对品牌内外部环境的分析（宏观、行业、竞争、消费者、企业自身等等），看到现状和趋势，得出一个核心的判断和目标。

有了合适的目标，然后去匹配其他的手段，逐步实现目标，从而达到品牌在一段时间内的超越。

（2）品牌定位

一般所认为的品牌定位就是一个差异化的定位，然后将之刻在消费者心中。但要想靠一个差异化建立品牌自身的壁垒，还不够。当对一个概念理解不清晰的时候，必然在实践操作的时候也模模糊糊，会导致不同的结果。品牌定位的最终结果也是把品牌建设到消费者心中，让消费者心中有整体的品牌认知（包括品牌联想、品牌形象、感知质量等）。消费者一想到你的品牌，就能想到一系列内容，这就是品牌定位。

品牌定位要根据前面的战略分析结晶，逐步向消费者心智中建立，最终结成一张网，形成竞争优势，竞品不可能撼动。

品牌定位是品牌战略的核心举措和指向，关系着战略的成功与否。

（3）品牌的组合和架构

品牌组合是多品牌组合；品牌架构是单品牌架构。

品牌的组合与架构，涉及企业的业务层面，是企业在业务决策后的表现策略。多品牌组合案例中，最熟悉的就是宝洁；单品牌架构中，数码电子行业尤其多，比如：苹果、戴尔、索尼等。

除此之外，比如品牌logo、口号、传播、形象、个性等，可以算作品牌的建设动作，是一些辅助性的手段。

思政之窗

习近平总书记强调，要坚持创新创业教育与思想政治教育相结合，与专业教育紧密结合，把创新创业教育贯穿于人才培养的全过程。创新创业大赛既是学习创新创业的实践课，又是国情教育的思政课，更是人才培养的新“金课”。以创新创业大赛为载体，推动学校课程思想政治建设，是学校思政课改革、守正、创新、培育时代新人的有力抓手。

创新创业大赛为人才培养提供先进的理念，党的十九大报告提出，创新是引领发展的第一动力，是建设现代化经济体系的战略支撑，党的十九届五中全会提出，坚持创新在我国现代化建设全局中的核心地位，这就要求各级院校把创新创业教育融入人才培养的全过程，全面提高人的素质。

创新创业大赛推动现代职业人职业精神养成。大赛要求学生必须具备企业岗位的专业知识和各项技能，还要有把有限知识综合运用和迁移的本领，因此，大赛对于人才的道德规范、职业素养、操作技能、沟通合作有着更为全面的要求。作为学生核心素养培育的平台，大赛对于学生的职业理想、职业技能、职业态度等方面，起到了有力的推动作用。

课程思政为创业者指明了成人成才的政治努力方向，激励大学生进一步提高站位，充分把握时代要求，将创业梦融入中国梦，在主动践行创新创业实践中实现自己的青春梦想和人生价值，从第三届大赛开始，组织实施“青年红色筑梦之旅”活动，促使创业者扎根中国大地、了解中国国情、锤炼意志品质，探索并实践了滴灌式浸润式体验式思政教育模式，让青年学生共享高质量的学校课程思政实践成果。

思考练习

1. 简述举办首届“互联网+”大学生创新创业大赛包括哪些内容。
2. 分别阐述“中国创翼”创新大赛的组织架构和赛事流程。
3. 创业大赛中的常见问题有哪些？解决这些问题的措施有哪些？

参考文献

[1] 李俊．创业基础与实践［M］．北京：北京师范大学出版社，2021．

[2] 刘凤，王云．创新与创业实务［M］．北京：中国人民大学出版社，2021．

[3] 于春杰．创业基础［M］．北京：清华大学出版社，2021．

[4] 王强，陈姚．创新创业基础案例教学与情境模拟［M］．北京：中国人民大学出版社，2021．

[5] 葛海燕，黄华．大学生创新创业指导与训练［M］．北京：清华大学出版社，2021．

[6] 李俊琦．创新创业基础训练［M］．北京：中国商务出版社，2020．

[7] 刘延，高万里．大学生创新创业基础［M］．武汉：华中科技大学出版社，2020．

[8] 汤锐华．大学生创新创业基础［M］．北京：高等教育出版社，2020．

[9] 李伟．创新创业教程［M］．北京：清华大学出版社，2019．

[10] 王亚非，梁成刚，胡智强．创新思维与创新方法［M］．北京：北京理工大学出版社，2018．

[11] 黄必义，李金莲．大学生职业发展与就业指导教程［M］．北京：高等教育出版社，2018．

[12] 施慧洪．互联网＋创业案例分析［M］．北京：中国金融出版社，2018．

[13] 金明华．销售管理［M］．北京：科学出版社，2018．

[14] 施慧洪．互联网＋创业案例分析［M］．北京：中国金融出版社，2018．

[15] 钟秋明．大学生创业基础［M］．北京：高等教育出版社，2017．

[16] 陈爱玲．创新潜能开发实用教程［M］．北京：化学工业出版社，2013．

[17] 胡飞雪．创新思维训练与方法［M］．北京：机械工业出版社，2009．